中国网络传播研究　第22辑

CHINESE JOURNAL OF
COMPUTER-MEDIATED COMMUNICATION

夏倩芳 ◎ 主编

中国网络传播研究

互联网与流动社会

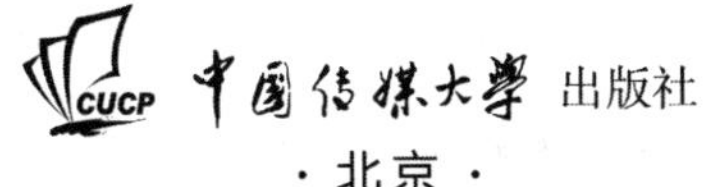

· 北京 ·

图书在版编目(CIP)数据

中国网络传播研究. 互联网与流动社会 / 夏倩芳主编. -- 北京: 中国传媒大学出版社, 2022.3

ISBN 978-7-5657-3173-0

Ⅰ. ①中… Ⅱ. ①夏… Ⅲ. ①网络传播—中国—文集 Ⅳ. ①G206.2-53

中国版本图书馆 CIP 数据核字(2022)第 041421 号

中国网络传播研究：互联网与流动社会

ZHONGGUO WANGLUO CHUANBO YANJIU：HULIANWANG YU LIUDONG SHEHUI

主　　编 夏倩芳
责任编辑 张继媛
封面设计 拓美设计
责任印制 李志鹏

出版发行 中国传媒大学出版社
社　　址 北京市朝阳区定福庄东街 1 号　　**邮　　编** 100024
电　　话 86-10-65450528　65450532　　**传　　真** 65779405
网　　址 http://cucp.cuc.edu.cn
经　　销 全国新华书店

印　　刷 唐山玺诚印务有限公司
开　　本 710mm×1000mm　1/16
印　　张 14.5
字　　数 222 千字
版　　次 2022 年 3 月第 1 版
印　　次 2022 年 3 月第 1 次印刷

书　　号 ISBN 978-7-5657-3173-0/G · 3173　　**定　　价** 68.00 元

本社法律顾问：北京李伟斌律师事务所　郭建平

目　录

研究论文

学术对谈

互联网中的个体叙事、社会结构与集体认同

◈ 杨国斌　周海燕

摘要：近来，互联网上的个体叙事因其社会影响而引发了广泛的关注，学术界也对此进行了一系列的讨论。其中，尤其值得关注的是个体行动与社会结构如何在这类叙事中交会的问题，以及外在的社会秩序、集体认同与个体的内在思想和信念如何互动的过程。为此，美国宾夕法尼亚大学安纳伯格传播学院杨国斌教授和南京大学新闻传播学院周海燕教授，就上述问题进行了深入讨论。

关键词：个体叙事；社会结构；集体认同

【对谈人简介】

杨国斌，美国宾夕法尼亚大学 Grace Lee Boggs 传播学与社会学讲席教授，数字与社会研究中心主任。1993 年获北京外国语大学英美文学专业（文学翻译）博士学位，2000 年获纽约大学社会学博士学位；国际传播学学会（ICA）会士。主要研究议题为数字媒介与社会理论、全球传播、文化社会学、翻译与跨文化传播、中国的媒介与政治、互联网历史等。主要著作包括 *Dragon - Carving and the Literary Mind*（《文心雕龙》）（大中华文库，2003）、《连线力：中

杨国斌教授

国网民在行动》(广西师范大学出版社,2013)、*The Power of the Internet in China*(哥伦比亚大学出版社,2009)、*The Red Guard Generation and Political Activism in China*(哥伦比亚大学出版社,2016)等。曾编著 *China's Contested Internet*(2015)等多部英文论文集。担任《传播学季刊》(*Journal of Communication*)、《国际传播杂志》(*International Journal of Communication*)、《社会学论坛》(*Sociological Forum*)、《情感与社会》(*Emotions and Society*)、《中国信息》(*China Information*)等十多种传播学、社会学及中国研究刊物编委。

周海燕教授

周海燕,南京大学新闻传播学院教授,哈佛燕京访问学者(2013—2014)。1990年起就读于南京大学中文系新闻专业,先后获得新闻学学士、新闻学硕士学位及社会学博士学位。曾任新华日报集团记者、编辑。主要研究方向为集体记忆、文化社会学、中国的媒介与政治等。

一、个体叙事与集体认同

【周海燕】

杨老师您好!近年来,互联网上的个体叙事每每引发公众的广泛关注和讨论。例如,若干互联网热词在年轻人中引发了共鸣,我印象比较深刻的包括马云从一度被昵称为“马爸爸”到“资本吃人”的戏剧性话语转换,还有“躺平”“佛系”“小镇做题家”等一系列语汇中蕴含的强烈情感——越来越多的研究者意识到情感在叙事中扮演的重要角色。这里面涉及了个体叙事如何塑造集体认同的问题,以及它们在社会热点事件中所起到的作用。您在五年前的一篇文章中说,具有主体性的行动者会回应社会语境并阐释社会议题(Yang,2016),那么,您认为个体是如何通过互联网叙事与社会结构互动的,这种互动将会推动什么样的社会变化?

【杨国斌】

个体叙事是建构集体认同的重要策略。有社会学家甚至认为,认同本身的特点即叙事性的,称为“叙事性认同”(narrative identity)(Somers,1994)。在具体的社会情境中,认同的建构依靠的就是讲故事。讲故事可以起到沟通感情和传达信息的双重作用。通过讲故事和听故事,个体认识到自己是集体中的一员,培养了集体归属感。这对于分散的人群尤其重要。民族主义的集体认同就是最好的例子。一国之民众,虽然分散在各个地区,永不相识,但通过各种叙事(如歌曲、音乐、文学、文化传统等等)可以培养共同的民族认同感。

叙事具有两面性,既可建构集体认同,从而巩固社会和文化结构(如意识形态),亦可消解集体认同和社会结构。这个双重的特点,在社会运动中表现尤为明显。社会运动组织者和参与者的叙事,往往一方面致力于建立自身的集体认同和团结,同时也对主流文化的叙事提出挑战。BLM 运动就是通过无数关于个体受害者的叙事(包括影像叙事),累积能量,推动舆论,从而挑战美国制度化的种族主义歧视。

【周海燕】

我们研究叙事时往往仅仅关注其文本,一方面的原因是事件发生后最容易找到的研究材料是文本,通过文本去追溯当时的叙事是最方便的;另一方面的原因则是叙事研究起源于文学领域,对文本的分析已经发展出一套行之有效的分析方法。但时间、空间和个体带有情感的叙事之间的勾连,会影响叙事的多个环节的意义生产。其实,日常经验就能够告诉我们,同样的叙事在不同的时间和空间中会产生截然不同的效果,因此,对于时间、空间和个体情感之间关系的研究应该得到重视。

【杨国斌】

是的。社交媒体平台上的个体叙事,发生在特定场景下,针对特定的受众。个体叙事能否引发广泛共鸣,取决于其内容与形式是否能够打动处在特定场景之中的受众(网民)。但场景是一个时空交叠的概念,由特定的时间和空间所构成,因此总是处于变化之中。换句话说,即使我们知道网上热词或网络事件的产生需要什么样的基本条件,却仍然很难精确判断某一词、某一事件或某种个体叙事是否会形成大规模的舆论。

个体叙事都具有社会性。根据巴赫金的语言哲学,我们的日常言语(utterance),既包含别人的言语,同时又指向他人,言语的实质是对话性的。所以说,即使是朋友圈里的个体叙事,比如发帖或转发,帖子本身也是之前的话语的结果,在发帖的时候又同时有了新的对话的对象。从这个意义上说,个人叙事也是社会行为。从戏剧表演理论的角度看,没有绝对个人化的表演,因为个人表演总是有真实的或想象的观众(听众)在场。

个体叙事的力量,来自它把社会性的问题和话语,用个人的眼光,从个体的经验出发来加以讲述。因为每一个阅读者本身也是个体的人,所以个体的故事格外有感染力。您在《非虚构:彰显主体性的真实》一文中,专门讲了非虚构写作中主体性的重要性,能否请您把主要观点做些介绍?

【周海燕】

我的确注意到,无论是在历史学还是新闻学领域,越来越多的学者对于去主体性的"真实"理念都产生了怀疑和动摇。海登·怀特用其"元史学"理论完成了对"历史真实"的解构(怀特,2013);新文化史则强调用文化的观念来解释历史事实(亨特,2011:11),也用这个方法来考察历史中的虚构,而不是仅仅辨析其真伪(戴维斯,2015),经典新闻学十分强调客观性,也制定了一系列关于新闻真实性的操作规程来保证新闻制度运作的正当性(Schudson,1978:88 – 144)。但实际上,从业者很清楚,从选题确立到制定采访提纲、与被采访人互动、建立叙事逻辑,以及相应的对材料的选择、删削,直到编辑介入后最终的文本呈现,无不带有多个环节相关媒体从业者的主体性。不过有意思的是,大学新闻教育的课堂上——包括我在内——都反复告诫学生:除非必要,要把"记者看到"这一类表述删掉,媒体也是尽量这么做的。在当记者的时候我把它理解为一种避免堕入新闻套话的规则,现在我则将其理解为新闻生产试图抹去从业者对事实呈现的介入痕迹,而努力将新闻事实表述为一种去主体性的客观存在。

不过,强调规范、捍卫新闻真实或是仅仅指出这种真实性的虚无,都不是我在这个问题中关注的目标。从文化社会学的视角看，我关注的是这种事实上无法从新闻叙事中去除的主体性本身是否具有价值，价值体现在什么地方。这样，我就注意到了一个颇有意思的现象：近年来，这种对写作主体性的再认识几乎发生在所有社会科学领域，包括社会学、历史学、人类学、新闻学等等，甚至连法学也加入其中——自 19 世纪以来，受科学主义的影响，上述学科一直努力靠近实证路径，强调研究材料搜集和研究方法的客观性，如可验证、可重复、可量化等等，但现在却出现了对主体性的反思，甚至可以说是“邀请”。在这方面，各个学科的学者都有所尝试。

近年来比较受人关注的研究，比如在文学领域，我们一定会注意到梁鸿的“梁庄三部曲”，在社会学领域，田丰关于“三和大神”的叙述也引发了学界的关注和讨论，这些尝试都展现出一些对原有学科范式的突破。

霍洛韦尔(1988:21)在分析 20 世纪 60 年代美国非虚构写作的兴起时有一个很有意思的说法，他认为这是社会剧烈转型的结果——当原有的社会秩序被打破，纷至沓来的事实和信息溢出了原有的理解框架，人们亟须表达自身的失序感，也亟须建立新的意义框架去重新阐释所遭遇的事实。因此，这些非虚构写作者把自己视为“时代道德困境的目击者”，将自己的个体经验与身处的时代事件相结合，结合现实事件和小说的叙事技巧，和受众分享自己的所见、所感及价值判断。此外值得一提的是，它们也很看重其他文本使用者的主体性，鼓励大众参与对话和写作，尊重不同个体多元视角下的意义解读。

与传统写作凸显专业性、固守边界、持续强化自身的文化权威相比，非虚构写作更看重文本生产中不同行动者共同重构意义框架的过程。如此，处于社会不同位置的个体的经验就得以实现对话和互动，甚至引爆热点，成为公众共同关注的公共议程。比如一些口述，因为其蕴含着巨大情绪感染力，引发的讨论是铺天盖地的，也在很大程度上改变了民众对事件的认知并引发对制度的反思。

二、数字化道德叙事:叙事形态的结构性转型

【杨国斌】

我注意到近些年来互联网和社交媒体上的叙事形态有两种现象,似乎跟您所谈的非虚构写作“彰显主体性”有关系。一种是网络叙事从以前的简单发帖、转帖向非虚构写作的转向。以前网上的帖子大多比较短小,故事性在众多网民的参与过程中呈现出来,故事的“情节”也在网民的参与过程中得以发展(如华南虎事件、郭美美事件等)。非虚构写作的兴起,是因为大家看到了“讲故事”的力量,因此便出现了官方公众号、商业公众号大量发布所谓的非虚构作品,其中内容真真假假,但都有故事性,甚至充满戏剧性。官方公众号现在也越来越将此类非虚构写作作为宣传的手段。这个转向值得深入研究。

另外我还注意到,与网上叙事形态正在发生的变化同步,个人叙事内容中的情感因素也在发生变化。15 年前、20 年前的互联网文化里,网络事件(或称新媒体事件、网络舆情事件等)频发,那些事件里的情感以悲情和戏谑居多,语言颇有偏激之处,属于抗争话语,我把它们称为“抗争性叙事”。而近些年来网上的个人叙事,其情感越来越倾向于正能量,叙事的意义不再是抗争,而是劝诫行善,弘扬主流价值观,如倡导家庭和睦等。一个突出的例子是几年前过春节时候,网上刷屏的“什么是佩奇”的视频,还有去年“五四”的时候“B 站”上的“后浪”视频短片。2019 年我在香港浸会大学做过一个讲座,把这种新的叙事形态称为“数字化道德叙事”(digital morality tales)。道德叙事的实质,是去政治化的叙事,所以连营销号也做道德叙事——既规避了风险,又能赚流量,何乐而不为?

苏州大学的马中红和胡良益在刚发表的一篇研究网络青年亚文化的文章中提出,主流文化和亚文化的关系从“仪式抵抗”走向“共情融合”(马中红、胡良益,2021)。他们的分析很深刻,从另一个角度佐证了当前正在发生的这种叙事形态的结构性转型。

【周海燕】

我觉得您讲到的这种个体叙事的“正能量”转换非常明显。从我自己对身边民众的观察来说，其行为大致可以分为两种：一种认为国力强盛，积极支持国家的施政；另一部分人把社交媒体视为展示态度的机会，积极塑造自己的“正能量”形象。

此外，就像前面您提醒的，叙事需要考虑时空因素。此次关于南京疫情就有一个很有意思的说法，表现出大家在不同场合下的叙事差异：

> 微博：“南京咋回事？”——这是把微博当广场用，可以匿名，打听消息；
>
> 微信：“南京加油”——微信不管是否用化名，朋友圈里都不可避免地有上司，有利益关联者，这种表达会塑造自己在强关系中的职业形象，“南京加油”无论从哪个角度说都是比较得体的、正能量的道德叙事；
>
> 居家良民：“啥时候斩只鸭子？”——不管外面咋样了，家常日子还是得过的；
>
> 亲友微信群：“提醒：非必要不出门！”——只有在小群里，才体现出内心的担忧。

所以，我们在考察互联网实践的时候，还是应该把不同的领域区分开来，这样也许会有不少有意思的发现。

还有一种特别值得关注的现象是灾难事件往往有两个阶段：在突发性事件刚发生时，舆论中更多的是愤怒和问责的声音，而到后期就出现了从“祈祷”“雄起”到“英雄”的话语转换。在我的朋友圈里，这个道德叙事的逻辑转换有时会发生在同一个人身上。我觉得这蛮值得去研究的，可能需要做大量深入的田野观察和访问。它让我想起袁光锋（2021）对“情感感知”和“情感表达”的区分，即外在的表达不能和实际的感知画等号——这其实是对我自己的提醒，因为我的研究就是以新闻报道为研究对象，所以很容易陷入这一陷阱。

这种“叙事－展演”（narrative－performance），对我而言蛮值得关注。我自己倾向于用剧场理论去分析，分析不仅关注个体言语、行动，也关注其剧本和外部的结构性因素。我想要去尝试的是把拉图尔的行动者网络理论（ANT）引进来——拉图尔（2005：108）有一句话很打动我，即不存在 context 和 content 的区别。他的意思是，个体的行动本身就是社会语境的一部分，分析的时候不能孤立地解读或者做二元对立的区分。我觉得这对传统的社会学真的是很大的冲击，具体到经验研究的时候，分析也有很大的难度，但我想试试。

【杨国斌】

您上面讲到的几点都很重要。考察互联网实践，的确需要区分实践的领域、场景、时间等因素。您关于南京疫情叙事的差异的例子，很能说明问题。对灾难和危机事件的反应为什么会呈现您所说的两个阶段，值得深入分析。

另外您谈到拉图尔的理论。我感觉拉图尔在美国社会学里影响比较小，反而在社会学外的领域影响更大，原因之一是他挑战了社会学的一些核心概念，包括“什么是社会”这样的基本问题，另外一个原因可能是他的理论不容易用到经验研究中。有些理论影响大，是因为容易操作化（operationalize）。您说的打破 context 和 content 的区别这个观点，我非常认同。他还有个观点我也觉得有道理，他说社会学只需要描述，不需要理论。把各个行动者之间的关系描述出来了，问题也就解释出来了。如果还需要理论的话，那只能说明描述得不好。这样的观点发人深省。不过，正如您所说，一旦具体到经验研究，都不易操作。

三、“情感实现”的可能：个人表达、集体行动与情感规则

【周海燕】

因为注意到文本之外的因素在叙事中的重要性，我对您关于情感的研究（2000，2009）很感兴趣。比如情感实现（emotion achievement）这一概念，对我而言比“情感动员”更有启发性，因为它强调了个体自身在行动中如何达到认同的过程。集体记忆与认同的理论似乎总含着涂尔干式的整体主义

假设,情感动员也是如此。而这个概念强调了在结构中个体如何实现自我认同,以及情感在其中发挥的作用。

最近因为南京的疫情,我观察到,朋友圈里大家转的各种图和视频就含有大量“情感实现”的成分。类似使用无人机拍摄的城市视频,配上正能量的解说词,就还蛮有激发情感实现的效果的。假如我们去看这些视频的制作、传播、转发和评论,也许会有很有意思的发现。比如您在《悲情与戏谑》里面讲到了“道德语法”,我们也谈及了“正能量”的问题,那么,道德语法如何使得灾难事件中的公共话语表达从悲情与戏谑转向了“正能量”?还有奥运会,等等,新的情感事件为持续观察个体与整体之间的互动提供了很好的田野。

【杨国斌】

正如您所说,社会运动文献里的“情感动员”的概念,一般是指运动积极分子去动员公众、动员别人。这个概念具有很强的工具性。而情感实现,强调的是个人情感的表达和实现。我提出“情感实现”这个概念,受到霍赫洽尔德(Arlie Hochschild)的情感社会学理论的启发,也是对她的理论的一种回应。霍赫洽尔德(1983)在《被管制的心》(*The Managed Heart*)一书中的基本观点是,人的情感具有社会性,情感的表达有其社会规则,不是可以任意表达的。比如在严肃的场合不适合嬉笑;老板可以跟下级发脾气,下级却不能跟老板发脾气;航班上的乘务员,不管个人心情怎么不好,都要对乘客笑脸相迎;等等。这些规则她称之为“感情规则”(feeling rules),很有道理,至今都在用,比如平台研究中的一个重要概念“情感劳动”,就是从《被管制的心》一书中来的。

但是我们也知道,规则既是社会秩序的基础,也是社会规训的技术。规则也是会被打破的,不合理的规则更要打破。社会运动的基本出发点,就是要打破不合理的社会规则。霍氏的理论对于如何打破情感规则,谈得不多。我当时读她的书就想,那么在什么样的条件下,人们可以打破情感规则,从而表达和抒发新的情感呢?我对社会运动的研究发现,打破情感规则,突破情感规训,从而表达异样的或激烈的情感,需要社会环境。集体行动给这样的情感表达提供了恰当的社会情境,而这些情感的表达,又同时给集体行动注入了力量。社会就是这么充满矛盾,它既制约个人行为,又为个人行为提供条件。

情感实现发生在集体行动过程中,同时鼓舞和推动集体行动。能否把这个概念剥离集体行动的情境,用来分析其他场合的情感表达,我还需要进一步思考。您提到因为南京疫情,朋友圈里大家转发的图片和视频具有情感实现的成分,这个我有同感。朋友圈是小社会,有不成文的情感规则,日常互动以和气为主。外部事件如疫情,给这个小社会带来冲击,这种情况下,情感表达就有可能突破日常的情感规则。

灾难事件发生后,公共话语的表达有其道德语法,其核心即同情心。有同情心,就会有感动。凡是有感动,就要有表达,否则情感即受到压抑。灾难后的情感,自然是悲伤和同情,根据灾难的性质,也可能会出现愤怒。如果所谓“正能量”的情感成为灾难后的公共情感的主旋律,那是对道德语法的违背,是伪情感。2015 年长江沉船事件发生后,救援还没结束,就有媒体发布“正能量”标题的推文,如《救援一线,中国最帅的男人都在这儿啦!》,很快遭到网民的嘲讽。不是说灾难之后的悲情不能转向“正能量”,最终是应该转的,“化悲痛为力量”正是这个意思。但这个转变需要一个过程,需要让悲的情绪得到充分的表达和宣泄,正是在这样的表达过程中,悲情才有可能化为正能量,否则正能量就是假的。

最近奥运会过程中网上的情感事件,比如对夺金运动员的赞誉、在中国运动员得金牌后的自豪、对女排失利后的惋惜等等,的确也是观察个人情感和公众情感的良好“田野”。奥运会提供了一种情感实现的特殊社会情境,它是民族主义的竞技场,所激发的情感是民族自豪、爱国热情等等。这也是一种感动,也需要表达。表达出来的情感,既是个人的,也是整体的。民族主义和爱国主义把个体融入集体,而无数个体的表达又同时使国家这样一个抽象的共同体变得不那么抽象。

平台资本主义对于网络文化有很大的影响,我想借韩炳哲的观点试做说明。我一直认为,情感对于网络抗争的动员非常重要。情感是一种公民力量,因此也是一种政治力量。所以抗争动员需要情感,国家规训也要规训情感。韩炳哲(2019)却指出,情感是生产力,当代新自由主义经济的最聪明之处，就是调动人们的情感，让他们心甘情愿地去加班加点地工作，从而为资本主义创造利润。他的《精神政治学》里有一章叫"情绪资本主义"（emotional capitalism），讲这个问题，对理解网上越来汹涌的情绪/情感有启发。借用韩炳哲的观点，我们可以说平台资本主义正是情绪资本主义的绝妙表现形式。你看大家每天花那么多时间在社交媒体上，抒发各种各样的情绪，正面的、负面的，柔情的、暴力的，等等。每一个小小的动态更新，都是给平台贡献流量，贡献个人的数据，最终由平台通过各种方式转化为利润。我们连个人隐私都丢光了，被平台当数据卖了，自己还不知道呢。

【周海燕】

说到这里，我想插一句，最近关于技术资本主义的研究越来越受到关注了。知识生产是社会各方力量互动过程的一部分，我个人观点认为，就像20世纪80年代《新教伦理与资本主义精神》的流行是社会试图为私有企业正名的努力，今天，学者讨论技术资本主义，多少也映射出时代走向了另一个方向。

【杨国斌】

您这个观察有意思，我觉得很有道理。20世纪80年代末90年代初我还参与过一本韦伯著作的翻译，后来我出国了，书出没出都不知道。那时候这类翻译项目太多了，可谓百花齐放。现在回头看，有其时代背景，也的确配合了当时市场改革的需要。那时候要鼓励市场竞争，《新教伦理与资本主义精神》的核心理念不就是市场竞争嘛。对韦伯来说，从新教的上帝，到了现代社会，那就是市场。新教教徒的人生理想，是服务上帝，是要通过拼命工作、拼命挣钱，来证明自己是被上帝选中的人（the elect），将来是要进天堂的。韦伯隐隐约约想说的，是新教教徒的这个上帝，到了现代资本主义社会那就是市场了。从前你拼命工作、拼命挣钱，是要做服务上帝的工具。现代社会你还是拼命工作、挣钱，但你要服务的上帝已经换成了市场。在现代社会，你要赚钱，不能违背市场规律啊，你要竞争啊。竞争发生在很多层面，表现在个人行为中，就是日常工作中的表演行为，发展到极致，就导致了大家最近讨论的"内卷"和"躺平"。

内卷是全球化的普遍现象，2019年的时候《纽约日报》就发表过一篇题为《年轻人，你们为何假装热爱工作》的文章，说明了与“清华卷王”类似的现象。那么造成内卷化的原因是什么呢？是竞争。社会的竞争机制迫使人人都去表演，最后导致社会表演化。

最近网上对内卷的批评和对所谓“躺平主义”的倡导，都是对技术资本主义的批判。当代学者谈技术资本主义，也都是从批判的立场出发。从20世纪80年代的韦伯热到当前对技术资本主义的批判，这个历史过程其实也可以用韦伯的一个概念来描述：当代中国的技术资本主义是80年代以来的市场改革的“未曾预料到的结果”（unanticipated consequences）。正是您所说，“时代走向了另一个方向”。

四、个体何以可见：个体经验与“大写历史”的交织

【杨国斌】

您在最近的文章中，提出了通过口述史研究个人经验，如何进入大写的历史的问题。我觉得您提出的核心问题，是关于普通人的个体经验与历史的关系问题。在我看来，您对劳动模范的研究，实际上为研究个体经验与历史的关系提供了很好的策略。如果从个体经验出发，逆向推演个人行为、思想、情感的形塑过程及其与社会的关系，是不是有可能推演出个人在大写的历史中的位置呢？当然，正如您在文章中所说，分析的视角要考虑位置与关系、内容与语境，以及认知、情感、行动与结构。只要考虑到这些因素，所访谈的任何一个对象，都可以是很好的切入点。当然，因为个人的经验有限，需要访谈有不同经验和处于不同位置的对象。此外，要揭示个人所处其中的复杂的社会和历史关系，仅凭口述史也可能是不够的，需要多种资料的交叉使用——假如能够获得相关资料的话。

【周海燕】

对的，实际上我们当代中国研究院的这个口述史项目就是想要通过对个体经验的探访，去推演个人行为、思想、情感的形塑过程及其与社会的关系。口述史料一直处于文献史料鄙视链的末端，但如果我们去理解一个社会中个体的行动，一种路径是把社会做整体主义的处理，假设符号、话语、技

术等等对其中的每个人都有同样的作用;另一种则是走个体主义的路径,在微观场域中去理解人的行动。这两种路径各执一端,也因此出现了各种各样试图调和其对立矛盾,或是从关系路径来理解两者之间关系的理论。远至齐美尔、布尔迪厄和吉登斯,以及近期英国的关系社会学,等等,都是这种尝试的体现。我们在这里所做的经验研究,一方面是想要去深刻地理解中国社会中的个体,另一方面也试图在理论上有所突破。

【杨国斌】

非常期待你们口述史项目的成果。不管从理论上还是从经验研究方面讲,都非常有意义。我觉得你们从个体叙事的研究出发,去探索理论上的突破,这样的研究路径正是当代中国社会所最需要的。我感觉当代社会、经济、政治各方面的发展,使结构越来越强大,这个结构是哈贝马斯所说的 system。而在结构日益强大的同时,个体越来越渺小,产生越来越多的无力感。但是即使是最微不足道的个体,在最强大的结构里都有可能产生坚韧的内在力量,这是一种精神的和心灵的力量。可是我们当代的社会科学,对当代社会的人的精神力量何在却毫无所知。你们对于个体叙事的研究,应该是挖掘这种精神力量的有效途径。你提到齐美尔的社会学,美国社会学界大多只读他的结构主义部分,即关于社会形态的论述,我喜欢的是他的晚期著作(Simmel,2005),比如讲伦布朗的宗教绘画,从伦布朗的绘画中看到个体的精神世界。我觉得他最后走向对个体精神世界和心灵力量的追求,值得当代中国社会学和传播学借鉴和学习。说到底,社会学还是要研究人。

【周海燕】

非常感谢杨老师的鼓励,我们一起努力。

参考文献

韩炳哲,2019. 精神政治学:新自由主义与新权力技术[M]. 关玉红,译. 北京:中信出版社.

霍洛韦尔,1988. 非虚构小说的写作[M]. 仲大军,周友皋,译. 沈阳:春风文艺出版社.

马中红,胡良益,2021. 互嵌、分歧与可见:网络青年亚文化发展新趋势[J]. 青年探索(5):18-27.

杨国斌,2009. 悲情与戏谑:网络事件中的情感动员[J]. 传播与社会学刊(9):39-66.

袁光锋,2021. 迈向"实践"的理论路径:理解公共舆论中的情感表达[J]. 国际新闻界(6):55-72.

周海燕,2017. 意义生产的"圈层共振":基于建国初期读报小组的研究[J]. 现代传播(9).

周晓虹,2021. 多学科视角下三线建设研究的理论与方法笔谈[J]. 宁夏社会科学(2).

BEST, STEPHEN, MARCUS S, 2009. Surface Reading: An Introduction[J]. Representations, 108(1):1-21.

HOCHSCHILD A R, 1983. The Managed Heart: Commercialization of Human Feeling[M]. Berkeley: University of California Press.

LATOUR B, 2005. Reassembling the Social: An Introduction to Actor-Network-Theory[M]. New York: Oxford University Press.

MILLS C WRIGHT, 2000. The Sociological Imagination[M]. New York: Oxford University Press.

SIMMEL G, 2005. Rembrandt: An Essay in the Philosophy of Art[M]. London & New York: Routledge.

SOMERS M R, 1994. The Narrative Constitution of Identity: A Relational and Network Approach [J]. Theory and Society, 23(5):605 - 649.

YANG G B, 2000. Achieving Emotions in Collective Action: Emotional Processes and Movement Mobilization in the 1989 Chinese Student Movement[J]. The Sociological Quarterly, 41 (4):593-614.

YANG G B, 2016. Narrative Agency in Hashtag Activism: The Case of #BlackLivesMatter[J]. Media and Communication, 4(4):13-17.

专题探讨

互联网与流动社会

早在 20 世纪 90 年代,卡斯特(Manuel Castells)就指出网络社会的空间形态是一种“流动空间”。而最近 30 年,随着交通工具和通信技术的极速发展,“流动/移动”更是成为当代日常生活的普遍经验,相应的,人文社会科学研究中也发生了“流动转向”的趋势。为了回应这种现象,本刊 2022 年第 22 辑以“互联网与流动社会”为主题进行征文,获得学术界的广泛支持。经过匿名评审,本期共刊出 5 篇专题论文,主要内容如下:

庄曦和周粟伊聚焦于城镇化背景下的“流动青少年”,考察其虚拟社区融入及互联网社会支持的获取,同时围绕相关影响因素展开了探讨。李耘耕和孟筱筱关注疫情时期的人员流动,比较分析了西方各国普遍采用的以蓝牙交互技术为基础的接触者追踪技术,并着重分析了中国“健康码”的流动治理方案。林颖和许天敏在“新流动性范式”下,讨论了疫情之中的社区团购现象,探究平台技术物作为中介机制所形成的新的关系本体论。王媛的研究指向跨文化流动中的外国人,探讨了在中国的“洋网红”之涉疫主题短视频,通过详尽的内容分析,探讨其如何达到超越“他者化”和促进互惠性理解的积极效果。最后一篇文章涉及的是社会关系的流动,高艺以交友平台 M 的“like”设计为微观切口,采用平台漫游和深度访谈法,分析了“喜欢”如何在平台的量化设计下,形塑用户对于网络亲密的感知异化和流动化的理解,文章批判了网络亲密社交在异化感知中的愈发流动和脆弱。

流动不仅有实体的所指——身体的移动,也有其隐喻的意义——关系的流动。以上 5 篇文章,涉及上述两个层面,方法有所差别,但都涵纳在“流动”这一主题之下——流动的身体、流动的连接、流动中的治理、流动的关系等,显示该议题的包容性。未来本刊仍十分欢迎“流动”相关主题投稿,希望对该领域的持续深化做出更多贡献。

卞冬磊

(南京大学新闻传播学院副教授)

随迁的孩子与虚拟的社区:流动青少年的虚拟社区感及社会支持研究*

◈庄 曦 周粟伊**

摘要:新型城镇化背景下,举家迁徙的流动性经历打破了流动青少年原有的社会支持网络。社交媒体为该群体在虚拟社区中的社会联结提供了更多的可能性,进而为其社会支持的获得拓展了渠道。本研究拟从"新来者"的视角来考察流动青少年的虚拟社区融入及互联网社会支持获取,并围绕其影响因素展开探讨。研究发现,年龄、社交媒体使用动机、虚拟社区活跃度等因素对流动青少年感知虚拟社区感有显著影响,流动青少年虚拟社区感的形成与其互联网社会支持经历不可分割,而虚拟社区感又是决定其能否进一步获取互联网社会支持的重要影响因素。

关键词:流动青少年;互联网社会支持;虚拟社区感

随着经济的发展和时间的推移,举家迁徙成为进城务工者的主要迁徙方式,随迁子女的数量随之增加,流动人口二代成为流动人口中不可忽视的一部分(翟振武 等,2007)。从乡村到城市或从一个城市到另一个陌生的城市,流动人口二代进入全新的环境,能否融入新城市成为他们生活、学习中的一大考验。流动人口二代社会融入的过程本身也是其社会化的过程。伴随着智能手机的普及,新媒体特别是社交媒体,与大众媒介、家庭、学校、社区等要

---

* 本文系国家社科基金项目"新型城镇化背景下城市新移民的互联网社会支持"(17BXW105)的研究成果,并得到江苏高校"青蓝工程"资助。

** 庄曦,南京师范大学新闻与传播学院教授。周粟伊,南京师范大学新闻与传播学院硕士研究生。

素共同作用于流动人口二代的社会化过程。网络对青少年社会化的挑战体现在社会对其社会化过程的控制减弱,尤其是正确的社会化导向的控制变得比较困难(宋绍成,2002)。青少年社会化过程呈现出以双向社会化模式为主体、社会化环境虚拟化、变被动社会化为主动社会化的特点(孙宏艳,2014)。

随迁经历的流动性往往使得流动青少年的现实关系纽带变得较为松散,难以获得稳定的现实社会支持。社交媒体的出现为流动青少年建立强社会纽带提供了契机。在网络频繁的联络和互动过程中,流动青少年有机会与线上好友在虚拟社区建立强纽带,形成虚拟社区感。这种强纽带又进一步促进流动青少年同线上好友加强联系并建立亲密关系,为其提供互联网社会支持,以弥补现实社会支持的不足。本研究拟考察流动青少年虚拟社区感知、互联网社会支持现状,并进一步分析流动青少年虚拟社区感的影响因素及互联网社会支持与虚拟社区融入之间的复杂关系。

一、相关文献与理论假设

(一)关于流动群体的类型学研究

自齐美尔将"陌生人"这一概念引入移民经验研究领域,移民类型学的发展迎来了一轮高潮。帕克和斯通奎特发现了移民对试图加入的群体既渴望又无法获得成员资格的边缘性体验,将这种出于群体内、渴望加入群体,却又无法获得群成员认可和群员资格的人际类型称为"边缘人"(Stonequist, 1935)。早期学者对流动群体的研究多延续了以帕克和斯通奎特为代表的"边缘人"视角,关注社会对流动群体的排斥机制,以及流动群体的适应机制(郭元凯,2014;张亚兰 等,2015)。当我们不自觉地为流动群体打上"问题"标签时,就是在自然而然地将他们排斥在外。意识到"边缘人"的局限性后,学者们提出重回"陌生人"视角。而以伍德为代表的学者提出"新来者"这一类型,强调"陌生人"在现代社会中也有社会适应和社会融入的一面。不同于齐美尔提出的"陌生人是一个今天来、明天留下的潜在的漫游者",伍德将"新来者"界定为"陌生人是一个漫游者,可能是今天来明天就走了,也可能是今天来，并且和我们长期相处”，他着重关注新来者所在社区与群体如何调整以接纳新来者(Tabboni,1995)。

随着新媒体技术的发展，流动性更成为现代社会的一个重要标志。在时空脱域和社会分工的现代性机制下，不是只有移民群体具有流动性，而是说每个现代社会成员都会有被流动的可能，都有可能成为彼此的陌生人(张杰,2015)。流动青少年作为移民二代群体，如何面对自身的多元身份，又如何在时空脱域的互联网世界中借助社交平台的包容性与模糊性，完成新的社会联结，确立“新来者”的身份，这是值得考察的问题。

(二)虚拟社区感

萨拉森(Sarason,1974)在20世纪70年代提出了社区感(psychological sense of community)的概念，将其界定为“感觉到与他人的相似性，认同与他人间的相互依赖关系，希冀借由给予他人或为他人做他们所期待的事情来维系彼此间相互依赖的关系的意愿，将自己视为某一更大的、可信赖且稳定的组织的一部分的情感”。McMillan和Chavis(1986)将社区感(sense of community)界定为“成员所拥有的一种自己有所归属的感觉，一种成员彼此对于对方乃至(整个)群体都至关重要的感觉，一种相信成员的需要能够通过彼此之间的相守互助得到满足的共享信念”。网络交往催生了虚拟社区的出现，虚拟社区感(sense of virtual community,SOVC)源于社区感(sense of community,SOC)，但与线下社会中的传统社区感相比较，虚拟社区感更具复杂的、结构型的感觉，缺少既定的概念化(Koh et al.,2003)。虚拟社区感的存在与许多社会过程和行为存在，如提供支持、维持并发展规范和界限、社会控制等密切相关。当虚拟社区成员开始制定类似的社区行为规范时，虚拟社区感就在这些持续的行为中不断生成。

虚拟社区感作为一种个体感受，能够调节成员的心理状态。Coulson和Knibb(2017)在研究中发现，虚拟社区感与积极的心理结果相关，如降低孤独感、缓解压力、提升幸福感。Blanchard和Markus(2004)指出，虚拟社区可以通过在社区内部建立虚拟社区感、促进成员与虚拟社区之外的他人建立更广泛的联系这两种方式减轻成员的孤独感。

最初关于社区感的研究多聚焦于成年群体,有学者提示基于青少年社会性发展的特点,社区感研究应多关注青少年群体。在青少年阶段,个体开始探索社会现实并思考自身应如何适应社会环境诸问题,进而检视自身的心理特征(Steinberg & Morris,2001)。这帮助他们构建社会身份,并在群体影响以及其他群体行为中表明自身(Wood,2000)。从社会身份的角度来看,当个体成为成员后,成员身份提供了一种社会比较的参照,个体将群体的信仰、态度作为一种规范去适应。群体会通过某一特殊过程——虚拟社区感的传递,对成员的行为施加影响,而青少年在其中受影响程度更甚(Abrams & Hogg,1990;Obst et al.,2002)。

根据以往的研究,可以推测虚拟社区感对流动青少年的社会交往存在影响。而虚拟社区感同时也与个体的特质、经历、社区经验密切相关。综上,本文提出以下几点假设:

1. 年龄因素会影响流动青少年的虚拟社区感

人口因素被认为是参与虚拟社区、预测虚拟社区感的重要因素。有学者对健康社区调研发现,随着年龄的增长,成员在社区内的活动减少,虚拟社区感感知逐渐减弱。在青少年时期,出现了新的社会参与机会,青少年对价值观和兴趣的不断探索会影响其虚拟社区参与和虚拟社区感的程度(Chiessi et al.,2010)。从社会心理学的角度来看,随着年岁的增长,他们对于友谊的交互性有了更多的了解,亦开始全面探索友谊关系。但当其进入中学阶段之后,交往心理又会发生一定程度的转向,呈现出闭锁性的心理特征,即内心世界逐步复杂,从开放转向闭锁,开始不大轻易将内心活动表露出来(林崇德,2008)。初中段的流动儿童在探索网络关系的同时,自身心智逐渐成熟、复杂化,由此开始对网络关系的探索有所反思,并逐渐有所保留(庄曦,2016)。基于此,本研究提出:

H1:处于初中段的流动青少年,随着年龄的增长,其虚拟社区感将减弱。

2. 社交媒体使用动机与流动青少年的虚拟社区感相关

在作为一种情感归属的虚拟社区感中,动机发挥着重要作用。当虚拟社区能够满足成员的需求时,个人对虚拟社区的认同度更高。同样,如果成员对虚拟社区形成了积极的态度,则说明虚拟社区满足了他们的动机需求(Ruggiero,2000)。有学者从使用与满足理论的角度研究虚拟社区感,发现虚拟社区成员对社区平台的选择与持续使用,是基于他们的需求或使用满意度、满足感。成员加入虚拟社区的动机,包括娱乐动机、社会需求动机和信息需求动机,这些动机对其虚拟社区感的感知具有重要影响(Chen et al.,2013)。基于此,本研究提出:

H2:流动青少年社交媒体使用动机对其虚拟社区感感知具有显著影响。

3. 虚拟社区活跃度与虚拟社区感相关

个人参与虚拟社区活动的方式会影响其虚拟社区感。社交互动对虚拟社区感有着积极影响,表明在线社交互动可以适当地发展和维持群体意识。有亲密支持网络和广泛社区关系的成员将会感知到更强烈的社区感(Haythornthwaite et al.,2000)。Omoto 和 Snyder(2002)通过对艾滋病社区的研究发现,对社区有更强依恋的人会更主动参与艾滋病活动,包括向艾滋病群体捐款;在社区内所待时间更长、访问频率更高、行为更活跃的成员,对虚拟社区的依恋程度也更高,表明其愿意为虚拟社区付出更多努力。基于此,本研究提出:

H3:流动青少年在虚拟社区中的活跃度对其感知虚拟社区感具有显著影响。

(三)互联网社会支持

社会支持指"接受者和提供者之间言语和非言语的交往,它减少了对情感、关系、自我与他们的不确定性,并起到了在增强个人体验中对控制感的作用"(Lin et al.,2015)。有关社会支持的研究最早来自社会学,研究发现人们在社会关系网络中的情感共享、物资互通、信息互动等行为能让个体感觉到被关爱,从而缓解由疾病或其他因素带来的压力,有助于改善个体身体状况和心理健康(Cobb,1976)。随着社会支持研究日益丰富,它逐渐发展成一个既包括个体认知因素又包括环境因素的多维度概念。

互联网的出现让网络交往成为现实,即时通信技术的发展使网络交往常态化、深入化成为可能。在虚拟世界中,成员不仅存在资讯交流,更常给予彼此社会支持,如情感方面的交往与陪伴或归属感的供应等(梁晓燕,2008)。互联网社会支持随着网络交往的发展出现,帮助人们摆脱各种压力,或通过他人的友谊、喜欢和追随来建立自尊(Cole et al.,2017)。Valkenburg 和 Schouten(2006)发现,有社交焦虑的青少年认为互联网社交有助于亲密感觉的自我披露,并从中获得更多的在线社交支持。

支持是虚拟社区感形成的重要前提,基于社会类别的非个人形式的信任是虚拟社区感产生的必要先决条件,而交换支持则是虚拟社感形成的必要过程(Han et al.,2014)。交换支持指社区成员在信息分享和情感交流中对“接受”和“给予”的支持,是社区成员互动的核心部分。提供和接受支持不仅是解决方法,更是一种归属,使成员对它具有依恋感和义务感(Blanchard,2008)。

个体在虚拟社区中获得信息和情感支持,表明他们在社区中被接受且受到重视。Blanchard(2008)对 MSN 的研究表明,即使成员没有在虚拟社区内形成亲密关系,在交互支持的过程中,成员也能形成对虚拟社区的依恋,虚拟社区的交换支持增强了他们的虚拟社区感。当成员通过交换信息、提供支持并观察到其他人提供的支持而参与社区活动时,他们会对社区产生更积极的感觉,并且会对社区有更强烈的依恋感,这样的依恋感导致更积极的社区参与(Gibbs & Ki,2019)。基于此,本研究提出:

H4:流动青少年互联网社会支持的获取对其虚拟社区感具有显著影响。

当成员建立虚拟社区感后,他们彼此之间的信任会增强,并确认自己属于某个群体,会感到自己有义务为群体提供支持(Blanchard et al.,2011)。虚拟社区感能够促进成员识别,增强成员对集体的归属感和参与感,并减少沟通障碍,从而促进成员间的联系和交流。研究表明虚拟社区感在社区参与和社会资本之间存在中介作用。社会资本即在虚拟社区中通过有目的的行动获得的资源并做出的回应,与社会支持密切相关(徐光 等,2016)。Mamonov 等人(2016)基于 Facebook 用户的研究发现,虚拟社区感是预测用户持续参与社区活动的关键因素。虚拟社区如果拥有良好的社会支持互动,意味着其成员更愿意互帮互助,成员的社区感会增强,从而促使成员再次使用已有的虚拟社区进行沟通和交流(Blanchard et al.,2011)。基于此,本研究提出:

H5：虚拟社区感在流动青少年在线社会支持的获取中亦发挥显著作用。

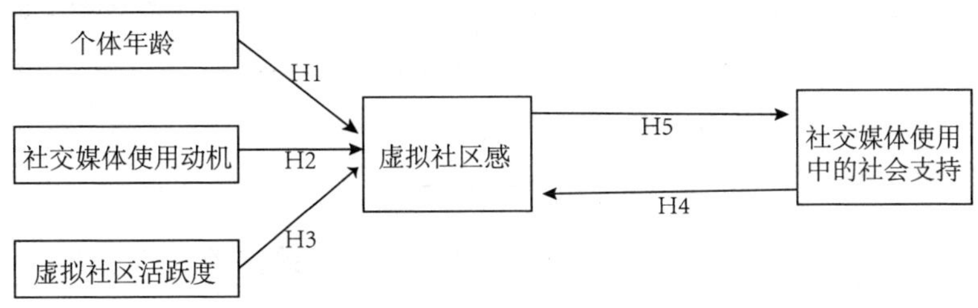

二、研究设计

（一）研究对象与基本概况

研究将抽样目标总体设定为南京市流动青少年，即迁居到南京、在南京居住半年以上且没有本地户籍的青少年群体。本次抽样选择随机抽样的方法，以问卷调查的方式完成，并辅以深度访谈。因南京市义务教育阶段公办学校接收随迁子女共计 10.15 万人，占接收总数的 92.9%，南京市流动青少年绝大多数集中在公立中学（南京市教育局，2019），因此本研究选取南京市公办中学作为调研地点。

表 1　流动青少年概况

		计数	占比（%）
性别	男生	325	53.3
	女生	278	45.6
	未选	7	1.1
年龄	12 岁	104	19.5
	13 岁	206	34.6
	14 岁	379	34.2
	15 岁	417	10.5
	16 岁	363	0.5
	未选	8	0.7

续表

		计数	占比(%)
年级	初一	238	39.1
	初二	184	30.3
	初三	186	30.6

本研究进入江苏省南京市玄武区、鼓楼区和建邺区的八所公办中学，对初一至初三学生进行无差别调研，调研得到学生本人的同意。实际发放问卷2000份，回收问卷1824份，从中筛出流动青少年问卷611份，占比34.2%。

流动青少年概况如表1所示。男生326名(53.3%)，女生278名(45.6%)，年龄集中在12岁至14岁。初一流动青少年238名(39.1%)，初二流动青少年184名(30.3%)，初三流动青少年186名(30.6%)。

(二)社交媒体使用动机测量

本研究参考了王伟(2018)编制的青少年媒介使用动机问卷，将流动青少年社交媒体使用动机划分为自我表现、自我放松、能力提升和关系建立四个方面，分别采用5分量表设置问项来测量被访者的社交媒体使用动机，见表2。

表2 青少年社交媒体使用动机测量

类别	内涵	问项
自我表现	使用社交媒体是想要在上面展现自我、引起关注	我希望通过社交媒介展示自己的生活来树立形象；我希望通过社交媒介引起朋友的关注
自我放松	使用社交媒体是想要缓解压力、放松心情	我使用社交媒介是为了缓解学习压力；我使用社交媒介是为了放松心情
能力提升	使用社交媒体是为了获取有用信息和知识，以提升自我	我使用社交媒介是为了获得信息；我使用社交媒介是为了掌握新的知识
关系建立	使用社交媒体是为了结识新朋友、与老朋友联系及保持关注以维持关系	我使用社交媒介是为了认识新的朋友；我使用社交媒介是为了与老家的好友保持联系；我使用社交媒介是为了对好友动态进行关注和了解

(三)虚拟社区感测量

目前对虚拟社区感的划分存在不同维度。Tonteri 等人(2011)认为虚拟社区感反映了虚拟社区成员之间的个人身份和共享的社会身份,他们将虚拟社区感纳入五个不同的维度:成员感和一个人的权利及社会义务;影响社区的感觉和受社区影响的感觉;个人成员在社区中拥有独特的身份;拥有共同的社会认同感与社区认同;感觉社区成员之间联系的强烈情感。Koh(2003)等人将虚拟社区感划分为成员感、影响力和沉浸感,目前该划分被广泛采用。本研究基于 Koh 等学者的划分维度,结合青少年的心理特征,将虚拟社区感划分为成员感、影响力和沉浸感三个维度,采用 5 分量表来调查流动青少年的虚拟社区感,见表 3。

表 3　流动青少年虚拟社区感测量

类别	内涵	问项
成员感	指对虚拟社区的归属感和认同感,成员对保持与社区长期关系的意愿和承诺	我喜欢在群里发表自己的意见;我倾向于在群里潜水,不怎么发言……
影响力	代表一种声誉,成员通过获取该声誉以得到精神奖励,具体指成员对社区产生的影响和受到社区影响的感受	如果有学习或生活上的问题,我会在群里提问,并能得到回应;我会去主动回应别人在群里的提问……
沉浸感	是一种最优化的情绪体验,这种情绪体验会提升虚拟社区对成员的影响力,成员会自主地参加虚拟社区的活动,且为持续获得这种情绪,对再次参加社区活动表示出强烈的意愿	我在乎群成员对我的态度和看法;我关心其他小组成员对我的行为的看法……

(四)社交媒体中社会支持测量

Cutrona 和 Suhr(1992)提出 SSBC 编码表,通过研究比对将社会支持分为信息支持、实物支持、情感类支持和自尊支持。随后学者进一步将其延伸,将互联网社会支持分为情感、信息和陪伴三大类别(Bambina,2007)。基于过往研究,本文将流动青少年所获得的互联网社会支持划分为四个类型,即信息支持、情感支持、同伴支持和工具性支持,采用 5 分量表进行测量,见表 4。

表4　流动青少年互联网社会支持测量

	内涵	陈述举例
信息支持	指向他人提供建议或反馈的行为	在社交媒体平台上,我能获得一些学习资料;在社交媒体平台上,我能获得自己感兴趣的信息……
情感支持	指为了减少个体压力和负面影响的鼓励、同情和关爱	我把问题发布在社交媒体上,能得到许多人的回应;当我把生活展示在社交媒体上,会容易得到他人的认可……
同伴支持	指提供一种陪伴或在场感,让提出需求者感受到陪伴,从而产生归属感和团体感	在社交媒体上,很多人对我的观点表示支持;在社交媒体上,我能找人诉说我的孤独感……
工具性支持	指提供服务或者物质来帮助他人解决实际问题,这是最直接也是最容易获得的一种资源	当我有经济困难时,我能在社交媒体上找朋友借钱;我能在社交媒体上进行物品交换;我能在社交媒体上获得礼物或其他馈赠

三、研究发现

(一)流动青少年虚拟社区感特征

数据显示,流动青少年成员感($M=3.24$)与沉浸感($M=3.24$)得分最高,影响力($M=3.22$)次之,见表5。

表5　流动青少年虚拟社区感特征

		成员感	影响力	沉浸感
流动青少年	平均数	3.24	3.23	3.24
	标准差	0.925	0.915	0.937

(二)年龄因素对流动青少年虚拟社区感有显著负向影响

本研究发现年龄与成员感($P<0.01$)、影响力($P<0.05$)和沉浸感($P<0.05$)这三个方面均显著相关,见表6。其中,在成员感和沉浸感测量中,初一年级的成员感($M=3.46$)显著高于初二($M=3.25$)、初三年级($M=$

3.11),初一年级的沉浸感(M=3.36)显著高于初二(M=3.19)、初三年级(M=3.12);但在影响力感知中,初三年级得分(M=3.90),明显高于初一年级(M=3.34)。

表6 流动青少年虚拟社区感的年龄差异

		成员感	影响力	沉浸感
初一	平均数	3.46	3.34	3.36
	标准差	0.923	1.037	1.086
初二	平均数	3.25	3.24	3.19
	标准差	0.775	0.834	0.843
初三	平均数	3.11	3.90	3.12
	标准差	0.802	0.797	0.787
F		8.198	3.43	3.311
Sig.		0.000	0.033	0.037

成员间的自我披露与沟通是对虚拟社区认同的基础,满足了青少年早期的发展需要(Machackova,2015)。但随之而来的升学压力,压缩了青少年参与虚拟社区活动的时间,使其成员感与沉浸感降低。即便如此,青少年对于虚拟社区的影响力感知仍在初三达到了最高点。这个时期,在与解决实际问题相关的内容方面,如“如果有学习或生活上的问题,我会在群里提问;我会去回应别人在群里的提问……”,影响力感知凸显了出来。因此,H1仅部分成立,虽然升学压力压缩了虚拟社区感知的沉浸感与成员感,但在压力之下,基于“有用性”的影响力感知得以凸显。

(三)能力提升和关系建立动机对流动青少年虚拟社区感有显著正向影响

在控制了人口变量和社交媒体使用时间变量后,研究纳入了社交媒体使用动机变量。表7显示,使用动机对成员感(F=13.256,P<.001)、影响力(F=12.820,P<.001)和沉浸感(F=12.038,P<.001)的 R^2 解释度分别提升至17.2%、16.7%、15.9%,且三个模型均呈现显著关系。

社交媒体使用动机与流动青少年虚拟社区感均呈现出正相关。其中能力提升动机和关系建立动机对成员感($B_{能力提升}=0.158$,P<0.01;$B_{关系建立}=$

0.175,P<0.001)、影响力($B_{能力提升}$=0.168,P<0.001;$B_{关系建立}$=0.180,P<0.001)和沉浸感($B_{能力提升}$=0.130,P<0.01;$B_{关系建立}$=0.164,P<0.01)都具有显著的正向影响。这说明出于能力提升动机和关系建立动机参与虚拟社区活动的流动青少年,他们更有可能感知到虚拟社区感,虚拟社区满足了他们获取信息、结交好友的需求。因此,H2 成立。

表7 流动青少年社交媒体使用动机与虚拟社区感回归分析

	成员感		影响力		沉浸感	
	B	SE	B	SE	B	SE
自我表现	0.010	0.041	0.029	0.041	0.072	0.042
自我放松	0.047	0.048	0.016	0.048	0.037	0.049
能力提升	0.158**	0.048	0.168***	0.048	0.130**	0.050
关系建立	0.175***	0.049	0.180***	0.048	0.164**	0.050
R^2	0.172		0.167		0.159	
调整后 R^2	0.159		0.154		0.145	
F	(8,512)=13.256***		(8,512)=12.820***		(8,512)=12.038***	

* P<0.05; ** P<0.01; *** P<0.001

(四)线上活跃度对流动青少年虚拟社区感具有显著的正向影响

综合流动青少年加入虚拟社区的时间、每天在虚拟社区中花费的时间、结识的好友数量及发布的消息数量来看,虚拟社区活跃度与流动青少年虚拟社区感均呈正相关,见表 8。虚拟社区活跃度与成员感(F=16.148,P<0.001)、影响力(F=14.479,P<0.001)和沉浸感(F=14.555,P<0.001)的解释力度分别为 11.1%、10.1%、10.1%,均具有显著性。

加入虚拟社区时间仅对流动青少年沉浸感有显著正向影响(B=0.074,P<0.05)。每天在虚拟社区花费的时间、结识的好友数量及每天在虚拟社区发布消息的数量对流动青少年虚拟社区感感知均具有显著的正向影响。流动青少年在虚拟社区中花费的时间和精力、建立的亲密关系越多,其虚拟社区感越强烈。因此,H3 成立。

表 8　流动青少年虚拟社区活跃度与虚拟社区感回归分析

	成员感		影响力		沉浸感	
	B	SE	B	SE	B	SE
你加入这个虚拟小组的时间是	0.013	0.030	0.049	0.030	0.074 *	0.030
你每天在这个虚拟小组花费的时间是	0.238 ***	0.039	0.230 ***	0.039	0.227 ***	0.040
你在这个虚拟小组结识了几位亲密好友	0.132 ***	0.039	0.103 **	0.039	0.081 *	0.040
你每天在这个虚拟小组发布的消息数量是	0.122 ***	0.032	0.110 ***	0.032	0.123 ***	0.033
R^2	0.111		0.101		0.101	
调整后 R^2	0.104		0.094		0.094	
F	(4,517) = 16.148 ***		(4,517) = 14.479 ***		(5,517) = 14.555 ***	

* P < 0.05; ** P < 0.01; *** P < 0.001

(五)信息支持和同伴支持与流动青少年虚拟社区感感知存在相关性

研究结果显示,流动青少年互联网社会支持的总平均分是 2.76,位居中等程度,即流动青少年能够获取来自网络交往中的社会支持,但整体强度较为一般。

表 9　流动青少年所获取的互联网社会支持

		信息支持	情感支持	同伴支持	工具性支持
流动青少年	平均数	3.43	2.69	2.96	1.94
	标准差	0.901	1.076	1.083	1.088

如表 10 所示,互联网社会支持对虚拟社区感有一定的解释力度。互联网社会支持对成员感(F = 30.018, P < .001)、影响力(F = 31.369, P < .001)和沉浸感(F = 24.264, P < .001)的 R^2 解释度分别为 32%、33%、27.6%。互联网社会支持对影响力解释度最高,其次为成员感,对沉浸感解释度最低。

同伴支持(B = 0.118, P < 0.05)对成员感具有显著影响,即在虚拟社区中获取同伴支持越多,流动青少年成员感越强烈。在影响力感知中,同样仅

同伴支持(B =0.129,P <0.01)对其具有显著影响。流动青少年在虚拟社区中结交的好友越多,就越愿意参与群内的讨论,不仅愿意表达自己的困难和疑惑,也乐于解答他人的问题,从而更能感受到虚拟社区对自己的影响。信息支持(B =0.313,P <0.001)、同伴支持(B =0.099,P <0.05)和工具性支持(B =0.167,P <0.05)均对流动青少年沉浸感具有显著的正向影响,即流动青少年在虚拟社区中获取的信息、朋友及物质帮助越多,他们与虚拟社区的亲密度越高。

表 10 互联网社会支持与虚拟社区感线性回归分析

	成员感		影响力		沉浸感	
	B	SE	B	SE	B	SE
信息支持	0.390	0.050	0.364	0.050	0.313***	0.053
情感支持	0.064	0.049	0.075	0.048	0.096	0.051
同伴支持	0.118*	0.047	0.129**	0.046	0.099*	0.049
工具性支持	0.057	0.074	0.130	0.072	0.167*	0.077
R^2	0.320		0.330		0.276	
调整后 R^2	0.309		0.319		0.265	
F	(8,510) =30.018***		(8,510) =31.369***		(8,510) =24.264***	

*P <0.05;**P <0.01;***P <0.001

在互联网社会支持的四种类型中,信息支持对虚拟社区感的影响最为强烈,而情感支持对虚拟社区感未呈现出显著影响。这与 Blanchard(2008)的研究结果较为一致,与情感支持相比,信息支持是最重要也是最经常交换的支持类型,“并非每一个人在社交媒体上都会有亲密关系,社区中的潜伏者就没有形成他们的亲密关系,但是所有成员都认为关系是社区生活的重要方面”。亲密关系并非影响流动青少年虚拟社区感形成的重要因素,即使未形成亲密关系,他们仍然承认虚拟社区中成员的身份,并通过与成员建立一定的关系来构筑起自己对虚拟社区的归属感和依恋感。

(六)虚拟社区感感知与流动青少年互联网社会支持存在显著相关

如表 11 所示,虚拟社区感对互联网社会支持具有一定的解释力度。虚拟社区感与信息支持($F = 24.989, p < .0.001$)、情感支持($F = 18.012, p < .001$)、同伴支持($F = 19.058, p < .001$)和工具性支持($F = 7.701, p < .001$)的 R^2 解释度分别为 33.1%、26.3%、27.4% 和 13.2%。虚拟社区感对信息支持的解释度最高,其次是同伴支持和情感支持,对工具性支持的解释度较底。

表 11　流动青少年虚拟社区感与互联网社会支持回归分析

	信息支持		情感支持		同伴支持		工具性支持	
	B	SE	B	SE	B	SE	B	SE
成员感	0.254 ***	0.059	0.145	0.074	0.152 *	0.074	-0.007	0.040
影响力	0.237 **	0.071	0.229 *	0.090	0.267 **	0.090	0.076	0.049
沉浸感	0.080	0.058	0.168 *	0.074	0.148 *	0.073	0.082 *	0.041
R^2	0.331		0.263		0.274		0.132	
调整后 R^2	0.317		0.248		0.259		0.115	
F	(10,506) = 24.989 ***		(10,506) = 18.012 ***		(10,506) = 19.058 ***		(10,506) = 7.701 ***	

* $P < 0.05$; ** $P < 0.01$; *** $P < 0.001$

成员感($B = 0.254, P < 0.001$)和影响力($B = 0.237, P < 0.01$)感知对流动青少年获取信息支持具有显著影响,即他们越认同自己的虚拟社区成员身份,虚拟社区对他们的影响越强烈,他们获得的信息支持越丰富。影响力($B = 0.229, P < 0.05$)和沉浸感($B = 0.168, P < 0.05$)对流动青少年获取情感支持具有显著影响,在虚拟社区中积极活跃并对虚拟社区产生强烈依赖感的流动青少年,更容易获取情感支持。成员感($B = 0.152, P < 0.05$)、影响力($B = 0.267, P < 0.01$)和沉浸感($B = 0.148, P < 0.05$)均对流动青少年的同伴支持的获得具有显著的正向影响,虚拟社区感感知强烈的流动青少年更容易在虚拟社区中交到好友,获取同伴支持。仅沉浸感($B = 0.082, P < 0.05$)对流动青少年的工具性支持具有显著的正向影响。工具性支持涉及物品的交换和金钱交易,对双方关系的亲密度要求最高。而沉浸感是在虚拟社区感中与其他成员最亲密的一种感受,沉浸感越高的流动青少年,对虚拟社区的信任度和依赖感也会越高,会获取更多的工具性支持。

四、结论与讨论

(一)基于"同质身份"的参与仍然是流动青少年虚拟社区感形成的基础

在互联网上各种形式的在线参与方式中,虚拟社区为互联网用户提供了发展新的人际关系或加强现有人际关系的社交渠道。正在发展自己身份的青少年积极寻求与他们身份相关的媒体。媒体的这种选择性使用在增强、减弱或更改其身份相关维度的某些方面,会导致显性或隐性的社会反馈,继续不断发展直至形成新的身份。基于互联网的社交媒体不仅可以迅捷传递海量的信息,更能为寻求身份归属和集体认同的青少年提供创制、传播自身文化的平台,从而建构起新的社交和趣缘部落(Steele & Brown, 1995)。本研究结果显示,在虚拟社区感的测量中,流动青少年成员感得分最高(M=3.24)。流动青少年在使用社交媒体时,偏向于寻找与自己有共同背景和联系的好友及虚拟社区,如同学群、老乡群、基于共同爱好组建的陌生网友群。流动青少年与虚拟社区和在线好友强纽带的建立,以及在线身份归属和集体认同的构筑,均指向了虚拟社区中的虚拟社区感。

成员的同质性能够增强相同的身份认同、一种与团体联系的感觉,在某种程度上类似于团体原型,并且所有团体成员都被视为彼此相似的(Ren et al.,2012)。调查结果显示,流动青少年在加入虚拟社区时,偏好加入同学群(49.9%),或是寻找与自己有共同背景和联系的老乡群(31.2%)。两类虚拟社区都能够让流动青少年找到一致的身份认同,也能让他们在陌生的城市找到家乡的归属感。流动青少年加入虚拟社区的偏好折射出他们对群体身份认同的需要和对家乡的情感依恋。部分流动青少年选择加入陌生网友的虚拟社区(12.6%),这些陌生网友大多与流动青少年有着共同的兴趣爱好,大家基于相同的兴趣组建虚拟小组,在频繁的交流活动中形成信任感。

访谈对象ZB将自己的网友亲密地称为"亲友",称这些网友是网上关系很好的朋友,像亲人一样,所以叫他们亲友。

在群里我们会交流一些绘画的知识,亲友们会发生活类的内容,我能够以这种方式了解对方平日的见闻和心情,感觉很有趣。我烦闷或者遇到困难的时候会和亲友聊,也会发泄到空间里。亲友会安慰我,列表里不熟的人也会冒出来安慰我几句。虽然我和亲友们现在没有见过面,但是以后一定会的!

访谈对象 MY 经常活跃在班级群内,他提到自己是初中班级群内发言等级最高的(该等级为 QQ 群成员活跃等级,用户在该群中越活跃,等级就越高。活跃度与发言频率、时长及连续发言天数等因素正向相关)。

我们班级群非常活跃,里面没有老师,我们什么话都能说,我也特别愿意在群里分享好玩的事。群里会打语音电话抄作业,谁作业写完了就发到群里给大家抄。

(二)个体社交媒体使用差异影响流动青少年虚拟社区感

信息价值对互联网用户的满意度至关重要,成员加入虚拟社区,期望获得信息,社区内具有丰富知识的人能够解决他们的问题,或通过与其他成员互动获得信息,他们基于此形成对虚拟社区的积极态度(Ruggiero,2000)。虚拟社区成员聚集在社区内,不仅进行知识和信息的共享,还会与其他成员建立社交关系。当有社会支持需求的成员与其他成员建立良好的关系时,他们将对虚拟社区呈现出更积极的态度。流动青少年的社交媒体使用动机与其虚拟社区活跃度存在不同,与其虚拟社区感感知也存在差异。

能力提升动机与关系建立动机对流动青少年虚拟社区感感知具有显著的影响。出于能力提升的动机,在虚拟社区内积极提出疑问、获得解答的流动青少年,对虚拟社区有着较为积极的态度。当他们看到群内有人提出疑问时,出于对虚拟社区的责任感,会主动回答他人的问题。在知识和信息的互动供给中,流动青少年感受到了虚拟社区对自我的影响,同时通过帮助他人提升了对虚拟社区的归属感,并形成了较强的影响力。出于关系建立动机加入虚拟社区的流动青少年,则希望能在虚拟社区内结识好友,形成亲密关系并获得友谊。流动青少年在与成员的频繁互动中,提升了在虚拟社区的参与度和活跃度,将会感知到更为强烈的虚拟社区感。

(三)互联网社会支持是虚拟社区感形成的必要过程,虚拟社区感是影响成员互联网社会支持的重要因素

随迁的流动二代身上有着双重移动性的特征,一方面,在移动性的迁徙经验中,他们从既有的依托地缘与血缘而生的社会网络中部分脱嵌,另一方面,基于社交媒体而生的移动性交往又为他们打开了另一扇窗,后者对于他们而言意义深远。青少年阶段正是友伴概念发展的重要阶段,这个阶段的孩子们认为朋友间可以相互分享,友谊是随时间推移而逐渐发展起来的,朋友之间应保持信任和忠诚,甘苦与共。他们开始从品质方面来描述朋友,如“他理解人”“他很忠诚”,认为共同的兴趣也是友谊的基础,这时的友谊开始具有一定的稳定性。但此阶段的友谊同样具有强烈的排他性和独占性(林崇德,2008)。尤其是从初中阶段开始,青少年对朋友的选择性逐渐加强,择友更加严格。虚拟社区的成员在社区内的交流支持中体验到了虚拟社区感,并通过与他人互动、交换支持和创建身份的方式来增强虚拟社区感(Blanchard & Markus,2004)。本研究结果亦显示,信息支持和同伴支持与流动青少年虚拟社区感感知呈现显著的正向关系,其获取互联网社会支持越丰富,则虚拟社区感感知就越强烈。

与此同时,虚拟社区感对互联网社会支持同样有着直接的积极影响。流动青少年互联网社会支持的获取与其虚拟社区的融入状况显著相关。积极融入虚拟社区的流动青少年,能感知到更强烈的虚拟社区感,对虚拟社区的高度的依恋、信任和活跃,则会进一步促使他们获得更丰富的互联网社会支持。

当流动青少年主动地将交往空间附着于社交媒体平台时,“甘苦与共”“理解他人”“相互分享”等支持性表述构成了其择友以及“内外有别”的基础。如果这种交往探索能够顺利开展,他们将在虚拟社区中建立起更为深厚的信任与交换机制,进而获得更为正向的身份感与获得感。由此,关注流动二代,离不开对其双重移动性特征的考量,而所谓社会干预,亦应以此为基础。

参考文献

郭元凯,2014. 社会转型期"文化滞后"对流动青少年社会融入的影响——基于对JX、WX两市的调查[J]. 青年探索(6):61-67.

林崇德,2008. 发展心理学[M]. 杭州:浙江教育出版社:345-362.

南京市教育局. 2018. 南京市外来务工人员随迁子女教育工作情况总结[EB/OL]. (2018-12-10)[2021-12-10]. http://edu.nanjing.gov.cn/njsjyj/201901/t20190102_1361694.html.

宋绍成,2002. 挑战与对策:网络传播和青少年社会化[J]. 社会(1):8-10.

孙宏艳,2014. 新媒体对青少年社会化的影响及应对策略[J]. 中国青年研究(2):27-32.

王伟,雷雳,2018. 青少年移动社交媒介使用动机的结构及问卷编制[J]. 教育理论与实践,38(16):48-51.

徐光,张雪,李志刚,等. 2016. 基于虚拟社区感知与社区参与动机影响的社会资本与组织公民行为关系研究[J]. 管理评论,28(7):213-225.

翟振武,段成荣,毕秋灵,2007. 北京市流动人口的最新状况与分析[J]. 人口研究,31(2):30-40.

张杰,2015. 边缘人还是陌生人? 新生代农民工的类型学讨论[J]. 理论月刊(2):146-152.

张亚兰,刘建娥,2015. 抗逆力视角下流动青少年社会工作实务介入案例研究——基于云南省HIH民办社工机构社区服务实践[J]. 云南大学学报(社会科学版)(3):84-90.

庄曦,2016. 流动儿童与媒介:移民融合中的传播与社会化问题[M]. 北京:社会科学文献出版社:157.

Bambina A,2005. Understanding online social support:The interplay of Internet technology,social networks and social Support[D]. New York:Columbia University:30-31.

Blanchard A L,2008. Testing a model of sense of virtual community[J]. Computers in Human Behavior,24(5):2107-2123.

Blanchard A L,Markus M L,2004. The experienced "sense" of a virtual community:Characteristics and processes[J]. ACM SIGMIS Database:The DATABASE for Advances in Information Systems,35(1):64-79.

Blanchard A L,Welbourne J L,Boughton M D,2011. A model of online trust:The mediating role of norms and sense of virtual community[J]. Information,Communication & Society,14(1):76-106.

Chen G,Yang S,Tang S,2013. Sense of virtual community and knowledge contribution in a P3 virtual community:Motivation and experience[J]. Internet Research,23(1):4-26.

Chiessi M,Cicognani E,Sonn C,2010. Assessing sense of community on adolescents:validating the brief scale of sense of community in adolescents (SOC-A) [J]. Journal of community psychology,38(3):276-292.

Cobb,Sidney,1976. Social support as a moderator of life stress[J]. Psychosomatic Medicine,38(5):300-314.

Cole D A,Nick E A,Zelkowitz R L,Roeder K M,Spinelli T,2017. Online social support for young people:Does it recapitulate in-person social support; can it help? [J]. Computers in Human Behavior,68:456-464.

Coulson N S,Knibb R C,2007. Coping with food allergy:Exploring the role of the online support group[J]. CyberPsychology & Behavior,10(1):145-148.

Cutrona C E,Suhr J A,1992. Controllability of stressful events and satisfaction with spouse support behaviors[J]. Communication research,19(2):154-174.

Gibbs J L,Kim H,Ki S,2019. Investigating the role of control and support mechanisms in members' sense of virtual community[J]. Communication Research,46(1):117-145.

Han J Y,Hou J,Kim E,Gustafson D H,2014. Lurking as an active participation process:A longitudinal investigation of engagement with an online cancer support group[J]. Health communication,29(9):911-923.

Haythornthwaite C,Kazmer M M,Robins J,Shoemaker S,2000. Community development among distance learners:Temporal and technological dimensions[J]. Journal of Computer-Mediated Communication,6(1):JCMC615.

Koh J,Kim Y G,Kim Y G,2003. Sense of virtual community:A conceptual framework and empirical validation[J]. International journal of electronic commerce,8(2):75-94.

Lin T C,Hsu J S C,Cheng H L,Chiu C M,2015. Exploring the relationship between receiving and offering online social support:A dual social support model[J]. Information & Management,52(3):371-383.

Mamonov S,Koufaris M,Benbunan-Fich R,2016. The role of the sense of community in the sustainability of social network sites[J]. International Journal of Electronic Commerce,20(4):470-498.

McMillan D W,Chavis D M,1986. Sense of community:A definition and theory[J]. Journal of

Community Psychology,14(1):6-23.

Obst P,Smith S G,Zinkiewicz L,2002. An exploration of sense of community,Part 3:Dimensions and predictors of psychological sense of community in geographical communities[J]. Journal of Community Psychology,30(1):119-133.

Omoto A M,Snyder M,2002. Considerations of community:The context and process of volunteerism[J]. American Behavioral Scientist,45(5):846-867.

Ren Y,Harper F M,Drenner S,Terveen L,Kiesler S,Riedl J,Kraut R E,2012. Building member attachment in online communities:Applying theories of group identity and interpersonal bonds[J]. Mis Quarterly,36(3):841-864.

Ruggiero T E,2000. Uses and gratifications theory in the 21st century[J]. Mass Communication and Society,3(1):3-37.

Sarason S B,1974. The psychological sense of community:Perspectives for communitypsychology[M]. San Francisco:Jossey-Bass.

Steele J,Brown J,1995. Adolescent room culture:Studying media in the context of everyday life [J]. Journal of Youth and Adolescence,24(5):551-576.

Steinberg L,Morris A S,2001. Adolescent development[J]. Annual Review of Psychology,52 (1):83-110.

Stonequist E V,1935. The problem of the marginal man[J]. American journal of sociology,41 (1):1-12.

Tabboni S,1995. The stranger and modernity:From equality of rights to recognition of difference [J]. Thesis Eleven,43(1):17-27.

Tonteri L,Kosonen M,Ellonen H K,Tarkiainen A,2011. Antecedents of an experienced sense of virtual community[J]. Computers in Human Behavior,27(6):2215-2223.

Valkenburg P M,Peter J,Schouten A P,2006. Friend networking sites and their relationship to adolescents' well-being and social self-esteem[J]. CyberPsychology & behavior,9(5):584-590.

Wood W,2000. Attitude change:Persuasion and social influence[J]. Annual Review of Psychology,51(1):539-570.

新冠肺炎疫情下的流动、健康码及“治理型隐私”的实践逻辑*

◎ 李耘耕　孟筱筱**

摘要:新冠肺炎疫情改变了全球各国人们自由流动的状态。各国普遍将数字技术应用至流动限制、隔离、边境管控等防疫措施中以阻隔疫情的蔓延。本文以新冠肺炎疫情所造成的“例外状态”为背景,比较分析西方各国普遍采用的以蓝牙交互技术为基础的接触者追踪技术以及中国的“健康码”流动治理方案。本文认为,在全球疫情可能成为人类生活的新常态后,以“健康码”为代表的数字治理案例说明个体隐私保护的实践逻辑将转换为隐私数据治理的实践逻辑。“治理型隐私”意味着政府、平台和个人三方协作,个人通过让渡部分隐私权利给政府以实现全社会的有效治理,而中国社会的深度平台化、基层治理组织的完善和巨量投入,以及个人隐私权利的让渡和数据应用的限度保护是“治理型隐私”能够有效的制度保证,“健康码”的应用及其实践逻辑为应对未来数字治理的难题提供了一个有效的实践范本。

关键词:流动管控;健康码;治理型隐私;数字治理;新冠肺炎疫情

* 本文系教育部人文社会科学研究青年项目“社交媒介语境下精神疾病污名化话语的网络传播与干预机制研究”(项目批准号:19YJC860023)及国家社科基金后期资助项目“现代中国精神疾病与健康话语的建构与传播研究”(项目批准号:20FXWB006)的阶段性成果。

** 李耘耕,上海交通大学媒体与传播学院副教授。孟筱筱(通讯作者),上海交通大学媒体与传播学院博士候选人。

导论:新冠肺炎疫情与数字抗疫

2020年初,中国暴发了新冠肺炎疫情,很快,这场疫情变成了席卷全球的公共卫生危机。在疫情之前,学者热衷于讨论一个被技术发展和全球化程度不断"加速"的社会,这种加速表现在三个方面:科技加速、社会变迁加速和生活节奏加速(Rosa,2005;连水兴、邓丹,2020;卞冬磊,2019)。哈维(Harvey,1990:285)则用"时空压缩"(time - space compression)来描述这种由"加速的信息与传播系统以及分配科技(商品包裹、清单管理、货柜运输、市场反馈等)的理性化"带来的社会加速感。不管冠以何种概念,全球范围内人员、商品与信息的加速流动都是"加速社会"最表层的现象。新冠肺炎疫情的突然暴发为这个加速社会按下了减速的按钮,除了虚拟空间的信息之外,人员和商品的流动都或多或少放缓了速度。与"减速"相伴随的,是对实体空间流动限制的各种治理措施,隔离、社交距离、边境管控等这些在全球化时代甚为少见的流动限制成为新闻中的常见字眼。新冠肺炎疫情影响了社会生活的方方面面,从最初的武汉封城到全球各国的边界管控,疫情见证了一个由数字技术加速的全球化社会迅速蜕变为一个由限制流动、隔离、健康码、疫苗护照等关键词构成的"减速"社会。新冠病毒在全球范围内制造了一个治理意义上的"例外状态"(阿甘本,2015)。在此状态下,我们对数字技术与疫情、全球化以及个人隐私保护的关系有了全新的阐释语境。一如数字技术为社会加速提供了工具,在一个被迫减速的社会,数字技术依然扮演了重要的流动干预角色,比如在中国平台化的"微信"和"支付宝"等工具保证限制流动的人们依然可以畅通无阻地与外界沟通,而诸如"健康码"等数字技术则可以令政府和公共机构快速掌握人们的流动信息并据此做出疫情防控的安排。

除此之外,数字技术在"例外状态"中的应用也催生了诸如个人隐私数据泄露、流动数据滥用等隐忧。这些问题,当然不仅是新冠肺炎疫情下特有的问题,在中国,随着数字平台日益嵌入人们的日常生活,个体不断在社交媒体上自我表露,如日常晒朋友圈、发微博动态等,也会通过淘宝购物、携程订房、美团外卖、滴滴打车、高德导航、头条阅读、豆瓣交流、慕课学习、知乎讨论、B站追剧、网盘存储等留下自己的数字化痕迹。这些痕迹可以被“追溯”和“回放”,掌握大量用户数据的网络服务平台成为个体隐私数据的实际拥有者。作为描述数字媒体中介(digital media intermediaries)(Gillespie, 2010)、数字化基础设施(尼克·斯尔尼塞克,2018:50)的隐喻,以互联网技术为基础的平台(platform)既可以是社交平台如微信,也可以是出行平台如滴滴打车或地图服务如高德导航等。无疑,这些数字平台都为用户提供了服务和便利。有研究者提出,数字平台在我国已成为一种基础设施(Plantin & deSeta,2019)。个体的每一次在线活动都会被跟踪并进入数据库,形成数字轨迹。平台往往没有得到数据收集者的允许就开始收集、存储、分析和交易数据(Ptaszek,2019)。在平台社会里,数据就像石油,是一种被提取、被精炼并以各种方式被使用的物质,而用户的活动就是这种原料的天然来源(尼克·斯尔尼塞克,2018:50)。正如尼克·库尔德利指出的,“从根本上看,我们与数据的日常关系已经是殖民式的”,并且这种关系深深植根于“过去三十年传播与信息基础设施的迅猛发展”(Couldry & Mejias,2021:xi－xii)。如果说,在前疫情时代,人们隐私数据的产生与收集还是部分用户“主动”或“无意”选择让渡隐私数据的结果,但到了疫情防控的“例外状态”中,隐私和流动数据的让渡便成了个体被迫的选择。而对于掌握数据的平台和利用数据进行疫情防控治理的政府主体来说,如何平衡个体隐私保护和利用隐私数据的有效治理便成为一个亟待解决的问题。以上种种,都需要我们思考在后新冠肺炎疫情时代甚或后疫情时代数字技术治理的基本逻辑和未来走向。本文从这个语境出发,以中国的治理实践为例,思考以“健康码”为代表的数字技术如何改变了对个体流动及其所产生的隐私数据的数字治理方式,并进一步提出在中国语境下包括流动信息在内的隐私数据从“保护”到“治理”的实践逻辑。本研究所使用的材料包括疫情相关研究论文及报告、政府公开文件、相关新闻报道以及相关科技公司及企业的公开文件等。

一、从“例外状态”到“新常态”：新冠肺炎疫情下的“流动”景观

意大利哲学家吉奥乔·阿甘本追溯了现代国家治理中“例外状态”的历史，“例外状态乃是国家权力对于最极端的国内冲突的直接回应”（阿甘本，2015:4）。现代民族国家“故意创造出一种恒常性的紧急状态（stato di emergenza permanente）（即便在技术意义上可能并未宣告），便成为当代国家的重要实践之一，包括所谓的民主国家”（阿甘本，2015:5）。尽管阿甘本所描述的已经发生的“例外状态”多集中于战时这种极端的危急时刻。但是他同时看到，“在这里被刻画为暂时性危机处理的治理工具已经在某些国家，而最终可能在所有的国家成为常设性的和平时期制度”（阿甘本，2015:14）。新冠肺炎疫情暴发之后，中国主流媒体多次将“抗疫”形容为一场面对病毒的“战争”。比如《人民日报》在 2020 年 2 月的社论中，多次使用“疫情防控阻击战”“疫情防控一线”“疫情防控的人民战争”等类比战时状态的表述（《人民日报》，2020）。此种战争类比的叙事不仅仅出现在新冠肺炎疫情中，还出现在非典时期的抗疫叙事中，并且不仅是官方媒体，参与抗疫的医务人员也使用“请战书”等表述展现自己奔赴“抗疫斗争一线”的决心（李红涛、韩婕，2020）。这些事实充分说明，在官方和参与抗疫实践的专业人员看来，“新冠肺炎疫情”肆虐的高峰是一种类同于战时的“例外状态”。在这种状态下，一切在常态中看来过于严苛甚或不可想象的行政措施和治理工具都会获得一种临时的合法性。如阿甘本所言，“‘全权’这个术语描述了行政权力在例外状态中可能行动的一种模式，但并不与它完全一致”（阿甘本，2015:14）。例如新冠肺炎疫情暴发之初，中国为了防范病毒的大规模扩散，率先采取了武汉封城这一大规模隔离措施。武汉封城在中国第一阶段的抗疫中发挥了巨大作用，其执行的严格程度和规模在全球疫情防控中也属罕见。

有学者总结了武汉封城能够成功的三大原因：第一，中国城市普遍存在可值守封闭的公寓小区；第二，社区居民委员会作为基层治理组织的在场与运作；第三，诸如微信、支付宝等大型社交媒体平台在日常生活中的深嵌。这三个要素相辅相成，缺一不可（Qian & Hanser，2020）。从 2020 年 1 月 23

日起武汉封城,直到2020年4月8日武汉解封,在这个常住人口规模超千万的特大城市中,封闭的社区和高效运作的基层治理组织使得对个人及其家庭的隔离和流动限制能够在一定的范围内操作,但是另一方面,作为基础设施存在的"数字平台"与"社交媒体",在武汉封城这样极端限制流动的状态里扮演了重要角色。如学者观察到的那样,在武汉封城期间,微信几乎成了武汉人唯一的信息获取渠道,更重要的是,通过微信的群组、支付以及各种扩展程序功能,行动范围被限制在社区乃至家中的市民可以与基层工作人员和其他邻里建立连接及沟通渠道,以便获得日常生活所需或解决生活困难。基层居委会和地方政府也是通过微信这一平台发布每日疫情信息,并协调组织社区内部和各社区之间的生活医疗物资调配、流行病学调查以及各种"例外状态"下的特殊需求(Qian & Hanser,2020)。

类似的场景不仅存在于武汉,在2020年1月至5月疫情在中国各地肆虐期间,各省市自治区也分别采取了各种各样的流动限制措施。有学者研究发现,这些遍布全国各地的流动限制措施使得省际的流入人口比2019年同期下降了63%,流出人口比2019年同期下降了62%(Li et al.,2020)。还有学者统计了2020年2月,至少有22个省份的80个城市出台了全部或部分的封闭措施(Fang et al.,2020)。这些限制流动的措施都极大延缓了病毒在中国国内的传播与扩散,但是也同时制造出了一种前所未有的"例外状态",那就是本应是中国每年一度的最大规模人口流动的"春运"在2020年消失不见,取而代之的是各种交通形式的人口流动都被严重压抑的"例外状态"。在这个"例外状态"中,虚拟空间中的"信息流动"取代"身体流动"成为最重要的流动形式。有研究发现,尽管各省都采取了不同程度的流动限制措施,但在社交媒体卷入程度更深的地方政府所在省份,流动限制的效果更好。这可能是因为"地方政府对社交媒体的高卷入度能够提高民众的科学防控意识,更高效推进政府政策以及传播如保持社交距离、戴口罩以及自我隔离等健康行为建议"(Li et al.,2020:8)。

细究发现,这是一个非常吊诡的场景。尽管各种身体与商品在实体空间的流动被大大限制,但是虚拟空间的各种信息以及通信的流动反而得以保持甚至加速了。在疫情期间,各种有关疫情的虚假信息甚嚣尘上。身在疫情之中的人们对不确定性的焦虑感促使他们更积极地转发各种信息,包括虚假信息(Freiling et al. ,2021)。世界卫生组织(2020)甚至提出了“信息疫情”(infodemic)的概念来形容这种虚假信息在全球肆虐的现象。“信息疫情”指的是在新冠肺炎疫情中不断涌现的虚假信息、非科学的预防和治疗手段乃至各种关于病毒起源的阴谋论(Bolsen et al. ,2020)。这些“信息疫情”都阻碍了对抗新冠肺炎疫情的科学效率与全球合作。为了应对“信息疫情”的挑战,各国政府也出台了各种法规和措施(Radu,2020)。然而,这些法规和措施的成效却十分有限。正如库尔德利等人所观察到的那样,我们生活在一个被信息和数据深度殖民的时代,而“数据殖民”是和全球资本主义的脉动紧密地绑定在一起的(Couldry & Meijias,2021)。当新冠肺炎疫情造就了全球范围内的“例外状态”时,数据殖民就成为一把被纳入“例外状态”的双刃剑:一方面,在公共卫生危机处理中,有效的疫情追踪和处置是关键环节,无处不在的大数据可以为疫情防控提供重要信息依据;另一方面,数据和信息的无序流动势必带来诸如信息疫情、隐私泄露乃至国家安全的风险。对于人员和信息数据流动的双重治理成为摆在全球政府面前的一个棘手难题。

2020 年 5 月 8 日,国务院发布《关于做好新冠肺炎疫情常态化防控工作的指导意见》。意见指出,“在以习近平同志为核心的党中央坚强领导下,经过全国上下艰苦努力,我国新冠肺炎疫情防控向好态势进一步巩固,防控工作已从应急状态转为常态化”。在常态化的疫情防控中,中国的总体防控策略是“外防输入,内防反弹”,在此策略之下,“坚持及时发现、快速处置、精准管控、有效救治”成为重要的行动步骤和目标(新华社,2020)。尤其在前三个环节中,数字技术都可以发挥关键作用。在全球信息爆炸和舆论极化的环境下,如何一方面有效利用各种数据信息管理人员流动带来的疫情风险,同时又充分保证个人隐私保护与各种数据信息的有序流动,正是新冠肺炎疫情从“例外状态”向“新常态”转变过程中,摆在各国政府面前的难题与挑战。在中国的传统智慧中,“堵洪”不如“治水”,“被动控制”不如“积极治理”。这时,数字技术成了一把名副其实的双刃剑,它所映射的不仅仅是“数据”与“信息”泛滥所带来的利与弊。对技术工具的应用的与治理也正反映了不同制度和社会文化语境下人与政治的主动性。正如达拉斯·斯迈思所言:“技术从来不是独立和自主的存在。从技术研发到应用,是一个政治的过程,即社会权力参与其中为实现自身的意图展开斗争的过程。”(达拉斯·斯迈思,2014)由此,本研究所要探究的正是在新冠肺炎疫情的“例外状态”中,中国政府是如何积极使用数字技术对“人员流动”进行治理的。在下文中,本文将用西方国家普遍采用的基于蓝牙交互的接触者追踪技术方案与中国“健康防疫码”的技术逻辑进行比较,分析运用数字技术如何平衡个体隐私保护与疫情中有效流动治理的矛盾,从而进一步提出在后疫情时代和平台化社会中隐私数据治理的实践逻辑。

二、疫情下全球流动数字治理:接触者追踪技术 vs 个人信息健康码

数字抗疫是我国在应对新冠肺炎疫情中的重要策略和手段,有研究者总结了在全球新冠肺炎疫情中常见的六种数字抗疫类型:接触者追踪、区域风险评估、公共场所监测、隔离人群归档、资源智能分配以及在线医疗服务(唐林垚,2021)。除了在线医疗之外,其他五种类型均涉及人员或物品流动治理的问题。

在中国的数字抗疫实践中,流动治理最具有代表性和熟识度的就是“健康防疫码”技术方案的应用。2020 年 1 月 31 日,武汉封城后的第 11 天,广州市范围内上线了一个名为“穗康”的微信小程序,为市民提供健康数据、疫情线索上报,以及预约购买口罩、在线问诊等功能。2020 年 2 月 11 日,浙江省杭州市在支付宝端推出首版“杭州健康码”。在健康码的研发过程中,总部设在杭州的阿里巴巴公司和地方政府通力合作,促成后来全国各地普遍使用的“健康防疫码”雏形。毫无疑问,“健康码”的研发、推行与使用过程中政府和互联网技术企业的合作贯穿始终。比如在杭州,在市政府、大数据局、卫健委、出入境管理局等政府部门主导下,阿里、每日互动等企业都参与到“健康码”系统的维护与应用中。而在上海的“随申码”(上海版健康码)的开发中,本地的数据管理基础设施服务商“星环科技”也是主要参与者(第一财经,2020;搜狐新闻,2020;人民网,2020)。这其中,除了本地企业与本

地政府更方便合作沟通的因素之外,政务大数据获取、数据管控以及隐私泄露等问题也是重要的促成因素。

事实上,从"健康码"之类的数字抗疫的手段诞生之日起,对于数据应用和隐私保护的争论就未曾停止过(唐林垚,2021;刘念、周曼琪,2021;苏今,2021;Elkhodr et al. ,2021)。唐林垚指出个人信息的搜集过度与手机端应用程序的权限掠夺是目前数字抗疫中最突出的隐私担忧。尤其是随着以智能手机为代表的"位置媒介"的兴起,位置数据成为界定城市空间实践的重要信息资源(李耘耕,2019)。在数字抗疫中,一方面,定位与流动数据能够成为接触者追踪和区域风险评估的依据,对数字抗疫的效用提升有着重要价值;另一方面,"个人的位置信息具有高度敏感性,是典型的私密信息,可以用来识别个人身份甚至反映其经济水平"(唐林垚,2021:242)。传统隐私悖论指的是对个人隐私保护的担忧与积极在网上自我披露行为并不相关(Dienlin et al. ,2021;牛静、孟筱筱,2019)。这意味着人们对于隐私的担忧可能在其他社会目标所驱动的行为中变得无关紧要。在数字抗疫中,为了获得更大的生活和流动便利,人们也可能放弃对隐私的保护来换得流动便利。此时,在疫情的"例外状态"下,数字抗疫提出了一个有别于传统的新隐私悖论,即个人隐私保护,尤其是位置与流动数据保护与有效的数字疫情治理之间的矛盾。换句话说,虽然个人隐私保护在"例外状态"中可能成为一个被悬置的命题,但是在获取和利用隐私数据时,政府需要在"保护"与"治理"之间寻求一个平衡点。在新冠肺炎疫情全球肆虐中,各国都在尝试不同技术进路的数字手段抗疫,最典型的抗疫应用是接触者追踪(contact tracing)技术,比如澳大利亚的COVIDsafe、法国的stopcovid以及墨西哥的Mexican CovidRadar等(O'Neill et al. ,2020)。相比于传统的流调方案(多是人工问询和自我报告),接触者追踪技术能够更加精确地回溯疫情发生的源头及传播路径,锁定风险人群,然而由此带来的隐私保护的问题就变得更加突出。

包括"健康码"在内,在全球新冠肺炎疫情的数字抗疫实践中,有两类的数字技术路径最具有典型性,这两类技术路径也反映了尽管面对相似的"流动"问题,在不同的制度框架下,技术选择也可迥异。

第一类是谷歌和苹果公司在2020年4月10日发布的基于蓝牙通信技

术的接触者追踪方案。该技术方案的核心是将下载了这一应用的通过蓝牙交互获得的接触者数据层层加密储存在个人的智能手机中,当其中有人被确诊为新冠肺炎患者时,确诊者可选择将这些数据自主上传到中央服务器中,这些数据经过中央服务器的解读和处理,可对下载了这一应用的密切接触者发出警报,从而让密切接触者自主隔离或就医(见图 1)(Apple,2020)。显然,这一方案考虑到了个人隐私保护以及对企业或政府主导的中心化技术方案的不信任,从而能够让技术应用充分在隐私保护的前提下发挥效用。澳大利亚的 COVIDSafe 就是采用类似方案开发的手机应用。然而到了 10 月份,虽然该应用在澳大利亚有超过 700 万的安装数量,但仅仅有 14 个成功的追踪案例,并且都集中在同一个州(Yang et al. ,2021)。这一方案最大的困境来自使用者的意愿,如果没有足够的用户下载使用这一应用,又或者使用者不愿意遵守防控的建议。这一技术方案将几无用武之地。如研究者曾访谈的一个长居澳大利亚的华人朋友所言:

> 据我从新闻了解到的,这个 App 花费不菲。一个和执政党自由党有关联的科技公司没有经过招标直接得到了开发工作,开发花了大概 600 万。然后政府大概花了近 7000 万澳元用于广告推广这个 App。最后因为 App 质量太差,主要是蓝牙技术有缺陷,引起手机卡顿和发烫,装机量很少……后来各州启用了自己的 COVIDSafe 追踪系统。比如我所在的新南威尔士州就是进店扫二维码 check in,留下名字电话,出店的时候再 check out。这个过程理论上是强制的,但实际操作上比较水。很多人不扫、假装扫一下、留假的电话名字这种都很常见。大部分店铺没有人力来检查你的签到状况,店铺也不在意。这个各州的 COVIDSafe 项目还是和和联邦的 COVIDSafe 属于一个大项目的,预算可能也是共享的。只是联邦层面最后放弃了用任何技术追踪的手段,留给各州自己开展自己的系统了。

据调查,即使在新加坡这样的地域较小的亚洲国家,类似的技术应用 TraceTogether 也仅有 30% 的安装率(截至 2020 年 6 月)(Budd et al. ,2020)。

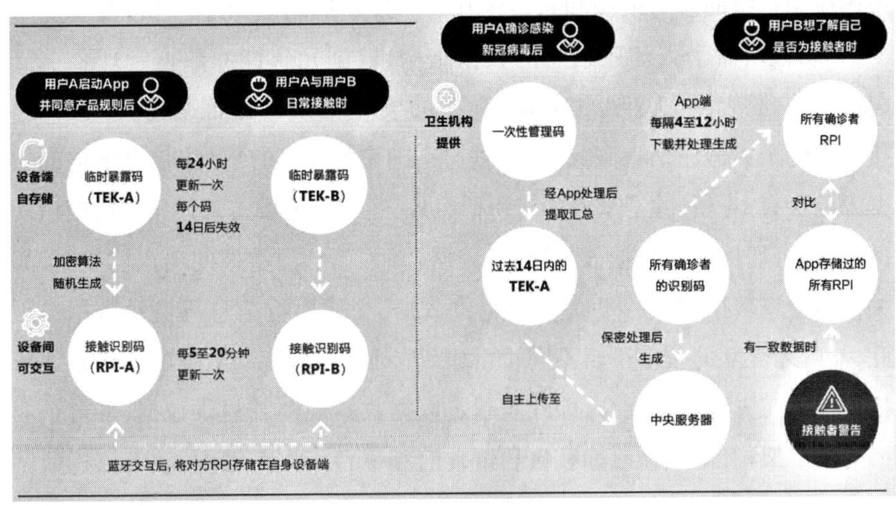

图1 苹果与谷歌共同研发并应用的追踪技术原理图(第一财经,2020)

这些案例都能够说明个人隐私保护与有效的疫情防控之间存在的巨大鸿沟:在流动的隐私数据只能被个人存储与自主授权采集的语境下,没有强大的外力干预,想实现有效的群体治理是非常困难的。

第二类方案则是中国已经广为人知的“健康防疫码”方案。在疫情之初,全国各省都仿效杭州模式发布了自己的健康码方案。尽管这些方案存在技术上的差别,但基本上是依托“微信”或“支付宝”这两大社交平台开发及应用的。更重要的是,他们都将“健康码”的数据获取与地方政府政务平台的大数据库绑定。通过这样的绑定,“健康码”在技术上不再需要用户授权而可以直接做到将用户的身份信息、行程信息以及健康信息相关联,进而生成红、黄、绿三种代表不同健康状态和疫情风险状态的“二维码”。健康码的应用与推广最初是由各地方政府与企业合作完成的。直到2020年4月29日,国务院办公厅电子政务办公室发布了“个人健康信息码”的国家标准。这个标准包含三份标准文件:《个人健康信息码　参考模型》(以下简称《参考模型》)(全国标准信息公共服务平台,2020)、《个人健康信息码　数据格式》(以下简称《数据格式》)(全国标准信息公共服务平台,2020)、《个人健康信息码　应用接口》(以下简称《应用接口》)(全国标准信息公共服务平台,2020)。其中,《参考模型》规定了“健康码的组成和展现形式,提出了健康码应用系统的参考模型和跨地区互认的技术机制”。《数据格式》规定了“疫情防控所需个人健康信息的数据结构、数据元属性和数据管理要求”。《应用接口》规定了“个人健康信息服务的接口,各类应用可通过统一接口对接不同的个人健康信息服务”。根据这一国家标准,防疫健康信息依据的数据源至少有14项,除了基本的身份信息外,还有卫健委等部门掌握的疫情病例数据、密切接触者数据、医学检测数据,海关等部门掌握的出入境数据、海关检验检疫数据以及移动终端的定位数据、交通出行信息等流动数据。因此,与蓝牙交互的技术逻辑不同,“健康码”对隐私和流动数据的使用必须依托严密的三方合作与配合,即政府制定数据收集规则并提供数据,平台企业搭建技术架构,个人让渡隐私权利给政府和平台。在疫情中,政府依托数字平台(或数字平台为政府提供技术)收集每个公民的数据,这些数据汇总成为群体性的大数据。此时,政府所治理的对象不再是一个个具体个人的隐私,而是由所有个体数据聚合起来的群体数据。这之中当然还存在隐私保护的问题,但是不同于需要个人授权的同意保护机制,隐私治理的范围、场景与时限问题才是划定治理边界的重点。

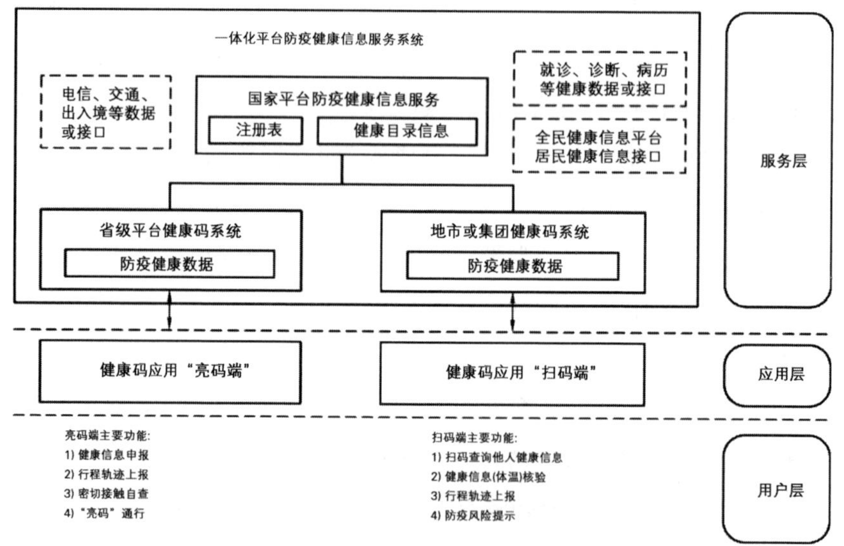

图2　一体化平台防疫健康信息服务系统(健康码)框架图
(全国标准信息服务平台,2020)

在此意义上，疫情所造就的不仅仅是一个关于流动限制的“例外状态”，更是一个关于隐私数据治理的“例外状态”。在后疫情时代和平台社会的背景下，这一“例外状态”有很大可能会转变为数字治理的“新常态”，即独立地谈论个体隐私保护将蜕变为一个法理和应然的问题，而更重要的实然问题是如何合理适度地利用隐私数据进行有效的治理。因此，后疫情时代数据隐私的讨论焦点将不是抽象的针对个体的“保护”，而是在面对海量的数据以及面对类似抗疫的需要时如何利用隐私数据进行有效治理的问题。在这里，“健康码”作为防疫期间对于流动和疫情防控而言最重要的数字治理平台，提供了一个隐私数据治理实践的范例。

三、从“保护”到“治理”：“治理型隐私”的实践逻辑

作为描述数字媒体中介（digital media intermediaries）（Gillespie，2010）、数字化基础设施（尼克·斯尔尼塞克，2018：50）的隐喻，以互联网技术为基础的平台（platform）既可以是社交平台如微信，也可以是出行平台如滴滴打车或地图服务如高德导航等。无疑，这些数字平台都为用户提供了服务和便利，同时也汇聚了大量用户使用中的隐私数据。有研究者提出，数字平台在我国已成为一种基础设施（Plantin & deSeta，2019）。个体的每一次在线活动都会被跟踪并进入数据库，形成数字轨迹。平台仅需要少量的用户授权就可以开始收集、存储、分析和交易数据（Ptaszek，2019）。在平台社会里，数据就像石油，是一种被提取、被精炼并以各种方式被使用的信息，而用户的活动就是这种原料的天然矿源（尼克·斯尔尼塞克，2018：50）。2020 年 5 月 11 日，中共中央、国务院发布《关于新时代加快完善社会主义市场经济体制的意见》，首次将数据上升为与劳动、资本、土地、知识、技术、管理等传统生产要素相并列的新型生产要素，深化数据治理是提升政府数字治理能力的关键。在平台社会，智能媒体用户的隐私数据构成了治理的底层资源。在诸如疫情这样的治理场景中，将个体隐私“保护”独立于治理的实践逻辑之外讨论将显得异常困难。因此，如何在一个数据化平台化的社会，将个人隐私保护纳入数字治理的整体框架并合理运用隐私数据资源实现有效治理才

是未来检验一国执政能力的关键，这一点在全球新冠肺炎疫情的数字治理实践中已经显露无遗。

政府即平台（government as a platform，简称 GaaP）（Masson，2018）这一理念应用到中国语境，最初主要指由政府建设和运营的平台，如中国的政务微博、政务微信等，这一时期还没有完全脱离电子政务的范畴。而且“仅仅聚焦政府本身既忽略了其他主体参与治理进程的重要性（甚至在特定场景下的主导性），也忽略了在更广阔空间推进治理理念、治理目标、治理对象、治理工具、治理机制创新的可能性”（鲍静、贾开，2019）。随着中国数字平台的迅猛发展和平台化现象的普遍存在，现在更强调“政府即众包平台”（crowdsourcing platform），它是政府与公民、平台、其他政府组织或非政府组织合作的一种注重创新和协作的方法（Masson，2018）。在这种方法中，政府充当生态系统合作的协调者或枢纽，而不再作为平台的开发者和创立者。这种平台最适合当国家推行新政策需要与民间社会一起解决问题的情景，这时的数字治理过程强调的是政府和公民、平台互动共同完成治理。

从现实层面来看，中国在疫情中的数字治理实践也体现了“政府即众包平台”的理念。数字治理的核心在于通过对数据的治理为公众提供高质量的服务而非传统电子政务时代的简单依托数字技术建立的虚拟政府（翁士洪，2019）。那么这里数据的收集工作显然不是由政府完成，而是依托强大的数字平台。原因有二：首先，中国的互联网平台已经发展得相对成熟，微信社交、淘宝购物、支付宝支付、美团送餐、携程订票……平台已然成为中国当下语境里的数字基础设施。政府依托数字平台协助完成数据收集工作，显然会提高政府治理效率。其次，数据交由平台收集，也可以更好地制衡政府和平台的关系，不至于产生威权或全能型政府，更符合“服务型政府”的治理理念。“政府即平台”的逻辑除了强调治理的效率外，还关注如何满足和保证诸如隐私、公平、平等、安全等公共价值（Cordella & Paletti，2019）。

基于此，本文提出“治理型隐私”的框架。具体来说，政府制定数据收集规则并依托平台的技术基础。个体一方面让渡个人隐私为了获取平台提供的服务和便利，另一方面也依赖政府为其构建一个广泛的安全流动网络，比如在疫情中，个人授权健康码平台查询个人 14 天的行程轨迹，为了顺利通过公共场所,也为了保障疫情下个体的流动权利以及更广泛的群体健康权与生命权。平台根据国家相关部门制定的政策法规和行业标准搭建收集架构,采集个体隐私信息。这些个体的隐私信息最终汇聚为群体性的隐私数据,再由政府根据这些群体性的隐私数据制定、调整、改变治理策略。

个体的隐私信息具有个体属性和可识别性,但是经过"脱敏处理"后,平台收集的隐私信息可有效降低被泄露的风险。"治理型隐私"中的隐私对个体、平台和国家的意义不尽相同。对于个体来说,他们提供、让渡、上报的是专属于个人的隐私信息,平台收集的也是具有可识别性的隐私信息,但是脱敏处理后,政府数字治理的对象不再是个体的隐私,而是由所有个体隐私(individual privacy)聚合起来的每个人的隐私(everyone privacy)。因此,对于国家而言,"治理型隐私"在大多数情境下不需要针对个人,而是作为一个整体治理对象。为了更加清晰地了解政府、平台和个人(隐私)在治理型隐私中如何相互协助,本文绘制了"治理型隐私"概念模型。模型可以简述为:政府依托(授权)数字平台(或数字平台为政府提供技术)收集每个公民的隐私数据;个人让渡部分隐私权利给政府与平台;平台收集、储存并提供群体性的隐私数据,政府利用群体性的隐私数据制定、调整、应用数字治理策略(见图3)。

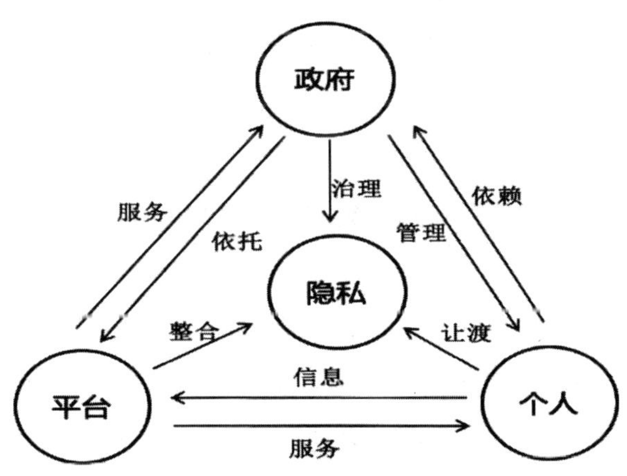

图3 "治理型隐私"的实践结构

那么,具体到“健康码”这一个案,它如何反映了“治理型隐私”的实践逻辑?

第一,平台化社会是“健康码”得以应用的前提条件。平台社会的提出者范迪克曾指出,平台是经济和社会互动的重要参与者(José van Dijck, Thomas Poell & M. de Waal,2018)。纵观健康码的实施过程,不论是疫情暴发初期杭州地方政府与支付宝平台合作推出健康码,还是随着疫情不断扩散微信也作为社交平台推出健康码,都体现了支付宝和微信是已经深入中国的平台生态系统,人们在日常生活中利用微信平台进行社交、获取资讯、支付等;支付宝则涉足人们经济金融生活的各个角落。因此,政府可以利用这些平台来收集广泛数据而不用临时搭建技术平台、培养用户习惯。“健康码”国家标准中就明确提出,标准的起草单位除了国务院办公厅电子政务办公室等国家主体单位,主要是诸如腾讯、支付宝、百度等数字平台。健康码主要通过数字平台收集三种类型的数据:第一类是关于个人的基础信息,如姓名、身份证号,通过人脸识别主动上报的个人体温等健康数据(Mozur, Zhong & Krolik,2020)。因为支付包和微信是实名认证的,所以通过其登录健康码可以快速认证个人身份。第二类是依托全球定位系统(GPS)和网络运营商的地理定位数据。支付宝和微信在日常使用过程中会产生位置信息,这样可以迅速捕捉到用户在风险区停留的时间。第三类是在线支付信息,可用以评估用户的染疫风险。由此可见,正是因为微信和支付宝平台已深刻嵌入人们的日常生活,“治理型隐私”实践才得以展开。

第二,“治理型隐私”的数据采集和反馈过程体现为“自下而上”,即体现出从社区、街道、区、市、中央这样的自地方政府到中央政府的治理过程。疫情的暴发是地区性质的,由于各处疫情形势不同,所以防控一开始只能从如社区等基层一步步走向省市,这样既可以调动和发挥地方政府和平台最大的积极性,又能通过中央政府作为各级地方政府和数字平台合作的推动者(如杭州地方政府和支付宝平台率先合作推出健康码模式),提高治理效率。这种自下而上的数字治理方式遵循了疫情发展的基本规律,强调地方政府和平台的主观能动性,如“健康码”标准(《参考模型》)的附录部分说道:

> "健康码"依据的数据源既包括社区调查形成的家庭、居住、旅行入住等数据,也包括各级地方政府各核查点上报的测温和场所出入记录……具体防疫业务管理由各地区负责,一体化平台国家节点防疫健康信息码服务主要为地方政务服务平台服务……各地区结合本地区数据资源开发健康码应用,在本地区平台上直接面向企业和个人服务……各地区自行确定防疫风险等级;各地区可自行决定如何使用风险等级信息……(全国标准信息公共服务平台,2020)

健康码依托地方政府的政务大数据而不是通过中央政府统一向下全方位收集个人的隐私信息实现疫情防控。因此,健康码一开始只是杭州地方政府和支付宝平台合作,后各个省份按照统一的数据格式标准和内容要求,向全国一体化平台汇聚。但即使有了"健康码",其核验、登记乃至数据更新等工作依然需要大量基层人员的投入。在"健康码"制度的操作和执行层面,社区、街道、地方公共机构和地方政府承担了最多的职责和最繁复的工作,得益于中国政府庞大的基层组织和工作人员队伍。

第三,从运行逻辑来看,关于健康码的隐私数字治理模式强调多方参与的公共治理和信息数据机构的多样化,而个体在平台社会也不得不让渡部分隐私权利来获取更广泛的信息和生活便利。值得说明的是,在健康码的具体治理实践中,"治理型隐私"和"个人隐私与保护"并非是二元对立的关系。在《参考模型》的"健康码在移动终端中的展现示例"图中,政府明确提出健康码最上端区域展示的个人身份信息是经过脱敏处理的,即仅显示姓名的最后一个字、证件类别和身份证后四位,中间区域需要出示给对方扫一扫识别的"码"部分被区分为三种颜色的码,提示信息显示健康风险等级。而健康码数据格式提到的多种个人健康隐私信息只是作为治理的条件和要素,并没有直接呈现在健康码中。且中央在《关于做好个人信息保护利用大数据支撑联防联控工作的通知》中要求,"收集联防联控所必需的个人信息应参照国家标准,坚持最小范围原则为疫情防控、疾病防治收集的个人信息,不得用于其他用途……为疫情防控、疾病防治收集的个人信息,不得用于其他用途。任何单位和个人未经被收集者同意，不得公开姓名、年龄、身份证号码、电话号码、家庭住址等个人信息”（中国网信网，2020）。由此可见，健康码的个案充分体现了隐私保护的逻辑是内嵌于治理的有效性之中的，因此，“治理型隐私”的概念能够更加充分地说明平台化社会和后疫情时代隐私数据治理的实践逻辑。当然从提高数字治理水平角度而言，如何在有效治理的前提下寻找公民隐私保护的平衡点，依然值得进一步思考和讨论（顾理平，2017）。随着平台化社会的到来，政府、平台和个人如何相互协同，共同处理好个人信息保护和隐私数字治理的关系，是实现我党社会治理能力和执政水平现代化的关键步骤。

结语：“治理型隐私”中的技术政治

时至今日，尽管各国新冠疫苗相继问世，但是变异的新冠病毒却依然将全球社会笼罩在疫情的阴霾之中。在新冠肺炎疫情的新常态下，疫情防控的成效成为衡量各国政府治理能力的关键指标（Jong，2021）。由于新冠病毒的特殊性和变异性，传统的疫情防控手段如人员和区域隔离、封城、流动限制等在全球范围内都有不同程度的使用。但与以前不同的是，由于数字媒介技术的跨越式发展，平台化的数字技术不但改变了民众的日常信息获取与生活方式，更重要的是，在疫情所制造的“例外状态”中，它也为政府的有效治理提供了重要的基础支撑和工具，数字抗疫也成为疫情防控的一种重要治理策略和工具。数字抗疫给政府的治理能力带来诸多挑战，如何平衡有效治理和隐私保护成为其中的关键。本文通过分析以“健康码”为代表的中国数字抗疫实践说明在平台社会中不断涌现的隐私数据的治理困境，已经难以用“保护”的视角解决和说明。特别是在新冠肺炎疫情这样的突发公共危机中，由大量个体隐私“小数据”汇集而成的隐私“大数据”成为社会危机治理必需的基本信息和关键要素，也成为国家数字治理的基础设施和重要资源。在诸如新冠肺炎疫情这样的公共危机中，隐私的个体性不断让位于其公共性，个体隐私安全与保护需要让位于社会的总体治理与安全。正如中国成功的“健康码”实践和西方社会普遍搁浅的“接触者追踪技术”所反映的,“隐私保护”需要在如何利用无处不在的隐私数据进行有效治理和疫情防控的前提下讨论。而另一方面,隐私数据也成为当代社会治理的关键资源。正如吴冠军提出基于“隐私保护”视角的分析没有充分考虑到技术政治同生命政治的结合,没有看到两者结合后从“肉身人”到“数字人”的当代转向。他认为,相比生命权的基础性,隐私权是衍生性的。因此,健康码的出现正说明了“生命治理”是一切政治实践的正当性基底(吴冠军,2020)。尽管本文不完全认同“生命治理”作为所有政治实践正当性基底的说法,但不可否认,尤其在治理涉及更重要的公共利益(也包括生命权和健康权)时,个体隐私的部分权利让渡对于公共治理具有巨大效用。

技术层面对隐私数据的大规模应用并非有效治理的充分条件。中国的数字抗疫之所以成功还有其深层的实践逻辑。以“健康码”为代表的数字技术的有效应用都是深深嵌入中国的治理结构中的,只有洞察了数字抗疫的实践逻辑和治理结构中各个环节和要素的协同关系,才能理解中国高效成功的疫情防控的秘诀,更推而广之,这些都是中国治理模式的制度优势所在。简而言之,本文认为中国社会的深度平台化、完善的基层治理和动员结构以及多方主体合作与动员才是数字技术能够成为更广泛的人民健康和生命屏障的结构性土壤,也是中国政府和中国共产党执政能力的体现。在这一实践结构中,公民个体通过让渡个人隐私获取更广泛的安全保障,平台则整合隐私数字资源并帮助政府进行技术架构,而政府则依托平台获取数据并应用到社会治理的各个环节,这些政务平台和数据也可以反馈到对每个公民的服务之中,形成一个治理的闭环。这种治理模式诚然是中国特色社会主义的制度优势所带来的结果,更重要的是,这种治理模式是个人、平台与政府三方协作的结果。因此,尽管“健康码”在技术层面可能并无太多神秘之处,但是除中国之外的西方世界想要“抄作业”也并不是一件容易的事情。正如达拉斯·斯迈思所言,“技术就是决定(或者仅仅是意识到可能性)将知识以某些实际的方式应用,而且这里的知识及其实际应用都由政治过程引申而来”(达拉斯·斯迈思,2014)。如果说,至今依然肆虐全球的新冠肺炎疫情是一场数字治理的大考,那么显然中国已取得阶段性名列前茅的成绩。下一步,在后疫情时代我们如何能够更好地应用“治理型隐私”的实践逻辑应对未来更大的挑战,将是考验中国政府数字治理水平和执政能力的一场持久战。

参考文献

阿甘本,2015. 例外状态[M]. 薛熹平,译. 西安:西北大学出版社.

鲍静,贾开,2019. 数字治理体系和治理能力现代化研究:原则、框架与要素[J]. 政治学研究(3):23-32.

卞冬磊,2019. 路上无风景:城市"移动空间"中的交流[J]. 传播与社会学刊(47):29-54.

第一财经,2020. 我们还需要"全知全能"的健康码吗? [EB/OL]. https://www. fx361. com/page/2020/0910/7015860. shtml.

顾理平,2017. 大数据时代公民隐私数据的收集与处置[J]. 中州学刊(9):161-167.

连水兴,邓丹,2020. 媒介、时间与现代性的"谎言":社会加速理论的传播批判研究[J]. 现代传播(6):37-42.

李红涛,韩婕,2020. 新冠中的非典往事:历史类比、记忆加冕与瘟疫想象[J]. 新闻记者(10):15-31.

李耘耕,2019. 从列斐伏尔到位置媒介的兴起:一种空间媒介观的理论谱系[J]. 国际新闻界(11):6-23.

刘念,周曼琪,2021. 健康码是政府疫情常态防控的最优决策吗? ——基于博弈视角的探讨[J]. 统计与管理(9):24-28.

牛静,孟筱筱,2019. 社交媒体信任对隐私风险感知和自我表露的影响:网络人际信任的中介效应[J]. 国际新闻界(7):91-109.

全国标准信息公共服务平台,2020. 个人健康信息码参考模型[EB/OL]. http://std. samr. gov. cn/gb/search/gbDetailed? id = A47DBECBF3D7EAFEE05397BE0A0A2ED1.

人民日报,2020. 把疫情防控作为当前最重要的工作来抓[EB/OL]. https://baijiahao. baidu. com/s? id = 1656838354628347952&wfr = spider&for = pc.

人民日报,2020. 打响疫情防控的人民战争[EB/OL]. https://baijiahao. baidu. com/s? id = 1657557675916308557&wfr = spider&for = pc.

人民日报,2020. 凝聚众志成城抗击疫情的磅礴力量[EB/OL]. https://baijiahao. baidu. com/s? id = 1657461286575306976&wfr = spider&for = pc.

搜狐新闻,2020. 如今人手一个的"健康码",你知道它的发明人是谁吗? [EB/OL]. https://www. sohu. com/a/443832408_120302597.

苏今,2021.后疫情时代个人涉疫信息的控制特点及其路径修正——以隐私场景理论为视角[J].情报杂志(8):1-10.

斯尔尼塞克,2018.平台资本主义[M].程水英,译.广州:广东人民出版社.

斯迈思,2014.自行车之后是什么?——技术的政治与意识形态属性[J].开放时代(4):95-108.

世界卫生组织,2020. Director-General's remarks at the media briefing on 2019 novel coronavirus [EB/OL]. https://www.who.int/director-general/speeches/detail/director-general-s-remarks-at-the-media-briefing-on-2019-novel-coronavirus---8-february-2020.

唐林垚,2021.常态化数字抗疫时代的个人信息保护[J].中国政法大学学报(4):240-250.

新华社,2020.国务院联防联控机制印发《关于做好新冠肺炎疫情常态化防控工作的指导意见》[EB/OL]. http://www.gov.cn/xinwen/2020-05/08/content_5509965.htm.

吴冠军,2020.健康码、数字人与余数生命——技术政治学与生命政治学的反思[J].探索与争鸣(9):115-122.

翁士洪,2019.数字时代治理理论——西方政府治理的新回应及其启示.经济社会体制比较(4):138-147.

中国网信网,2020.关于做好个人信息保护利用大数据支撑联防联控工作的通知[EB/OL]. http://www.cac.gov.cn/2020-02/09/c_1582791585580220.htm.

Apple,2020. Apple and Google partner on COVID-19 contact tracing technology[EB/OL]. https://www.apple.com/newsroom/2020/04/apple-and-google-partner-on-covid-19-contact-tracing-technology/.

Bolsen T,Palm R,Kingsland J T,2020. Framing the Origins of COVID-19[J]. Science Communication,42(5):562-585.

Budd J,Miller B S,Manning E M,et al.,2020. Digital technologies in the public-health response to COVID-19[J]. Nature Medicine,26(8):1183-1192.

Cordella A,Paletti A,2019. Government as a platform,orchestration,and public value creation:the Italian case[J]. Government Information Quarterly,36(4):101419.

Dienlin T,Masur P K,Trepte S,2021. A longitudinal analysis of the privacy paradox[J]. New Media & Society. DOI:146144482110163.

Elkhodr M,Mubin O,Iftikhar Z,et al.,2021. Technology,Privacy,and User Opinions of COVID-19 Mobile Apps for Contact Tracing:Systematic Search and Content Analysis[J]. Journal of Medical Internet Research,23(2):e23467.

Fang H,Wang L,Yang Y,2020. Human mobility restrictions and the spread of the novel coronavirus (2019-ncov) in China[J]. NBER Working Papers.

Freiling I,Krause N M,Scheufele D A,et al. ,2021. Believing and sharing misinformation,fact-checks,and accurate information on social media:The role of anxiety during COVID-19 [J]. New Media & Society. DOI:146144482110114.

Gillespie T,2010. The politics of "platforms"[J]. New Media and Society,12(3):347-364.

Harvey D,1990. The condition of postmodernity:An enquiry into the origins of cultural change [M]. Blackwell Publishers.

Jong W,2020. Evaluating Crisis Communication. A 30-item Checklist for Assessing Performance during COVID-19 and Other Pandemics[J]. Journal of Health Communication,25(12):962-970.

Li A,Liu Z,Luo M,et al. ,2020. Human mobility restrictions and inter-provincial migration during the COVID-19 crisis in China [J]. Chinese Sociological Review,53(7):1-28.

Masson B,2018. Government as a platform [EB/OL]. https://www. accenture. com/us-en/insights/public-service/government-as-a-platform.

Mozur P,Zhong R,Krolik A,2020. In Coronavirus fight,China gives citizens a color code,with red flags [EB/OL]. https://www. nytimes. com/2020/03/01/busi-ness/china-coro- navirus-surveillance. html.

Couldry N,Mejias U A,2021. The Costs of Connection:How Data Is Colonizing Human Life and Appropriating It for Capitalism [M]. Stanford University Press.

O' Neill H P,Ryan-Mosley T,Johnson B,2020. A flood of coronavirus apps are tracking us. Now it' s time to keep track of them[EB/OL]. https://www. technologyreview. com/2020/05/07/1000961/launching-mittr-covid-tracing-tracker/.

Plantin J C,deSeta G,2019. WeChat as infrastructure:the techno-nationalist shaping of Chinese digital platforms[J]. Chinese Journal of Communication,12(3):257-273.

Ptaszek G,2019. Surveillance capitalism and privacy. Knowledge and attitudes on surveillance capitalism and online institutional privacy protection practices among adolescents in Poland [J]. Mediatization Studies,49(2):49-68.

Qian Y,Hanser A,2020. How did Wuhan residents cope with a 76-day lockdown? [J]. Chinese Sociological Review,53(1):55-86.

Rosa H,2005. Social acceleration:A new theory of modernity [M]. Columbia University Press.

Radu R,2020. Fighting the 'Infodemic':Legal Responses to COVID-19 Disinformation[J]. Social Media + Society,6(3). DOI:205630512094819.

Van Dijck J,Poell T,De Wall M,2018. The Platform Society[M]. Oxford:Oxford University Press.

Yang F,Heemsbergen L,Fordyce R,2021. Comparative analysis of China's Health Code,Australia's COVIDSafe and New Zealand's COVID Tracer Surveillance Apps:A new corona of public health governmentality? [J]. Media International Australia,178(1):182-197.

新流动性范式下媒介技术与社会联结的再造*

——基于疫情时期“社区团购”的考察

◇ 林 颖 许天敏**

摘要:2020年新冠肺炎疫情的暴发将社会置于整体性的“空间冻结”状态,这一突发性公共危机在多维度改变了个体的日常生活方式及对时空的感知经验。以“新流动性范式”观之,疫情之下的社区团购代表着现代生活对流动的基本诉求,借助行动者网络理论,传统决定论对技术作为非人行动者的忽视浮出水面,技术物对人类具身实践的影响逐渐显现,这一视角打破了主客二分的认知结构,形成新的关系本体论的探讨。在这一过程中,平台技术物作为一种重要的中介方式,再造虚拟社区和社会交往准则,技术物逐渐成为关联人际方式的主因,而“技术无意识”则使人类内化于数据与智能编织的网络之中。社区团购作为一种特定空间中的关系网络,还诠释了流动与不动之间的运作模态与能动关系,这种以地理位置数据为辐射范畴的市场化形式恰与疫情防控时期的网格化社区治理模式同生同构,塑造了一种新的常态化生存模块与地方关系。

---

* 本文系国家社科基金后期资助项目《中国家庭空间的“媒介化”研究》(项目编号:20FXWB010)的阶段性成果。

** 林颖,福建师范大学传播学院副教授,传播学博士、艺术学理论博士后,硕士生导师。许天敏,福建师范大学传播学院硕士研究生。

一、行动何以成“团”:流动系统中的人、物与媒介技术

2020年暴发的新冠肺炎疫情,使人类体验了社会整体性“空间冻结”的情境,生活实境的停摆让长时段无法外出的人们犹如困兽般难耐,甚至连最起码的温饱问题都难以解决。人与人的实境断联迫使人类转向虚拟空间的联结,促使社交媒体的高度普及,并推动个体交往的信息化、互联化和智能化。在这种情况下,由于与人类生存基础需求的高度匹配,以实体社区单位为基础进行日常生活必需品配送的“社区团购”盛极一时。“社区团购”是面向社区的基于社区信息化的平台团购模式,以社区分化为基准,主要体现在生鲜零售领域。拼多多、美团、阿里、滴滴、顺丰、中通等互联网与物流巨头迅速加入团购的资本市场,“疫情刺激下,2020年社区团购市场发展迅猛,市场规模预计达到890亿元以上,在生鲜电商中占比达到21.9%,疫情培养了用户社区团购的习惯,有望推动社区团购市场的高速增长”。从社区团购的用户普及度来看,截至2020年,中国仅剩19.6%的消费者未听说过社区团购,这意味着社区团购在疫情之下的爆发式增长及个体对社区团购的大范围感知。

所谓行动何以成“团”,意在指涉“社区团购”作为一种媒介实践的两个向度:其一,在传统社会联结分崩离析的当下,“对门不相识”的现代集合居住形态又重新召唤“社区”概念,并经由新流动系统建构出团体行动;其二,抱“团”取暖是人们在疫情时期满足日常生理与心理需求的一种渠道,从整个流通过程来看,社区团购实际上是一种包裹着媒介、技术、物流、平台、物与人的系统网络,媒介技术作为一种非人类行动者(actants)已经跳脱出单纯的工具属性,在人类行动间扮演着新的角色,勾连着社会的现实情境。因此,新流动范式之下的媒介物质性与社会性如何塑造人与媒介物之间的具身关系及行动联结?从社会系统的角度来看,社区团购作为一种技术模型,对社会可能产生何种影响?这是本研究试图探讨的主要问题。

国外学者戴维·莫利重新梳理了传播学研究中物质性与流动性的关系,他不仅引入了流动性的研究范式,同时重返传播研究的物质性基础,试

图从流动性的历史演变角度重新梳理其与物的流变,“新流动范式”以某种处于支配地位的移动系统去定义社会,“移动系统涉及‘不同的流通方式和不同形式的流动资本’,并在不同的空间范围,沿着结构化路线在时空中分配人、活动、物体和信息(例如小径、人行道、自行车道、铁路、电话线路、道路、林荫大道、计算机网络,以及机场)”(Morley,2017:66)。进一步说,新流动范式的贡献在于,它把“物”的流动重新引入传播的研究视野当中。当然,物质性的研究也发生了视角的转变,当下的新物质主义质疑过去人本主义下的物与物质性,物不再是被动的、静止的,而是一种动态的互动联结(MacLure,2015),可以看出,物质转向与新流动性范式之间存在“异曲同工”之处,它们均关注“物”所造成的社会影响,强调物与社会的互动关系,“社会生活的构成是异质的,异质包括‘物’,比如那些直接或间接促进或阻碍人、物、信息等流动的‘自然’或‘技术’。‘物’本身可以移动,‘物’助‘人’移动,也移动其他‘物’,有些‘物’的移动意味着‘人’可以不动,或者‘人’与‘物’同时移动,因此社会科学应将‘物’纳入研究范围”(刘英、石雨晨,2021)。这也就证明了物质转向的必然性(Hondros,2015;Reichert & Richterich,2015;章戈浩、张磊,2019),或者说,“物理移动和虚拟移动的交互不仅形塑了我们的实践形式和身体习惯,并以一种更为深刻的方式改变了社会各个领域的社会组织形式”(戴宇辰、孔舒越,2021)。曾国华认为,物质文化研究具有双重基础,“一方面发现和强化‘物’和‘物的关系’的‘中心性’,另一方面将它们隐匿在符号和文化之中。这些理论首先包括结构主义对于物的解析和符号化”(曾国华,2020),这恰好说明了物质性与流动性之间的关联。

二、理论视角:新流动性范式下的行动转译

(一)新流动性范式

全球化作为一种世界性趋势,对社会产生了变革性的影响,人、物、信息与资本的流动与日俱增,塑造了新的社会结构、意识观念和空间形态。这种影响长驱直入人们的日常生活,触碰着人类感知世界的末梢神经。流动性

的研究是当代社会科学中最重要的研究议题之一,多学科学者从不同研究视角就 mobility 范式的历史溯源、现实语境分析等问题进行了重新讨论,是地理学、社会学、旅游学等学科的研究重点。笔者注意到,学界对 mobility 范式的中文表述存在“移动性”(朱璇、解佳、江泓源,2017)与“流动性”(王鑫,2020;戴维·莫利、王鑫:2021)这两种分歧,故而有必要进行溯源探究。在千禧年,英国社会学家 Zygmunt Bauman 和 John Urry 分别出版了社会学巨作《流动的现代性》(*Liquid Modernity*)和《社会之上的社会学:21 世纪的移动性》(*Sociology Beyond Societies:Mobilities for the Twenty - first Century*),因此,mobility 范式的移动与流动之争也逐渐引起学者们的注意,通过追溯厄里等学者的思想我们发现,Zygmunt Bauman 的《流动的现代性》深刻影响了 John Urry 等学者的“新流动性范式”(the mobilities paradigm),成为其思想转变的重要影响人物之一。2006 年,Sheller 和 Urry 提出了“the mobilities paradigm”,在十年后的 2016 年,Sheller 又作了“Moving with John Urry, by Mimi Sheller”用来悼念厄里,这篇文章发表在《理论、文化与社会》(*Theory, Culture & Society*)上,他回溯了过去关于“mobilities paradigm”的研究,同时承认 Bauman 对厄里思想的贡献,并在尾注部分标注了 Bauman 的“liquid modernity”以表感谢。Mimi Sheller 指出:约翰始终认为,鲍曼在《流动的现代性》一书中所持的观点是他的理论的主要贡献者,即流动性是人们追求的最高价值,移动的自由永远是稀缺且分布不均的商品,并快速成为我们现代性晚期或后现代的主要阶层区分因素。(Mimi Sheller,2016)而这也恰好是新流动性的重要内涵之一,因此,我们可以认为,厄里等人的“新流动范式”,也包含了对流动的现代性问题的思考,所以在本文中,笔者统一将 mobility 译为“流动性”。

在研究流动性的过程中,有许多学者曾对流动与现代性的关系进行研究。其中,约翰·厄里与米米·谢勒尔等研究者推动了“流动性转向”(mobility turn),这一转向希望破除过去以安栖主义(sedentarism)为首要的,将稳定性、固定性视为优先、理想状态的思维,超越用特定的空间地域来承载社会进程的传统,从而扩大流动性的内涵,由此提出了新流动性范式的转向。所谓“新流动性范式”,强调的是对原本平行发展的各学科中关于流动性研究的统合,“新流动性范式不是对之前流动性相关研究的简单回归,而是对原来分散在各个领域的对流动性进行的碎片式研究进行整合,在宏观与微观的流动、人类与非人类的流动、物理流动与虚拟流动、流动性与不动性的研究之间建立桥梁”(刘英,2021)。新流动性范式弥合了交通运输研究与社会学之间的裂缝。梳理新流动之下的社会经验(Sheller & Urry,2006)意味着要将流动的研究视角从传统的地理移动,转向对人员、技术、商品、资本、意识形态等范畴的关注上来,对社会研究具有新的启发,“流动性不仅仅是把人和商品从 A 地运到 B 地,事实上,流动性被看作是提供工作场所和便利设施的一种手段,还被更广泛地看作是现代社会的构成框架”(Shaw & Hesse,2010:306)。如学者王鑫所说,“这里的‘流动性’,被视为当代社会的组成形式,也成为当今社会具有本体意义的内容”(王鑫,2020)。厄里通过对这一新的研究范式的论述,再思全球化实践的内在动因,完成了“流动性转向”(mobilities turn),以便更好地理解流动之于社会关系的能动性问题。

(二)行动者网络理论与社区团购

新流动性范式作为一种整合性范式,受到诸多理论的启示。其中,行动者网络理论对不动性的关注启发了新流动性范式对流动系统中的基础设施的重视,即对流动过程中“物”的观照。“以物为中心、以物为基础的哲学研究,涵盖了从新海德格尔主义到后德勒兹主义的思想光谱,凝结着知识社会学和 STS 的思想结晶,其中拉图尔的行动者网络理论(ANT)影响最广。”(戈章浩、张磊,2019)过去的物质性内涵“浅”而“薄”,而近年来,我国传播学界陆续有一批学者开始关注物质性研究,“相当程度上,传播学对行动者网络理论(ANT)的应用便试图倒转这一状况,重新将技术/物框定为一种阻碍与承担共存的中立物”(孙凝翔、韩松,2020)。这就使人与技术的视点转向了新的“关系”框架,技术在中介化过程中“转换”了人的行动,拉图尔在行动者网络的基础上,对“物”的内容加以描述,他在新物质主义中指出,过去的物质主义是一种集中在抽象意义上的物质研究,他认为应从物的网络化关系来重新理解“物”本身,从而扩充“物”的面向(Latour,2007)。“从行动者网络理论(ANT)出发,来探究物的组合与聚合的复杂网络关系,并且在此基础上探究出物质的唯物主义理解以对抗观念论的物质主义的‘对象/客体’,即以 ANT 的关系本体论来对抗观念论的物质本体论,是实现‘厚’的物的描述、‘挽救’物质主义/唯物主义的路径。”(曾国华,2020)

拉图尔认为,社会是一种处在不断变动之中的由异质性元素组成的网络,“为了揭示网络的特性,理解网络的分布、连接及转换方式,从而认识在网络中循环的各种要素的复杂本质”(Buzelin,2005:198),除此之外,行动者还包括与个体密切关联的各种技术物。在拉图尔看来,“行动串”(a string of actions)包含了由人(actor)与非人(object)所构成的行动联结,在这之中,“每个行动者都是成熟的转译者”(Latour,2005),这也就是说,不同类型的行动者共同参与了社会行动的过程,通过不同力量的物质联结,编制行动网络,制造行动潜能。Maggie Maclure 直接指出了拉图尔对新物质主义的贡献,他认为 ANT 恰好是物质性的传统理论路径之一。学者曾国华将物质性研究划分为三个分支领域,其中就包含了“ANT、物的能动性以及社会物质性”(曾国华,2020)的面向,这也就是说,“物”也是社会实践的行动者之一,人与物之间的界限不再是主客对立的二分结构,物质性与社会性成为我们思考当下数字生活的重要维度。

那么,技术物究竟如何联结人与社会,如何编制我们的日常生活?“社区团购”这一混杂着虚拟媒介物与真实物的现象恰好提供了一个可供研究的样本。从物质性角度看,智能手机设备以及智能手机的技术可供性(technoligical afordances),促进了社区团购的“落地化”“平台化”“数字化”。相比电视、录音机等设备,手机在整合了传统设备多功能属性的同时,还显示出融便捷性、互动性、智能化为一体的虚拟技术优势。因此,手机成为当下最重要的“流动现代性的象征物”(戴维·莫利,2010)。同时,它能够兼顾蓝牙、WiFi、GPS 定位等功能,实现虚拟实践的再定位,社区团购通过云平台实现人与人的关系联结,无论是消费者还是劳动者,他们都需要通过智能手机终端接入社区团购系统,在虚拟技术的协同下实现转译与共生,形成新的中介化景观,在中介化移动/流动过程中重新关联个体与社会及文化变迁之间的关系。“因此,我们可以把媒介视作行动者网络中的一个节点,中介化就是使网络中的节点与节点或与环境产生关系的一种机制。”(丁方舟,2019)

Jordan Frith 在2012年提出了流动性中的“分裂空间”(splintered space)问题,他认为互联网降低了个体的身体动能,并与实体空间进行融合,形成了“混合空间”(hybrid spaces)的景象,改变了个人在物理空间中的感知(Jordan Frith,2012:131-149),进而引发了人对人的主体性意识的再思考。因此,用行动者网络理论观照社区团购的经验现象,有助于我们洞悉新冠肺炎疫情之下社会系统的流动和运转,也有助于我们重新理解人类的交往与生活。

三、社区团购的行动者网络及社会联结

作为在社会流动阻滞和空间封锁的情况下形成的新流动模式,“社区团购”是一种破除“空间冻结”边界的有效组织形式。本研究认为,这种以“社区”为单位的流通形态,再构了个体行为联结社会交往的传播边界。因此,本文将借助行动者网络理论,透视人类行动者、非人类行动者(actants)在这一流转过程中的具体实践和运作机制,回答商业资本、个体行动、媒介技术以及复杂的社会关系是如何被统合在一起的,技术又是如何反向驯化个体的行为模式的。同时,本文还将探讨在“新流动范式”下,“社区团购”何以将分散的个体行为组织成为具有统一性的集体行动体系,又是如何造就新社会性流动及新的空间和地方关系的。

本文采用参与式观察与深度访谈的方法,以居住社区及周边社区的四个社区团购点和团购平台为研究对象,其中包括“拼多多”“兴盛优选”“美团优选”等知名度较高的平台。本研究的田野地点为福建省省会福州,观察期集中在2020年3月至2021年8月,这一时间段见证了社区团购从盛极一时到逐渐衰减并趋于常态化的过程,笔者通过日常买菜使用团购平台、利用遛娃时间频繁驻足社区团购提货点并与团长和居民进行访谈,从而获取本研究的经验材料。

(一)转译:社区团购的行动者网络

行动者网络理论作为一种整合性视角的理论,其重要贡献在于改变了过去技术从属于个人的传统立场,指出“非人行动者”是“行动串”中不可缺

少的重要行动者,并在虚拟空间中实现同人类的动态交互。那么,在具体实践过程中,异质性行动者是如何联结形成网络的呢?这首先要从社区团购的技术结构和运作原理展开分析。

“社区团购”的本质其实是传统零售业与电商的服务模态的重组,它将产品寄存、组织机构、经营模式、销售分发等不同板块进行再分配,资本链条在人、技术、物与媒介之间构造出新的“行动”过程,看似冻结的空间下实则暗流涌动,实境社会的“减速”倒逼出虚拟空间中技术运作的“加速”。这种技术运作基于数字化智能设备的终端连接,根据 GPS、WiFi、蓝牙定位以及周边大数据分析和算法等技术模式建构了用户个体所独有的时空环境,使得跨越时空的社会关系联结成为可能,“社区团购”在新技术的渗透下,形成了新的流动系统,“流动性在系统中发生并通过系统而组织”(刘英、石雨晨,2021),从而完成时空区隔的重组与再集合。

定位系统是社区团购在技术方面的主要依托,它包含了对团长位置、虚拟社区进行划分的定位技术。通过互联网连接与全球定位系统(GPS)技术,服务商得以对用户的地理空间的信息进行整合、分类,塑造出新的网络空间“社区”。与传统的社会网络不同的是,LBSN(Location - based Social Network)除了传统社会网络中人与人的联系外,还可以跟踪和共享人的位置信息,追踪附近用户的信息,并可以对虚拟社区的用户实施位置推荐。以“拼多多”的社区团购平台“多多买菜”为例,50 克的香菜售价为 1.98 元,购买界面上不仅显示剩余库存的“进度条”,还通过“附近 1.14 万人买过”“附近有 1836 个人买过这个商品”“刚刚又有 5 个人下单了”“3 位好友买过”等消费数据试图制造地域或者熟人之间的共识,进而促进消费行为。LBSN 技术在很大程度上依赖地理上的接近性,它能够创建基于实体位置的混合空间技术,也就是说,在社区团购中,将地理范围有限的社区与网络个人主义对地方的依赖相结合,实现了地域性分配、社区服务划分等模块,这一技术形构了社区的支配性地位,并使其具有明显的区域化、个性化的趋向。(Frith,2012)

从媒介物的虚实上来看,社区团购所涉及的媒介物主要分为“实体”与“虚拟”两种类型。“实体”媒介物以智能手机、运货车(包括车上的蔬菜、水果等生鲜及塑料袋)为主;“虚拟”媒介物则包含了 WiFi、电子信号、平台、算法技术等多种互相嵌套的技术设施。相对而言,“虚拟”媒介物的物质性强调的是媒介物的虚拟特性,比如软件程序的架构、嵌入的数据标准以及元数据的编码方式等这些看不见、摸不着的“东西”,形构了当下社区团购的运行标准。以社区团购中的“优惠券”设置为例,个人在选购过程中可以清晰地看到各类用券的“使用规则”,其中限定了价格、门店、支付方式等使用条件。对于条件的编排需要经过大量的算法计算,设置虚拟数据的“折扣”标准,例如“满 10 减 2”“满 39 减 6”“限小程序使用”等,其需要满足数据标准条件才能实现用户订单的满减,它在无形中形构了用户的商品选择。也就是说,移动设备的技术追踪,如新信息技术、无线网络、地理信息系统、全球定位系统等,将个体的生活空间标准化,使得所有信息都成为可计算的。“因此,计算成为一种通信系统,越来越多的通信将在设备之间进行。”(Thrift,2014)

在整个行动者网络中,行动者之间的目标实现是通过“转译”(Callon,1986:203 - 218)来完成的。拉图尔、卡隆认为“转译”(translation)指的是“由事实建构者给出的、关于他们自己的兴趣和他们所吸收的人的兴趣的解释”,“转译过程包括问题呈现(problematisation)、利益赋予(interessement)、征召(enrolment)和动员(mobislisation)四个基本阶段。(拉图尔,2005:418)以促使社区团购呈现爆发式增长的疫情情境为例。首先,问题呈现为疫情封锁造成了人人闭门不出、宅家隔离的局面,而生活必需品的必要采购极易造成病毒二次传播的危险,于是必要出行与安全隔离形成一对互斥的矛盾,“社区团购”的“上门配送”“一步到家”恰好解决了这一需求痛点。其次,利益赋予是转译的第二个阶段,资本作为关键行动者,必须与其他行动者构建起相应的商业网络,强化其他行动者在这一网络之中的角色和诉求。从社区团购本身来看,它完成了实体商超、虚拟平台、算法程序员、线下地推、社群客服、配送员、“团长”等不同角色之间的利益勾连和兑现,以确保他们能够各取所需、各司其职。再次,“征召则是通过各种手段使其他行动者进入网络中,接受各自的利益并充当关键行动者所界定的各自的角色。”(雷辉,2017:17)在运营前期,资本雇用劳动者进行线下推广平台运营业务,从实体商铺、商场消费者到社区住户等多方位进行征召,从而实现社区团购基本连接点的布局,比如,传统的社区消费点如便利店、水果店等转变为平台的“自提点”,商铺法人成为“社区团长”。最后,动员环节负责吸纳更多的行动者以构建这一网络联盟。例如,在社区、商场等众多场合均可看到“扫码注册一分钱领苹果”“扫一扫新用户免费领一袋纸巾”等摊位标语,同时还设立“团长”职位,实现“团长拉人赢大礼”的新一轮召唤。

我们从上述描述中可以发现,“转译”过程并非简单的转变接合,而是促使行动者网络得以运作的关键,其过程环环相扣、相互连接,同构行动发生的互动场域。行动者在“行动”中实现身份的界定,它们是能动的转译者(mediators),而非被动的中介者(intermediaries)(Latour & Bruno,2005:37)。在此过程中,具有强大统合能力、精细化程序和代码计算的社区团购平台是行动者网络中的强制通行点(obligatory passage point),整个流转过程都必须经过它的转译:供货方需要在平台上导入库存和获得销量数据,团长需要通过平台结算佣金和收益,消费者需要通过平台挑选货物,资本方需要通过平台实现最终的流量变现……平台作为行动节点,将媒介技术及其内隐化的权力关系进行勾连,实现行动的动态联结。在传统的媒介研究中,技术通常被看作客体,而行动者网络理论则将多元异质性的行动者看成一个整体,看作一种社会性的关联关系,在这一视角下,虚拟技术物也是行动者,并且是最为重要的行动者,它在行动过程中潜移默化驱使着“人”(actor)的行动,它不仅是团购行动得以实现的基础,而且也是各环节之间的“连接物”。“媒介物的有形与无形意味着,技术总是以一种预设、授权且背景化的方式在影响人的具身化实践,无形或无处不在的媒介物尤其增强了技术的透明度与人媒介具身时的移动性,而且,随着通信信号越来越好,远距离传播效率越来越高,人们越发依赖各种无形的媒介物。”(杜丹,2020)也正因为如此,技术物与人类的互动问题被提上传播学的议事日程,不同学者集中探讨了人与媒介物的具身关系(黄旦,2016;孙玮,2016、2018;潘忠党,2014;杜丹,2020)。这些研究对深入阐释社区团购的具身实践及其内在形成的多种空间感知、交往角色与社会关系有着重要启发。

(二)虚拟社区再造与技术无意识

在“社区团购”这个概念中,“社区”是描绘行动对象的核心。那么,技术物是如何定义社区的呢?按照地理编码数据,“社区团购”与社区地理活动之间有着紧密的联系,但是,城市新型社区通常由迁移人口组成,居住其中时常发生“对门不相识”的情况,相较于传统宗亲社会,小区住户之间更多呈现出弱联系的特征。也就是说,社区团购仅仅依靠传统社区的联结无法完成消费动员,它需要借助技术物在地理位置的基础上生产另一个能够联结的社群的空间——“虚拟社区”。“把社区界定为‘地域社会’实际上已经和滕尼斯所提出的‘社区’概念相去甚远,因为滕尼斯在提出社区这一概念时,并没有明确提出社区的地域特征,他认为人与人之间所具有的共同的文化心理和归属感是社区的精髓和实质。如果说在地域性意义上使用社区这一概念是对滕尼斯社区概念的偏离,那么,虚拟社区的出现无疑是对滕尼斯所描述的理想的社区生活的一种回归。”(姜振华、胡鸿保,2002)不过,要厘清的是,从拉图尔的物质性视角出发,这里的“虚拟社区”又与亚文化研究、粉丝研究中以共同爱好和情感所集结的虚拟共同体不同,本研究聚焦于科技物在社区团购关系链中的作用。

在建构社区团购的虚拟社区过程中,“团长”是整个过程的灵魂人物。根据设定,团长是处于平台与社区居民之间的一个重要角色。居民通过线上程序下单,平台根据订单将货物配送到团长所在地,居民找团长提货。在这个过程中,团长主要承担两个任务:其一是建立并维护一个微信群,每天在群里发布商品优惠信息,推广并组织大家在线下单;其二是负责线下收货,组织居民进行提货。团长则根据推广人数和居民下单的情况获得奖励和提取分成,平台 A 的团长介绍:“我手里有大概三百个经常下单的人吧,比如说一个商品有十个人下单,就有几块钱的佣金,还有一种就是,有的人不在群里,他自己会在平台下单,我就赚一点提货的抽成,那就很少了,一单可能就两三个点。”在访谈中发现,大部分团长是社区便利店、杂货铺店主或者宝妈,对于他们而言,兼任团长并不需要增加投资或承担更多成本,因此他们愿意利用闲暇时间增加一份收入。善于运营和维护社群关系的团长每个月可以有两三千收入，而只是顺手发发链接鲜少互动的团长每个月收入几十元到一千元不等。一份《如何做一个合格的好团长》的指南指出，做好团长“重点是用心”，首先要与居民共情：“我们不单单是卖东西的，我们还是一起买东西的人，让街坊觉得你跟他们是一样的，一起监督质量，一起给公司提建议，一起吐槽，一起好评！不要让他们觉得自己赚很多钱，要适当地示弱，辛苦的一面要让他们知道，自己只是打一份工，搬搬抬抬，服务大家，主要是觉得这个工作很有意义……前期必须自己参与派货的整个流程，因为刚开始是最重要的，要让人家认定你的人，态度热情，耐心……”在这段话语中，团长与传统商贩的角色被区分开来，营利的目的性被弱化，情感关系被强化。团长作为平台与居民之间的媒介，一开始扮演的不仅是派发商品的中介角色，他们还参与行动者网络的征召与动员，“前期有条件的，可以下自己想主推的或者有信心的产品，给他们试吃，让他们记得回去买！不要现场卖，要让他们养成在小程序下单的习惯”。也就是说，团长试图通过情感关系组织和维护虚拟社区是以获取收益为前提的，人与人的社会交往被转化为数据统计，“团购‘团长’首先利用线下的初始信任与消费者建立情感；其次通过确立‘人情’关系、情感勾连、拟制亲缘关系等线下线上交往互动来维护情感，以制造与维系‘亲密’关系，进而完成由新客到常客的转变；最后通过刺激消费欲望、培植消费习惯等情感深化策略来建构消费需求”（燕道成、李菲，2021）。

由此可见，“用心服务”“联络感情”“制造熟客”等可能都是变现的一种方式，流量、提成和佣金才是团长的服务逻辑，人们在这一过程中不存在亲身挑选货物判断品质的过程，没有砍价、议价环节，更没有传统市场中“跟摊贩混脸熟多送两棵菜”的小便宜可图，货物有了品质问题责任也不在具身可见的团长，而需要自己通过小程序与后台交涉。这个虚拟社区中，团长主要关注的是“货是否准确取出”“能够完成本单的提成吗”等问题，而居民则更多关注的是“菜准时到了”“谁到门口去拿菜”“提的菜是否齐全，有没有问题”等。在此过程中，团长像一个固定的货物分发设施，居民则是移动的搬运工，机械式地完成日常交易。唐·伊德从技术物的中介化视角出发，将现实世界看作“人—技术—世界”的关系，他认为技术具有意向性的特征，个人所看到的世界并非是真实的绝对再现,而是一种受制于技术中介所映射的存在方式,他借助"我—窗户—世界"的关系进行说明,用"带颜色的玻璃"与"偏振的玻璃"来隐喻技术所构造的不同世界,从而阐释技术的中介性作用。

新冠肺炎疫情造成的社区封闭式管理凸显了科技物在生活中的关键作用,社区团购中技术物成为关联人际行为方式的主因,人成了网络程序的补丁。这一逻辑也必然反映在社区团购的现实层面上,即团长作为行动者网络中的一环,是否具有可替代性?"去团长化"风向给出了否定答案。从行动者网络构建过程中我们看到,早期团购用户的动员中调动了"团长"的类熟人社会关系,借助情感劳动的方式征召了许多社区居民。"但是随着商业关系入侵到熟人关系之中,消费者和平台形成了联系,把团长给架空……'去团长化'行动使团长在社区团购的过程中从作为一个'人'的关键节点成为一个工具化的自提点。团长的决定作用在社区团购流程中被弱化,团长演变为一个专业化的快递驿站,成为平台的'工具人'。""提成越来越低,我们也越做越没劲,钱少活杂人还受累,不想做了。"一家便利店老板当了B平台一年零三个月的团长,最终选择退出。不过,除了被抛弃的团长,大部分用户似乎并没有太过察觉技术物下隐而不见的逻辑,比如团购居民就认为:"社区团购还是蛮方便的,尤其是疫情时不时卷土重来,出去买菜也不太安全。""尤其是我们上班没时间买菜,提前手机下个单下班到家就顺手把菜拿回去……菜肯定没有市场新鲜,但是省时省力将就吧。""对于每一种明显的转化,同时也存在对世界的暗藏的转化,这是由技术中介所带来的。技术转化了经验,不管这种经验转化多么细微,这是技术的非中立性的一个根源。"(唐·伊德,2021:53)唐·伊德认为,"尽管我们自己的世界是由技术构造的,但是在微观层面上,我们仍然拥有没有中介的知觉……"(唐·伊德,2021:45)

也就是说,虽然技术构造了我们的生活方式,但个人在这一过程中,始终难以察觉到技术对个体所造成的同构性影响。在这个意义上,技术对个体的构造,就如同 Nigel Thrift 所说的"技术无意识"(technological unconscious),它指涉高度复杂的系统构建了个体新的生活方式,并且人们越来越适应这样做,技术所带来的新现象正在通过交流、记忆逐渐具象化,并且越来越多地构建了人的本质,参与人类的认知活动。(Nigel Thrift,2004)由技术所构造的知觉在数字化的当下愈发成为新的经验事实,用户在社区移动过程中帮助平台完成新的数据分析、流动检索、智能规划等任务,成为技术的具身共在。社区是新冠肺炎疫情之下社会高效治理的"化简"体现,构成了新治理体系的单位,将复杂的治理过程简化成为空间化的管理"图谱",家庭包含在社区的范围之内,个体从属于家庭,于是形成了层层嵌套的包含关系,使得疫情防控变得更为"可控";与此同时,智能时代的到来加剧了多重技术关系枢纽的形成,"将复杂的国家治理活动操作化为一个个更加智能的'机器''数据''算法''网格'和'部件'等"(吴旭红、何瑞,2019),也就是说,技术手段正逐渐成为社会治理的显性特征,"技术无意识"逐渐成为人类痴迷于技术的后果,在技术建构下越发无暇关注自身的认知感受。

(三)动与不动:网格化生存与社会加固

研究社会系统中的流动,并不意味着只侧重研究流动本身所造成的影响,与之相对,不动性恰恰是考量流动性的一个重要维度。因此,"新流动范式"不仅关注运动、速度与流动,同时也关注不动性(immobility)下的社会状态,探究流动性与不动性如何相互协调的问题(Mimi Sheller,2014),即不动性何以参与到流动过程之中,继而呈现出对流动节奏的控制和社会关系的维系。所谓"不动性",指的是公路、港口、码头等大型赖以停泊的场所,它们作为流动过程中的必要结构,承载着流动的物质特性,"'不动性'系统是流动性赖以发生的平台,例如航空的发展离不开航空城基础设施项目的支撑"(刘英、石雨晨,2021:126)。因此,辅助性的基础设施均对交通流动产生影响,"尽管各种流动的速度、强度和技术渠道可能比以往任何时候都要大(对某些人来说,在某些地方——尽管肯定不是所有人),流动性研究强调这种流动性与相关的不动性或系泊的关系,以及它们在过去和现在正在进行的重新配置"(Mimi Sheller,2014:48)。社区团购的行动模式中的不动性表现为:第一,从性质上说,它是以"前置仓"为中心的配送服务,前置仓的不动性恰好是流动系统的固定中心之一,超出前置仓配送距离的订单将无法成立;从服务上说,社区商铺是社区团购的另一重要节点,"团长"一般以本地人为主,具有较强的地方属性,在这一过程中,社区、前置仓均属于不动性系统中的因素,它们在配送流动的过程中具有较为稳固的地方性特征,形成了流动的必要节点。第二,社区团购范围有相对固定的空间,即以家庭为辐射范围的社区,社区成员通过身份辨认建立联系,共享同一地理空间,这一空间作为他们的一种身份标志,成为相互勾连的场域。第三,社区团购中的团长/提货点具有“固定化”特征,个体选择是否承担“团长”职责,主要考虑地理位置、预估收入、时间自由度、周边人群、场地、运营经验、业务熟练程度等因素,稳固的团长角色对社区“团购”具有正影响,也确保了整个行动网络的顺利运转。因此,即便在数字化情境之下,不动性因素依旧是流动研究的关键节点,通过使用社区团购的应用程序,个体在疫情扩散时期可以减少非必要性外出,从而实现坚守社区防疫的“城门”,极大地降低人群接触造成感染病毒的风险。社区团购作为一个行动者网络,形成了新的社会流动模态:一、社区团购既可以满足个体建立相对稳定且具有区别的社会空间,又可以保持相对可配置的流动自由,使新冠肺炎疫情下的空间隔绝与社会流动达到一定程度上的平衡;二、在信息流动意义上,社区团购形成了多维度、多模态的交往形式,又构成了一定范围内的“邻里”信息流动,成为家庭交往与社会流动的中间形式,为疫情结束后实现社会整体性的交往做准备;三、在流动技术上,社区流动同时也构建了线上与线下的双重流动模式,线下的“亲近性”使得个体能够有效地被组织起来。在疫情语境下,社区中心所辐射的范围在“防控疫情攻坚战”中有效地分化成可控的防疫组织形式,因此,社区团购的商业话语与公共话语时常被嫁接在一起,这也成为社区团购被民众大范围感知并获得大规模扩张融资的合法性依据。从这个意义上看,社区团购所带来的流动性转变,已然不再是一种纯粹的个人行为,而是成为一种政治的管理展演,同时,这种展演也塑造了公共性与私人交往之间的张力。这种形态与大卫·哈维(David Harvey)所描述的“固定空间”有异曲同工之处,即将城市政治与明确的城市空间相挂钩,“是一些重要进程产生于其中的固定空间的政治”(董慧,2014)。厄里等人通过理解基础设施、全球化等问题中的不动性,展示出不动性下的流动权力关系,“这使人们看到了权力关系中固有的政治结构,也为全球化进程(以及有关全球性、流动性或开放性的

主张）提供信息，而这些进程依赖于各种有组织的流动和不流动做法。”（Mimi Sheller，2014：48）

在数字化网络不断普及的当下，流动性与不动性的关系更加隐秘，不动性系统不再仅仅包含港口、码头等系列大型的基础设施，而且技术重构了当下的流动经验。以技术物作为中介，人类最大限度地减少了流动，社区团购作为一种网格化的生活模式，为以社区为组织的“新常态”生活提供了代表性样本。同样，居家隔离、社区采购、异地办公、远程打卡、线上课程、云旅游、云蹦迪等形态有效地使个体之间保持社交距离，从而减少病毒传播的可能性，有学者认为这是一种“保持最大不动性的‘数字移动性’（digital mobilities）”（张杰，2021：183）。Hannam 等学者指出，在新流动范式之下，“人类的身体和家庭都发生了变化，因为人们以新的方式想象接近和连通性，并经常通过通信设备加强联系，就像是‘在移动’。这些也改变了家庭、地方社区、公共和私人空间的性质、规模和时间，以及人们对‘国家’的承诺”（Kevin Hannam，Mimi Sheller & John Urry，2006：2）。这也就是说，在空间的生产上，流动不再仅仅关注社会空间的历史性及地理空间位置，而是转向了超地方性的研究层面，在这种空间之下形成了相互渗透的节点、层次和尺度，造就了新的流动特征，通过技术的联结，实现了不动的时空与流动的交互。

技术物作为行动者映射了社会治理的科技想象，与网格化治理同构的社区流动模块共同孕育了新型网络化城市空间，展示疫情之下社会空间的数媒变化，关涉社会实践的更为深刻的变迁。地理编码数据、GIS 软件和 GPS 位置追踪服务等技术成为“位置化”信息在家庭空间中运转的条件，支撑了各类新媒介实践和商业逻辑的运转。社区团购依靠社区空间分布、社区组织资源促进了公共安全事件的号召响应；社区团购作为一种市场组织，在疫情时期的作用恰与社区网格化治理的行动轨迹同生同构。“网格化管理是推动社会治理和服务重心向基层下移，把更多资源、服务、管理下沉到基层，健全基层社会治理新格局的有效手段。”全国以社区为单位进行信息收集报送、出入体温测量、人群隔离、防疫居住排查等，使得个体能够有效地与社会组织产生更为实际性的联系，社区成为疫情之下的高效组织力量，重整前期疫情突发所造成的失序与混乱。

四、结语

新冠肺炎疫情之下,经由网络中介的实体移动趋向减少,而社区团购作为中介性媒介,勾连了媒介、技术、社区、主体等不同层面的话语逻辑,让我们重新审视“空间冻结”之下“流动”的可能。以“新流动性范式”观之,疫情之下的社区团购代表着现代生活对流动的基本诉求,借助行动者网络理论,我们得以瞥见传统决定论对技术作为非人行动者的忽视,洞察技术物对人类具身实践的影响,从而打破了原本主客二分的认知结构,形成新的关系本体论的探讨。在这一过程中,平台技术物作为一种重要的中介方式,再塑虚拟社区和社会交往准则,技术物逐渐成为关联人际方式的主因,“技术无意识”导致人们内化于数据与智能编织的网络之中。社区团购作为一种特定空间中的关系网络,还诠释了流动与不动之间的运作模态与能动关系,这种以地理位置数据为辐射范畴的市场化形式恰与疫情防控时期的网格化社区治理模式同生同构,塑造了一种新的常态化生存模块。在充满异质性的行动者网络/社会中,技术物不再是纯粹的对象或条件,它可能不断编制、改写、转换行动者的逻辑,因此,对技术物的洞悉就是对人类自我的洞悉,这也正是本研究的意义之所在。

参考文献

戴宇辰,孔舒越,2021.“媒介化移动”:手机与地铁乘客的移动节奏[J].国际新闻界,43(03):58-78.

丁方舟,2019.论传播的物质性:一种媒介理论演化的视角[J].新闻界(01):71- 78.

董慧,2014.资本与意识:哈维城市化建构的双重维度[J].哲学研究(09):19-26.

杜丹,2020.共生、转译与交互:探索媒介物的中介化[J].国际新闻界,42(05):18-34.

戈章浩,张磊,2019.媒体与文化分析的物质性转向:“物”为何物?[J].全球传媒学刊(02).

姜振华,胡鸿保,2002.社区概念发展的历程[J].中国青年政治学院学报(04):121-124.

拉图尔,2005.科学在行动[M].刘文旋,郑开,译.北京:东方出版社:418.

雷辉,2017.多主体协同共建的行动者网络构建研究[M].北京:人民出版社:17.

刘英,石雨晨,2021."回归"抑或"转向"?——国外流动性研究的兴起、发展与最新动向[J].国外社会科学(02):122-132+161.

莫利,2010.传媒、现代性与科技:"新"的地理学[M].郭大为,等译.北京:中国传媒大学出版社.

莫利,王鑫,2021.后疫情时代的全球化:封锁中的流动性[J].国际新闻界,43(03):6-18.

孙凝翔,韩松,2020."可供性":译名之辩与范式/概念之变[J].国际新闻界,42(09):122-141.

王鑫,2020.物质性与流动性:对戴维·莫利传播研究议程扩展与范式转换的考察[J].国际新闻界,42(09):159-176.

吴旭红,何瑞,2019.智慧社区建设中的行动者、利益互动与统合策略:基于扎根理论的探索性研究[J].甘肃行政学院学报(06):80-94+126-127.

肖林,2011."'社区'研究"与"社区研究"——近年来我国城市社区研究述评[J].社会学研究,26(04):185-208+246.

燕道成,李菲,2021.制造熟客:社交媒体时代网络情感营销的意旨——以社区团购"团长"为例[J].现代传播(中国传媒大学学报),43(07):129-134.

伊德,2012.技术与生活世界:从伊甸园到尘世[M].韩连庆,译.北京:北京大学出版社:45-53.

曾国华,2020.媒介与传播物质性研究:理论渊源、研究路径与分支领域[J].国际新闻界,42(11):6-24.

张杰,2021.大流行中的西方"移动性范式"[J].西北民族大学学报(哲学社会科学版)(04):179-188.

张学义,倪伟杰,2011.行动者网络理论视阈下的物联网技术[J].自然辩证法研究,27(06):30-35.

朱璇,解佳,江泓源,2017.移动性抑或流动性?——翻译、沿革和解析[J].旅游学刊,32(10):104-114.

Buzelin, Hélène, 2005. Unexpected Allies: How Latour's Network Theory Could Complement Bourdieusian Analyses in Translation Studies[J]. The Translator(2):193-218.

Callon M, 1986. Some Elements of A Sociology ofTranslation: Domestication of the Scallops and the fishermen of St Brieuc Bay[J]. Sociological Review(1):196-233.

FrithJ, 2012. Splintered space: Hybrid spaces and differential mobility[J]. Mobilities, 7(1):

131-149.

Hannam K,Sheller M,Urry J,2006. Mobilities,Immobilities and Moorings,Editorial Introduction to Mobilities[J]. Mobilities,1(1):1-22.

Latour B,2005. Reassembing the Social:An Introduction to Actor-Network-Theory[M]. Oxford, UK:Oxford University Press.

Latour B,2007. Can We Get Our Materialism Back,Please? [J]. Isis,98(1):138-142.

Latour,Bruno,2005. Reassembling the Social:An Introduction to ActorNetwork-Theory[M]. Oxford:Oxford University Press.

MacLure M,2015. The "new materialisms":A thorn in the flesh of critical qualitative inquiry? [M]//Cannella G S,Pérez M S,Pasque P A(eds.). Critical Qualitative Inquiry:Foundations and Futures. California:Left Coast Press.

Morley D,2017. Communications and mobility:The migrant,the mobile phone,and the container box[M]. West Sussex,UK:John Wiley & Sons Ltd:66.

Shaw J,Hesse M,2010. Transport,geography and the "new" mobilities[J]. Transactions of the Institute of British Geographers,35(3):305-312.

Sheller M,2013. Sociology after the Mobilities Turn[M]. The Roulledge Handbook of Mobilities. London and New York:Routledge:48.

Sheller M,2014. The New Mobilities Paradigm for a Live Sociology[J]. Current Sociology Review(5):1-23.

Sheller M,2016. Moving with John Urry,by Mimi Sheller[J]. Theory,Culture & Society,33(7/8):317-322.

Sheller M,Urry J,2006. The new mobilities paradigm[J]. Environment and planning A,38(2):207-226.

Thrift N,2004. Remembering the technological unconscious by foregrounding knowledges of position[J]. Environment and Planning D:Society and Space(22):175-190.

超越"他者化":"洋网红"涉疫主题短视频的内容生产与跨文化传播*

◈ 王　媛**

摘要:本文基于立意抽样,对国内主流短视频社交媒体平台中5个高人气"洋网红"账号共计121条涉疫主题短视频进行质化内容分析,考察其内容生产模式并深入分析"洋网红"文化身份对于跨文化传播效果的影响机制。研究发现:"洋网红"兼具陌生人、旅居者、桥接社群等多重文化身份,其涉疫主题短视频围绕各国抗疫实况、疫情之下的民众生活百态和民间跨国互助三大议题类型,以纪实性叙事风格、个体性叙事视角和共情性叙事手法讲述涉疫主题故事,达到了超越"他者化"和促进互惠性理解的积极效果。受其经验启发,本文提出社交媒体时代短视频跨文化传播"PEACE"策略模型,试为国内媒体提升跨文化传播胜任力提供本土化理论支撑和策略建议。

关键词:"洋网红";短视频;内容生产;跨文化传播;他者化

长期以来,西方主流媒体受其媒介属性和意识形态影响,很难跳出偏见性涉华报道框架(徐明华、王中宇,2016)。在新冠肺炎疫情全球大流行背景下,更有类似"BBC式滤镜"和"纽约时报式断章取义"的涉华报道刻意制造二元对立的新闻话语框架,生产"他者化"(othering)中国形象。而从实践来看,我国主要依靠政府和主流媒体的对外传播短时间内难以跨越意识形态

* 本文为2019年度国家社科基金青年项目"在华西方旅居者的中国故事书写及其跨文化传播研究"(项目编号:19CXW024)的阶段性成果。

** 王媛,博士,四川外国语大学新闻传播学院、国际传播学院副教授。

壁垒,打破海外民众对于中国的“刻板印象”。在此特殊时期,以“洋网红”为代表的外籍人士利用中外社交媒体平台报道有关中国及世界各国疫情防控的真实情况,引发中外网友热烈讨论和广泛共鸣,展现出多元主体在“中国故事”跨文化传播中的积极作用,以及超越“他者化”,推动具有主体间性的跨文化互动与互惠性理解的巨大潜力。作为以个体身份出现的自媒体博主,“洋网红”如何呈现全球公共卫生危机并引导公共议题的讨论?其涉疫主题短视频的跨文化传播策略对于我国在新的历史时期重塑国家形象及通过跨文化传播弥合差异、凝聚共识有何启发?本文聚焦于国内主流短视频社交媒体平台中最具人气的 5 个“洋网红”账号,运用质化内容分析方法探讨其涉疫主题短视频的内容生产模式,考察“洋网红”文化身份对于跨文化传播效果的影响机制。在此基础上,提出社交媒体时代短视频跨文化传播“PEACE”策略模型,试为超越“他者化”和提升跨文化传播实效提供本土化理论支撑。

一、流动中的身份特性与“洋网红”的超越性视角

随着全球化和信息化的深入发展,21 世纪各式各样流动的社会 - 空间实践日益改变人们的生活环境,引起当代社会学者广泛关注。如厄里(John Urry)不仅多次指出流动性是现代社会生活的核心,更主张建立“流动的社会学”,以跨学科视角推动对流动性的深入研究(林晓珊,2014)。鲍曼(Zygmunt Bauman)则以“流动的现代性”来概括现代社会的总体特征(齐格蒙特·鲍曼,2002)。社会流动性也是消解个体文化身份稳定性与同一性的重要现实因素,因其大大降低了人们在不同文化间移动的成本,使个体更容易挣脱其原所属文化共同体的约束。拉图尔的研究揭示了流动性对于个体社会文化身份认同的深刻影响:在流动的社会里,人们很多时候可能并没有归属于某个既定类型的群体,所有的人的社会集合体都可能是流变的(Latour,2006)。这种基于流动而变得开放的身份特性在“洋网红”身上得以充分体现。

所谓“洋网红”即外国网络红人,是指那些具有外籍人士身份,因个别事

件、特定行为或差异化内容生产而被国内互联网用户高度关注的个体。这一表述同时也包含复数形式的意义,指向产生于流动性社会语境下的特定文化群体类型。“洋网红”凭借身体的跨境流动获得丰富的跨文化经验,又通过社交媒体获得新的信息交换、身份变迁与互动联结机会,成为互联网时代跨文化传播重要的实践主体。有关“洋网红”群体的跨文化传播研究方兴未艾,研究对象主要聚焦于持续进行自媒体内容生产的“草根型洋网红”(王国华、高伟、李慧芳,2018a)。就研究问题来看,主要集中于两个方面:一是探讨“洋网红”的传播特征及走红原因,二是对单一特定账号的传播内容或效果进行分析。研究者普遍认为,“洋网红”在文化身份上具有特殊性,可以在跨文化交流中产生积极影响,但既有研究对其身份特性与跨文化传播实践的相互作用机制尚缺乏深入探讨。将对“洋网红”的考察置于流动性社会这一背景下看,其在跨文化传播实践中的优势主要来源于以下身份特性:

(一)分享意义细节的陌生人

“洋网红”身份标识的特殊性首先源自其“洋”,即异于中国本土文化认同的陌生人身份。根据西美尔(Georg Simmel)的阐释,社会学意义上的“陌生人”(der Fremde, the Stranger)具备以下两个基本特点:一是接近(nearness),即在空间上陌生人与既定社区产生联系,成为暂时的社区群体成员;二是距离(remoteness),也就是陌生人在社会和文化层面与现居社会保持心灵上的疏离或隔阂。正因为此,陌生人可以在与现居社会成员的互动中保持一种交流自由,不对既定事物产生偏见,亦不受偏见影响,从而在感知、理解和评价上体现客观立场,并与现居社会成员分享一些普遍意义上的品质(Simmel,1950a)。“洋网红”作为陌生人观察中国社会,体现出积极的参与性和远距离视角的客观性优势,但与西美尔所阐述的陌生人不同,流动性社会中的“洋网红”并非“无法与暂居社区成员有机建立个人关系的意义分享”(Simmel,1950b),而是通过现实生活和线上互动的叠加,与暂居社区成员展开多方位的跨文化交流,建立多层次的传播互动关系。因而“洋网红”可以与其中国“粉丝”就普遍品质的细节体现进行意义协商,直至达成共识。

(二)尊重(赞美)差异的旅居者

“洋网红”主要围绕自身来华旅居经历进行丰富的互联网内容生产,旅居者身份是其发展社交网络语境下情感互动与交往关系的关键要素。旅居者被视为陌生人的一种异化类型。华裔学者萧振鹏(Paul C. P. Siu)基于对芝加哥中国洗衣工的参与式观察和长期研究于 1952 年提出“旅居者”(the sojourner)概念时,将其定义为“在另一个国家度过了很多年却没有被同化的陌生人”(Siu,1952a)。这一概念也可应用于所有因工作或任务(the job)而居住在其他国家的流动人群(刘学蔚,2013a),如国际学生、志愿者、传教士、外交官、国际新闻记者、外国工人和雇主等。本文考察的几位“洋网红”均有在华留学、工作或创业经历,具备高水平的社会互动能力,这为他们使用流利的汉语进行短视频内容创作,并与中国网友建立和维系互动关系奠定了基础。既往研究认为,旅居者参与新社区生活的动力会随着对社会生活的适应而趋于枯竭,且参与往往限于与工作有关的事务,旅居者并不会在旅居国享有某种社会地位(刘学蔚,2013b)。然而,移动社交媒体的普及发展为旅居者提供了前所未有的流动空间,“洋网红”在现实生活之外,乃至离境期间也与中国网友保持信息共享和实时跨文化互动,使其对旅居国社会生活的参与度可以超过工作事务局限,并始终保持活力。

旅居者的另一大特点是抱有“临时逗留心态”(Huntington,2005),他们是“暂时性定居的跨文化旅者”(Ward & Matsumoto,2001),在故土与旅居目的地之间“往返流动”(movement back and forth)。疫情暴发初期,本文考察的所有“洋网红”除阿福(Thomas Derksen)与其中国家人居留上海、曹操(Jonathan Kos - Read)因创业项目滞留伊斯坦布尔之外,其余均在第一时间返回了自己的祖国。2020 年下半年,高佑思(Raz Galor)、星悦(Lila)和曹操等人又因工作需要辗转回到中国。在此期间,“洋网红”们持续进行短视频内容创作和发布,为中国网友带来有关其祖国(或其他居住地)疫情防控情况的报道。往返流动使“洋网红”获得了更多体验不同文化和以开阔视野看待文化差异的机会,同时进一步增加了传播内容的丰富性与文化多元性。

在萧振鹏的研究中,旅居者具有明显的内群体倾向(the in - group tendency),并可能因为同文化背景的内群体成员聚居而阻碍与当地人之间的跨文化交流(Siu,1952b)。周怡借用亨廷顿(Samuel Huntington)对同化形式的分类方式考察旅居者,将其比作各自为政的“沙拉式同化”(周怡,2011)。研究者普遍认为旅居者具有低水平同化特征(高立慧、李洪波,2020),对旅居目的地文化价值的态度并不积极。但“洋网红”在中国大多散居各地,并与数以千万计的中国网友保持日常互动,社会知名度高,身份认同和文化价值观也更加复合多元,表现出既不放弃自我文化而寻求“消除差异”的同化,亦不恪守内群体倾向,而是普遍表达出对文化差异尊重乃至赞美的积极态度。

(三)桥接不同文化的核心节点

由于拥有多元文化背景,对自我文化和旅居国文化均产生情感上的认同,“洋网红”成为可以“在综合两种文化规范、吸纳两种文化资源,或灵活游走于两种文化图式的基础上形成自己的行为程式”(Thomas,Brannen & Garcia,2010)的“双重文化人”(biculturals),在促进跨文化传播达成“桥接”(bridging)效果方面具有天然优势。桥接即跨文化传播实践中通过传播主体对多种语言或非语言策略的运用,使不同意义得以在具体语境下达到一种暂时性协调的状态或机制。田浩和常江在此基础上提出“桥接社群”(bridging community)的概念,用以指代拥有多元文化背景、有能力和意愿内化一种文化,并依照自己的文化身份认同形成不同规模的实体或虚拟社群的人(田浩、常江,2020)。从这个意义上看,“洋网红”属于典型的桥接社群,主要依托国内外自媒体社交平台进行跨文化传播实践。而对于通过数字互动媒介接收和发送信息的媒介用户,有研究者提出“节点”(humanode)的概念加以描述,并根据不同节点在信息传播中所发挥的作用划分了核心节点、桥节点和长尾节点(喻国明 等,2011)。作为信源的“洋网红”通过内容生产而与广大网络用户进行即时信息交互共享,是自媒体信息网络的核心节点,吸引有着相同关注点的桥节点通过话题聚合成虚拟的跨文化社群。通过节点共享的自媒体传播网络,“洋网红”得以有效桥接不同文化,促进跨文化交流与互惠性理解。

在西方思想中,他者的概念源自对身份“同一性”(identity)的认知,由此衍生的“他者化”(othering)则指人们通过将负面特点加诸他者而获得自我身份认同的过程(单波、张腾方,2016a)。将“我们”与“他者”对立起来的“他者化”话语重在刻意简化、强化甚至僵化二者之间的差异,是排他性身份认同在话语表征上的具体体现。而“洋网红”的身份独特性在于其基于身体跨境流动和虚拟网络跨时空旅行所形成的多元、融合的文化认同。换言之,正是流动性带来的身份多重性为“洋网红”获得开放、包容和注重平等交流的跨文化视角,进而超越由排他性认同带来的“他者化”话语提供了可能。

二、“洋网红”涉疫主题短视频的内容生产模式

具有上述身份特性的“洋网红”具体通过哪些议题呈现新冠肺炎疫情这场全球公共卫生危机?借助怎样的叙事策略超越“他者化”话语,促进符合跨文化传播伦理的对话与理解?本文采用质化内容分析方法,对“洋网红”涉疫主题短视频的议题类型进行归纳,并通过文本分析探讨其叙事特征。研究分析对象为“涉疫主题短视频”,即由“洋网红”自媒体账号原创或转发,主题涉及中国及世界各国新冠肺炎疫情发展情况、防控措施以及疫情影响下的民众生产生活状态等内容,时长在 15 秒至 20 分钟之间的短视频文本。由于自媒体博主普遍在多个短视频类社交媒体平台进行内容发布和社交互动,本文综合微博、哔哩哔哩(以下简称 B 站)、抖音、快手、西瓜等国内主流短视频社交媒体平台相关数据,针对“粉丝”总量排名前五的“洋网红”自媒体账号所发布的涉疫主题社交动态进行初步抽样。截至 2020 年 12 月 31 日,共获取 505 条动态,其中原创短视频动态 461 条、转发短视频动态 26 条、图文动态 18 条。在此基础上,研究者以播放量 100 万次以上或点赞量 10 万次以上为标准,对 5 个“洋网红”账号涉疫主题动态进一步筛选,共得到 123 条动态。剔除 2 条图文动态后,其余 121 条全部为短视频动态,其中原创短视频 114 条、转发短视频 7 条。

(一)议题类型

在报道新冠肺炎疫情的大主题下,“洋网红”进行了议题丰富多样的短

视频内容生产。本文通过对所有短视频的标题、标签关键词及具体内容进行综合考察，依据类目建构的穷尽性、互斥性、同层性原则对其议题类型进行归纳，将121条涉疫主题短视频分别归入了10个初级类目（如表1）。在此基础上，研究者依据初级类目的相关性进行逻辑聚合，甄别和提炼出三大议题类型（如表2）。

表1 初级类目表

编号	初级类目	类目定义	短视频标题摘要示例
1	疫情发展动态	从总体上介绍疫情发展各阶段的情况，如报告确诊或死亡病例数、实拍疫情之下的公共场所等	高佑思眼中的以色列情况（W14－抖音－3.16）（样本代码第一部分以拼音缩写表示“洋网红”账号名称，以数字表示短视频样本编号；第二部分说明样本的社交媒体平台来源；第三部分为现实样本在2020年发布的具体日期，下同） 实拍美国疫情，纽约大部分地方关门，新泽西开始宵禁（G63－B站－3.17） 复工后的上海：戴口罩、测体温（F01－西瓜－4.9）
2	抗疫效果探因	针对各国疫情防控效果，探讨成功或失败的原因	为什么中国疫情控制这么快？外国人去武汉街头找到答案（W01－B站－11.12） 为何美国沦为世界疫情最严重国？（G51－微博－4.5）
3	医疗政策与措施	介绍医疗场所、医疗费用、医疗过程、医疗资源等情况	在海外做新冠核酸检测志愿者，这个工作真的危险么？（W04－西瓜－4.20） 实拍医疗船和野战医院，停车场改停尸间（G56－快手－4.1）
4	民众态度与行为	展示普通民众对于本国或他国疫情发展情况或特定防疫措施的立场，解释或评价相关态度与行为	美国疫情破80万，为什么上街游行求解封？（W03－B站－4.21） 美国疫苗开打，民众接种意愿如何？（G02－B站－12.23） 海外网友怎么看新型冠状病毒？（G81－西瓜－1.31）
5	隔离生活	展示防疫隔离场所或讲述隔离的经历与体验	信誓蛋蛋尝试搭建世界上最能隔离病毒的房子（X03－B站－3.20） 曹操回家了，14天宅男生活开始了（C01－抖音－8.10）

续表

编号	初级类目	类目定义	短视频标题摘要示例
6	经济生活	反映疫情下特定经济行业的运行状态	疫情下美国海鲜业怎样？龙虾老板称最惨时销量少90%（G12－B站－9.18） 实地暗访特朗普纽约酒店，疫情下美国酒店业有多凉（G24－西瓜－6.22）
7	特殊人群	关注疫情影响之下特定人群的生产、生活条件或心理状态	美国疫情全景实拍，街头流浪汉在过怎样的生活？（W06－西瓜－4.9） 疫情时期的海外华人到底经历了什么？（W17－微博－2.20）
8	医疗物资捐赠	记述抗疫相关医疗物资的捐赠过程	10万口罩从海外送到中国有多难（W21－抖音－2.5） 实拍美国物资捐赠过程，海外华人留学生让人感动（G77－B站－2.8）
9	抗疫经验交流	介绍来自医学专家或民间有关病毒防控与治疗方案的建议	我采访了刚到中国支援的德国顶尖病毒研究家（F04－B站－1.25） 独家专访美国顶尖传染病专家，其同事刚见过钟南山院士（G76－西瓜－2.13）
10	情感表达与精神支持	表达个人情感，给予疫情中的民众以精神支持	为了支持中国，以色列特拉维夫市中心点亮了中国国旗（W18－抖音－2.12） 我们要对抗的是病毒，不是中国！（F02－西瓜－2.5）

表2　议题类型表

编号	议题类型	类目定义	所含初级类目
Ⅰ	各国抗疫实况	作为行动对象，反映各国政府及社会机构主动或被动、积极或消极的抗疫政策、举措、效果，呈现或阐释民众针对各国疫情防控措施或效果的态度与行为	疫情发展动态
			抗疫效果探因
			医疗政策与措施
			民众态度与行为
Ⅱ	民众生活百态	以疫情为背景，展现各国民众生活中特定方面的受影响程度及应对情况	隔离生活
			经济生活
			特殊人群
Ⅲ	民间跨国互助	体现疫情中本国民众对他国（或海外居民对祖国）的支援情况	医疗物资捐赠
			抗疫经验交流
			情感表达与精神支持

为保证类目建构信度，本研究另邀请两位新闻传播学专业研究生担任编码员，对 121 条短视频样本进行独立编码。通过检验公式（刘国强、粟晖钦，2020）对相互同意度及信度进行测量，完成了信度检验。按照质化分析要求，信度应达到 0.85 以上。本研究中三个指标的信度分别为：rⅠ = 0.968，rⅡ = 0.866，rⅢ = 0.99，总体信度达到 0.941，类目建构符合相关标准。三名编码员对于归类存在争议的样本进行讨论后达成共识，最终形成正式的类目编码。

结合发布时间和内容侧重点考察，样本中 78.8% 的短视频发布于 2020 年上半年，其中 2—4 月最为集中。三大议题类型中短视频数量最多的是“各国抗疫实况”，其中展现疫情发展动态、对抗疫效果探因以及介绍相关医疗政策与措施的短视频集中发布于 2020 年上半年，内容涉及美国、以色列、德国、土耳其、西班牙、秘鲁等世界各国抗疫情况，体现了“洋网红”文化视野的开阔性和跨文化传播内容丰富多元的优势。反映和解释民众态度与行为的短视频发布覆盖全年，初期主要反映中国相关情况，2020 年 4 月以后关注焦点转向美国，这与全球疫情发展重点地区的变迁趋势基本同步。在第二大议题类型“民众生活百态”之下，关注特殊人群的短视频仅在上半年发布，涉及海外华人、美国流浪汉和女性医护人员等群体；反映疫情之下隔离生活和经济生活的短视频发布覆盖全年，其中经济生活成为“洋网红”关注的重点话题，尤其侧重于对疫情之下美国各行业运行状况及具体问题的探讨。议题属于第三大类型“民间跨国互助”的短视频集中发布于 2020 年第一季度，内容主要涉及中国湖北疫情，同时也对以色列、意大利和西班牙等国的相关情况有所介绍。

总体来看，“洋网红”涉疫主题短视频的内容生产与发布同全球疫情发展趋势和相关社会热点保持同步，“洋网红”结合具体语境灵活转换自身文化身份参与对话，使用平等互动的交流语态，提供远距离观察视角，体现出高度的跨文化适应性。不同“洋网红”在涉疫主题短视频的议题多样性、内容偏好、更新频率等方面存在较大差异，也体现出自媒体信息传播高度自主化的特点。

（二）叙事特征

围绕上述议题，“洋网红”具体以何种方式言说新冠肺炎疫情？针对121条涉疫主题短视频的文本分析显示，不同“洋网红”账号在彰显个性化色彩的同时，仍在叙事上表现出一些共性特征。

1. 叙事风格追求纪实性

在用短视频讲述涉疫主题人物或故事时，“洋网红”普遍采用非虚构的纪实性叙事风格，追求以实有之人和实有之事记录过程，呈现事实。所有短视频样本中除1条是由“洋网红”一人分饰二角，表演居家隔离时以囤积的厕纸支付外卖员的戏剧性情节（W08－抖音－3.31）之外，其余120条为纪实风格，主要通过实拍、实测、实地走访及实时连线采访等方式实现对具体议题的纪实叙事。其中，实拍是指“洋网红”在短视频中大量运用空镜头向网友展示真实场景，并配以声画同步解说，提升内容真实感和信息量；实测即通过“洋网红”对特定事物的亲身体验，据实报告过程或感受；实地走访是由“洋网红”深入事件现场寻访当事人，借他人之口陈述实情；实时连线采访则是通过互联网实现“洋网红”与相关专业人士或知情人士的跨地域实时对话。上述叙事方式既可单独使用，也可综合运用于一条短视频。“向实而构”的纪实性叙事风格使“洋网红”涉疫主题短视频得以充分展现事实细节，超越意识形态偏见而表达跨文化对话和促进互惠性理解的诚意。

2. 叙事视角凸显个体性

“洋网红”涉疫主题短视频普遍聚焦疫情之下普通民众的个体遭遇、利益期待和信息诉求，采取底层视角路径发起或参与公共讨论，表现出鲜明的个体化叙事特征。121条短视频中除一条为“洋网红”接受央视记者连线专访，讨论美国民众对疫情防控的立场态度（G07－B站－10.17），另一条由两名“洋网红”使用特定的学习辅导应用软件体验中国小学生网课，涉及商业广告植入（W05－西瓜－4.11）外，其余样本均为完全自主选题，紧密结合“洋网红”自身所处环境、个人兴趣、个体生活经验等进行内容生产。根据博主自述，共有43条短视频是基于社交媒体平台上“洋网红”与中国网友的互动确定选题,在总样本量中占比达36%。当中国网友对他国疫情有所关切或疑问时,作为桥接社群的“洋网红”选择以“不吹不黑”的中立态度发表有见地的评论分析,帮助消除群体间认知偏误。针对网友关心的热点问题进行解读评析,使“洋网红”成为特定跨文化议题的意见领袖,他们亦通过独特的观点视角和语言风格彰显个性,进一步提升其自媒体内容吸引力和传播延展性。“洋网红”聚焦于普通民众生活经验的涉疫主题短视频充分体现出“非专业化历史写作”展现细节的优势,并通过与同为“草根”的网友平等互动,激发出以个体叙事和个人表达推动公共讨论,促进共识形成的巨大潜力。

3. 叙事手法强调共情性

所谓共情(empathy),是指“一个人能够理解另一个人的独特经历,并对此做出反应的能力”(吴飞,2019)。“洋网红”涉疫主题短视频普遍表现出高水平共情的叙事特征,共情对象包括且不限于中国人,同时通过口语表达与视听语言的互文修辞强化共情叙事的传播效果。如“歪果仁研究协会”副会长星悦在《美国疫情全景实拍,街头流浪汉在过怎样的生活》(W16 - 西瓜 - 4.9)片尾,选择迈克尔·杰克逊(Michael Jackson)的《天下一家》(*We Are the World*)为背景音乐,对部分网友因美国深陷疫情而幸灾乐祸表示“非常难过”,并联系疫情暴发初期海外华人的遭遇,强调“我们都是人,我们都很难”,呼吁人们停止以任何形式歧视任何人群。除了在短视频中直抒胸臆外,“洋网红”还通过展示中外网友评论或在评论区与网友直接互动,搭建以共情为基础促进对话与理解的跨文化交流平台。通过从他人视角或处境出发的共情叙事,“洋网红”涉疫主题短视频可帮助克服排他性认同所导致的“他者化”问题,有效引起中外网友情感共鸣,并在此基础上促成跨文化意义共享。

叙事是传达象征意义的理想方法,在公共意义的生成中具有举足轻重的作用(Caldiero,2007)。叙事特征也体现出“洋网红”内化的多元文化价值观参与意义生产的过程,使其涉疫主题短视频在跨文化传播实践中得以避免对差异的僵化理解,超越“我们”与“他们”二元对立的“他者化”叙事。

三、短视频跨文化传播策略模型

进入社交媒体时代,短视频作为一种新的产品形式成为国内主流媒体疫情报道的生力军(田维钢、温莫寒,2020)。而作为一种新的跨文化媒体实践,短视频也在增进不同层次的跨文化互动和互惠性理解方面表现出独特优势。对于国内媒体机构而言,具体如何以短视频为载体进行跨文化传播,突破西方媒体制造的"他者化"中国话语困境?"洋网红"涉疫主题短视频的跨文化传播策略可为探索社交媒体时代提升跨文化传播胜任力的可行路径提供启示。本文在侧重分析"洋网红"涉疫主题短视频议题类型和叙事特征的基础上,对其思维视角、语言策略、视觉修辞手法等进行经验观察。针对样本中旨在面向国际网络用户介绍中国抗疫情况或为华人发声的短视频,补充考察其在 YouTube 上的跨文化传播情况。同时引入比较分析视角,综合考察"洋网红"自媒体在跨文化传播实践中相较于传统媒体的差别和优势,据此提出社交媒体时代短视频跨文化传播的"PEACE"策略模型,试为国内媒体机构跨文化传播实践提供本土化理论支撑和可行的策略建议。

具体来看,"PEACE"策略模型的内容包括:(1)建构基于"准社会交往"(parasocial interaction)的传播互动关系;(2)以强化"平等感知"(equality)促进跨文化对话;(3)以"调适性思维"(accommodation)进行跨文化叙事实践;(4)围绕个性鲜明的"魅力人格体"(charismatic personality)打造传播网络的核心节点;(5)通过虚拟桥接促成不同文化群体实现"延伸接触"(extended contact)。

(一)依托"准社会交往"建构跨文化传播关系

"洋网红"自媒体与传统媒体最为显著的差异即在于传播主体与受众之间的互动关系。以报纸、电视等大众媒体为代表的传统媒体相对而言更强调传者与受众的分离,其内容生产以传者本位为特色。而包括本文研究对象在内的自媒体则表现出鲜明的"传受合一"特点,"洋网红"博主在与短视频用户直接而频繁的互动中创造内容,建立起双向的跨文化关系,这一过程与现实生活中面对面的人际交往高度类似。心理学家霍顿（Donald Horton）和沃尔（Richard Wohl）曾通过对大众传播媒介产品的研究提出“准社会交往”（parasocial interaction，PSI）概念，以描述电视、广播及电影受众与媒介人物发展出的存在于想象之中而同真实社会交往具有相似性的人际交往关系（Horton & Wohl，1956）。在社交媒体时代，基于移动端的短视频带来比大众媒介产品更具沉浸感和交互感的使用体验，可进一步强化准社会交往，使用户与博主之间建立起稳固而活跃的互动关系。“洋网红”涉疫主题短视频在跨文化传播中的积极表现可为国内媒体机构提供启发：在转向社交化平台进行跨文化传播实践时，应特别注重对真实感和亲密感的在线表达，从时间、空间、情感等多方面贴近用户，促进准社会交往的形成，从而为建构跨文化传播关系奠定基础。

（二）以强化“平等感知”促进跨文化对话

“洋网红”涉疫主题短视频坚持“草根”立场和平民视角，使用平等互动的交流语态表达对多元文化价值观的情感认同，从而有效避免了对特定文化群体的刻板呈现。注重体现平等感的内容呈现策略是“洋网红”涉疫主题短视频得以超越“他者化”话语的一个重要因素。在社交媒体语境下，传受双方界限模糊化更增强了用户对于平等感体验的心理期待，而在自我与他者之间“建立起一种平等的象征性关系”，正是避免刻板偏见、保护双向交流和促进互惠性理解的关键（单波、张腾方，2016b）。结合中外网络用户对“洋网红”涉疫主题短视频的高度评价可见，其内容生产与跨文化传播达到了促进公共议题讨论与共情理解的积极效果，说明强化“平等感知”是推进跨文化对话与协商的有效途径，也使跨文化传播主体超越把他者文化当作知识理解或兴趣满足的局限，让传受双方在彼此尊重、倾听与对话的基础上达成情感共鸣和意义分享成为可能。

（三）以“调适性思维”消减跨文化理解障碍

在跨文化交流中，来自不同文化背景的个体对于特定媒介信息的兴趣度、关注点和理解力往往存在偏差，人们习惯于使用自我文化图式去核对、理解和认识情境，因而“文化间的理解是相对的，不理解是绝对的”（单波，2011）。要消减由文化差异带来的理解障碍，使跨文化叙事成为可能，就需要作为传播主体的“陌生人”首先主动调适，改造已有图式以适应新的情境。“洋网红”在其涉疫主题短视频中充分体现的“调适性思维”值得国内媒体学习借鉴。

一方面，在面对国内网络用户时，“洋网红”普遍使用汉语普通话进行口语表达，而在以国际网络用户为目标受众的短视频中，则转为使用英语并配以汉英双语或其他多语种字幕。这种“从他者出发”而灵活调适的语言策略可为来自不同文化背景的短视频用户搭建起彼此沟通的桥梁。另一方面，“洋网红”通过在叙事中吸纳多样的文化经验和借用来自他者文化经验的概念框架，使感官经验的转移成为可能。如郭杰瑞曾通过街头贩卖文化衫测试纽约市民关于口罩的立场（G18－快手－8.12），短视频以《美国实战摆地摊，没赚钱竟然还遇到城管》为题，呼应当时国内的“地摊经济热”，又借用中国特有的“城管”一词指代纽约街头执法者，以词语背后的游击、对峙、冲突等隐喻增加跨文化叙事的戏剧性张力，拓展语言的思维空间。从“洋网红”的跨文化叙事实践来看，调动“调适性思维”可有效促进不同文化间的叙事框架、文本、情感语境等相耦合，实现不同文化经验的“相似性直观”，从而使传受双方获得从对方立场看问题的跨文化视角，消减文化差异带来的理解障碍。

（四）围绕“魅力人格体”打造核心节点

本文研究的121个样本中均有“洋网红”博主出镜，独具魅力的人格化传播主体也成为其涉疫主题短视频提升跨文化传播效果的重要影响因素。凸显个性特质的多元化表达是自互联网出现起便开始形成的网络文化现象，而进入社交媒体时代，由于内容生产的高度社会化及信息扩散过程对社交网络的倚重，传播符号人格化对传播效果的影响作用进一步增强。人格化传播主体既包括自然人也包括符号化的“虚拟代言人”（吴晔、樊嘉、张伦，2021），如本文研究样本中的“信誓蛋蛋”和“歪果仁研究协会”均由2位以上、成员具有一定变动性的“洋网红”个体构成虚拟化人格传播主体。既有研究通过对“洋网红”群体走红特征的分析还发现,传播主体在短视频中直观化、立体化地表达自我和彰显个性可以拉近不同文化背景下受众的心理距离(王国华、高伟、李慧芳,2018b)。传播主体的人格化特质和个性魅力赋予信息内容更为丰富的情感价值,从而吸引受众“以意想不到的方式使用内容”(刘滢、吴潇,2019),并在分享和交换信息内容的过程中相互连接,形成围绕特定话题而聚合的节点化传播网络。在涉疫主题短视频的跨文化传播过程中,作为信源的“洋网红”是传播网络的核心节点,在使网络中其他部分保持紧密连接方面起到不可替代的作用。受此启发,国内媒体机构应在短视频跨文化传播实践中注重凸显语言和视觉传播符号的人格化特质,打造独具个性魅力的人格化传播主体,通过“魅力人格体”激发受众情感共鸣,从而提升传播网络核心节点的话题聚合力和舆论影响力。

(五)通过虚拟桥接促成“延伸接触”

除在国内主流社交媒体上进行跨文化传播实践外,“洋网红”还普遍采用多渠道同步分发策略在国外社交网站上发布涉疫主题短视频作品。本文针对“洋网红”使用英语表述,旨在面向国际网络用户的短视频样本在YouTube上的跨文化传播情况进行补充考察发现,5个样本累计播放量达到329.28万次,国际网络用户通过评论表达了对短视频真实性的赞赏、对中国民众的同情与支持、对借新冠肺炎疫情生产种族歧视和政治化疫情的强烈反对,以及对中国政府抗疫举措的肯定和信心。总体来看,国际网络用户在观看“洋网红”涉疫主题短视频后普遍对中国、中国人和中国抗疫行动产生中立至积极的态度取向,这与疫情之下西方民众受主流媒体影响而对中国的负面态度显著上升(Silver, Devlin & Huang, 2020)形成鲜明对比。此外,“洋网红”还通过翻译海外网友评论回应国内网络用户关切,进一步促进不同文化群体间的相互了解。参照对应短视频样本的弹幕及评论区留言来看,国内网友普遍对来自海外网友的理解、支持和帮助表示感谢或表达感动,同时积极回应相关话题,发表个人见解。在互联网环境下,素未谋面的国际网络用户通过“洋网红”形成间接的跨群体接触和跨文化互动,达成了信息分享、意见交换和情绪共振的桥接效果。

根据西方社会心理学研究,导致群际冲突的刻板印象、偏见、歧视等主要动因的形成源于不同群体间缺乏充足信息或持有错误信息,群际接触(intergroup contact)可为增进群体间的相互了解或澄清对外群体的错误信息提供机会(郝亚明,2015)。现实情境中,时空局限、心理距离等因素对不同文化群体间的直接接触构成阻碍,而互联网为虚拟环境下的群际接触提供了有利条件。来自不同文化背景的网络用户借由短视频发生间接互动,成为社交媒体时代群际跨文化接触的重要实践形式。西方学者针对间接群际接触的研究发展出"延伸接触假设"(extended contact hypothesis),并通过实证研究证明延伸性接触对群际关系具有显著的改善作用(Wright S. C. , Aron A,et al,1997)。而要促使特定文化群体形成更为积极的外群体态度,一个关键要素在于群体知晓其内部出现了与外群体建立朋友关系的成员。作为桥接社群的"洋网红"在社交网络虚拟语境下为促成积极的外群体态度的形成发挥了重要作用。"洋网红"通过虚拟桥接促成"延伸接触",从而推动群际关系改善的跨文化传播策略,可为国内媒体提供借鉴。

四、结论与讨论

当今世界正经历百年未有之大变局,新冠肺炎疫情更加剧了全球的不稳定、不确定性,使跨文化交流面临严峻挑战。在此背景下,"洋网红"发挥其兼具陌生人、旅居者、桥接社群等多重文化身份的跨文化传播优势,揭示了社交媒体语境下短视频跨文化传播超越西方媒体涉华报道的"他者化"话语框架,促进不同文化群体间平等互动与互惠性理解的可能途径。本文主要以"洋网红"在国内主流短视频社交媒体平台上的跨文化传播实践为研究对象,基于对其涉疫主题短视频内容生产模式和跨文化传播策略的考察,就"洋网红"文化身份对跨文化传播效果的影响机制进行了深入分析。研究中部分样本涉及国际网络用户,但限于篇幅,本文未就"洋网红"面向海外受众讲述"中国故事"的跨文化传播实践进行全面考察。此外,"洋网红"作为自主性较高的自媒体博主,参与涉华叙事和围绕"中国故事"进行跨文化传播实践的动力机制与阻力应对策略,以及在传播主体的文化身份之外其他多种因素对社交媒体时代跨文化传播效果的影响机制等问题,还有待在未来的研究中进一步探讨。

参考文献

鲍曼,2002. 流动的现代性[M]. 上海:上海三联书店:35.

高立慧、李洪波,2020. 旅居者概念辨析与研究综述[J]. 资源开发与市场(2):218-224.

郝亚明,2015. 西方群际接触理论研究及启示[J]. 民族研究(3):13-24,123.

林晓珊,2014. 流动性:社会理论的新转向[J]. 国外理论动态(9):90-94.

刘国强,粟晖钦,2020. 共意动员:农村抗疫"硬核标语"的话语框架与建构逻辑[J]. 现代传播(8):69-74.

刘学蔚,2013. 从"陌生人"到"旅居者"——西方移民研究思潮略论[J]. 湖北社会科学(10):105-108.

刘滢,吴潇,2019. 延展性逻辑下网络视频的跨文化传播——基于"歪果仁研究协会"86条视频的实证研究[J]. 新闻与写作(1):69-76.

单波,2011. 跨文化传播的基本理论命题[J]. 华中师范大学学报(人文社会科学版)(1):103-113.

单波,张腾方,2016. 跨文化传播视野中的他者化难题[J]. 学术研究(6):39-45,73,2.

田浩,常江,2020. 桥接社群与跨文化传播:基于对西游记故事海外接受实践的考察[J]. 新闻与传播研究(1):38-52,127.

田维钢,温莫寒,2020. 价值认同与情感归属:主流媒体疫情报道的短视频生产[J]. 现代传播(12):9-14.

王国华,高伟,李慧芳,2018. "洋网红"的特征分析、传播作用与治理对策——以新浪微博上十个洋网红为例[J]. 情报杂志(12)93-98,117.

吴飞,2019. 共情传播的理论基础与实践路径探索[J]. 新闻与传播研究(5):59-76,127.

吴晔,樊嘉,张伦,2021. 主流媒体短视频人格化的传播效果考察——基于《主播说联播》栏目的视觉内容分析[J]. 西安交通大学学报(社会科学版)(2):131-139.

徐明华,王中字,2016. 西方媒介话语中中国形象的"变"与"不变"——以《纽约时报》十年涉华报道为例[J]. 现代传播(12):56-61.

喻国明,欧亚,张佰明,王斌,2011. 微博:一种新传播形态的考察——影响力模式和社会性应用[M]. 北京:人民日报出版社:13-15.

周怡,2011. "家"与"家乡":流动者的乡土情感——"留洋流动"与"农民工流动"的比较

[J]. 社会科学(11):53-63.

Caldiero C T, 2007. Crisis Storytelling: Fisher's Narrative Paradigm and News Reporting[J]. American Communication Journal, 9(1):2.

Horton D, Wohl R R, 1956. Mass Communication and Para-social Interaction: Observations on Intimacy at a Distance[J]. Psychiatry, 19(3):215-229.

Huntington S P, 2005. Who Are We? The Challenges to America's National Identity[M]. New York: Simon & Schuster Inc.

Latour B, 2006. Reassembling the Social: An Introduction to Actor-Network Theory[M]. New York: Oxford University Press.

Silver L, Devlin K, Huang C, 2020. Unfavorable Views of China Reach Historic Highs in Many Countries[J]. Pew Research Center: 6.

Simmel G, 1950. The Sociology of Georg Simmel[M]. London & New York: Free Press(Collier Mac Millan).

Siu P C P, 1952. The Sojourner[J]. American Journal of Sociology, 58(1):34-44.

Thomas D C, Brannen M Y, Garcia D, 2010. Bicultural Individuals and Intercultural Effectiveness[J]. European Journal of Cross-Cultural Competence and Management, 1(4): 315-333.

Ward C, Matsumoto D, 2001. The Handbook of Culture and Psychology[M]. New York: Oxford University Press.

Wright S C, Aron A, 1997. The Extended Contact Effect: Knowledge of Cross-group Friendships and Prejudice[J]. Journal of Personality and Social Psychology, 73(1):73-90.

量化“喜欢”:交友平台中的感知异化与亲密流动

◇ 高　艺*

摘要:中介化的情感社交场景中,当代青年在渴望亲密与社交倦怠之间来回摇摆。既有研究从宏观视角提出网络亲密的流动性本质,本研究希望以交友平台M的“like”设计为微观切口,采用平台漫游和深度访谈法,进一步分析“喜欢”如何在平台的量化设计下,形塑用户对于网络亲密的感知异化和流动化的理解。研究发现,量化指标已渗透进私人化的情感社交领域,M平台通过可累积、可见、可分级的功能设计将感性的喜欢进行计量化,内含着平台的流量资本化逻辑。由此用户在量化游戏中对亲密产生感知异化:女性将“喜欢值”理解为一种衡量自我魅力的标尺而沉迷于数字化的自我竞争,男性则迷恋高效的速配游戏。这最终导致网络亲密社交在异化感知中愈发流动和脆弱。

关键词:亲密关系;量化自我;资本化;异化;流动性

一、研究缘起

自2020年5月中旬以来,笔者在国内某交友平台中进行了长期的沉浸式体验。在这个号称拥有3.6亿全球用户的交友平台上,“右滑喜欢,左滑

* 高艺,中国社会科学院大学博士研究生,研究方向为“社交媒体”。

无感,相互右滑才能开启聊天”的匹配机制下,笔者时不时会偶遇到 Lydia 这样的年轻人,她们一边沉浸在平台所累积的成百上千甚至过万的“喜欢值”所给予的自我满足感之中,但另一边却苦恼于在这个庞大的数值背后仍然难以邂逅到一个心仪的恋爱对象。在方寸的电子屏背后,当代年轻人正在直面网络情感社交所引发的困惑和倦怠。

民政部数据显示,我国单身成年人口已经达到2.4 亿。与单身人口一同崛起的是陌陌、探探、soul 等五花八门的陌生人社交软件。这类交友平台基于 LBS 和算法技术,以 SoLoMo(social + location + mobile)为特性,根据注册用户的年龄、地理位置、兴趣爱好等数据进行算法匹配,为散落在大城市中的单身青年扩展社交圈,因此成为单身青年建立亲密关系的重要渠道。然而,笔者在调研和访谈中注意到,很多用户陷入“下载使用—卸载停用—再次下载恢复使用”的循环中,这体现出年轻人对交友软件所抱持的“又爱又恨”的矛盾心态:一面是孤身漂泊的空巢青年急需情感支持,而交友平台提供了扩展圈子、认识朋友的低成本机会;另一面则是被诟病为“约炮神器”的交友平台把亲密关系的建立门槛降为速配模式,导致用户越来越不愿意付出相互了解所必需的时间和精力。在矛盾心理的来回拉锯之下,很多单身青年逐渐对网络中的情感社交失去信任。因此,当代青年在渴望亲密与情感社交倦怠之间来回摇摆的现实冲突构成了本文的研究起点。

交友平台 M 具有“左滑右滑”的速配功能设计,是流动性网络亲密关系的代表性场域:在平台的技术设置下,用户将界面首页的照片颜值作为首要筛选标准,只需完成手指右滑就能发送“喜欢”(like)信号,接收到“喜欢”信号的用户也可以随时查看自己累积的“喜欢值”。在追求高效的匹配机制之下,严肃而郑重的亲密关系的建立过程异化为一种追求速配成功和检验自我魅力的手指滑动游戏,用户之间无暇去相互了解对方的“有趣灵魂”。因此,数字化社交虽然让虚拟关系的建立变得容易和随机,但越来越多的年轻人却苦恼于无法真正实现从“陌生关系”抵达灵魂契合的亲密连接。本研究选取交友平台 M 作为网络观察田野,旨在考察在中介化的亲密社交中,“喜欢”如何被平台以用户右滑的简单行为进行量化和资本化,用户在这种速配的量化游戏中如何形成对于自我感知和网络亲密的理解。

二、文献回顾:量化自我与网络化亲密

(一)量化自我和数据隐私

随着网络化社会的崛起,数字媒体似乎把自我和身体截然分开,线上虚拟空间中的自我被定义为“一种仅仅存在于行动和语言中的无实体身份”(disembodied identities)(拜厄姆,2020:118),我们逐渐形成了肉身和数字自我两重身份。然而,Deborah Lupton(2019:41)指出,个人数据将会延续到我们肉身消逝之后的未来,因此,个人数据是一种新的人类存在形式,即数字化的自我(data selves)。在人类与数据之间的边界逐渐模糊之际,数字网民们在自我追踪技术的支持下,开启了一场通过数据来了解自我的“量化自我运动”(the quantified self movement)(Lupton,2016)。尤其是随着智能可穿戴设备的普及流行,“量化自我运动”正在全面延伸至私人生活领域,例如对健身、睡眠、饮食等全方位的生理监测。

然而,有学者开始担心,在数据至上背后,具身肉体已然成为被数字监测设备所规训的对象(许彤彤、邓建国,2021;徐祥运、马薇,2021)。那么,数字自我能呈现真正的自我吗?John Cheney - Lippold(2017:8)提出了质疑,他认为算法将我们的在线行为模式转换为可量化的抽象物,以构建“我们是谁”的可用版本。也就是说,当活生生的人被数据自我全面掌控时,算法技术通过那个数字化自我来定义我们是谁,每个多维度的个体就异化成为可被嵌套的数据模板。此外,“量化自我”带来的更大隐忧是,个体使用数据自我追踪设备的过程,也是将个人的隐私数据让渡给大数据公司的过程,海量的个人数据成为大数据公司和平台企业挖掘、分析并创造信息价值的“数字石油”,个人隐私安全成为“量化自我运动”中无法回避的社会风险。(Lupton,2016;Cheney - Lippold,2017;Lupton,2019;徐祥运、马薇,2021)

另一方面,量化指标早已嵌入各类社交媒体平台,构成平台资本逻辑的一部分(Gillespie,2010;van Dijck & Poell,2013)。于平台科技公司而言,只要是用户在平台上的社交行为,一切皆可量化。量化在社交平台的最典型

应用可以回溯到 Facebook 所开创的"点赞经济"(like economy),背后隐藏着 Facebook 的经济意识形态(福克斯,2018:155 - 157):Facebook 通过挪用社交性和连接性的修辞来创造一种基础设施平台,在这个基础设施中,用户的点赞、分享等社交互动行为被即刻追踪和转化为有价值的消费者数据,这些数据会无限进入增值和交换的多重循环之中(Gerlitz & Helmond,2013)。量化设计还在影响着用户的感知和实践,一个关于社交媒体记忆改变用户记忆的案例研究显示,Facebook 将"like"进行指标化后直接影响了用户在该平台中的记忆分享实践,从而形塑了用户对过往记忆的估值化理解,即用户通过点赞反馈来重新确认"什么事情是更值得被记录和回忆的"(Jacobsen & Beer,2021)。

量化指标同样渗透进了私人化的情感社交领域。以往对于平台中"like"这种爱心形状的社交按钮的研究,都是将其作为表达赞同、认可意义的点赞功能设计,进而分析用户与平台之间的互动关系(Bucher & Helmond,2018:237)。然而,当以亲密关系连接为核心的交友软件(dating apps)重新征用"like"作为"喜欢"的本体论意义时,对"喜欢"的量化衡量正在具象化地形塑用户对于网络亲密关系的理解,这正是本研究所关注的议题。此外,以亲密关系建立为内核的交友平台中数据隐私问题也亟待得到关注。

(二)网络化亲密与中介化技术

传统社会中的亲密关系,是一种在情感、信息和身体等维度上的个人化关系的亲近状态,具有私密性和排他性(Miguel,2018:128)。在信息传播技术和社交媒体的可供性(affordances)支持下,人际间的交往互动更加可及和便利(潘忠党、刘于思,2017),亲密关系也正在经历去传统化的过程(Chambers,2013:43 -46)。因此,社交平台连接的亲密关系具有了中介化/网络化/公开化(mediated/networked/public intimacy)的变革意涵(De Ridder,2013;Chambers,2013:164;Miguel,2018:26 -27)。

社交媒体作为中介化的技术正在影响和改变着亲密关系实践,包括亲密关系的开始、维系和终结(董晨宇、段采薏,2020)的过程,其中最突出的问题便是导致线上恋情缺乏承诺感和稳定性(董晨宇、段采薏,2018)。鲍曼

(2007:63)在《液态之爱》中悲观地指出，流动的现代社会之下，“恋情像流动的液体，飘忽不定、转瞬即逝”，亲密关系不再具有长期的承诺，而是变成暂时性和不稳定性的情感。事实上，一类主打陌生人亲密社交的数字约会软件(dating /hook - up apps)以更为直接的方式对当代年轻人的恋爱方式产生影响(Liu,2016; Miao & Chan,2020)。有趣的是，不同学者根据中西方文化差异，指认出人们在数字约会软件中不同的行为实践：一类是在约会文化盛行的西方语境下，用户在约会软件中寻找随意性关系的目的明确而直接，“流动的亲密”效应被约会软件放大(Hobbs et al. ,2016)；另一类则更聚焦于国内含蓄和保守的性文化语境，虽然也有用户公开表达自己的性意图，但相比国外用户的目的性使用(以“性”为追求目标)，国内青年在交友软件上进行着更多元化的使用实践，包括寻找另一半、好奇使用、延展社会网络、度过分手期等(Chan,2019)，其中有一类用户在其中维持着一种无须线下接触的“柏拉图式”精神恋爱，目的是暂时性地逃离琐碎枯燥的日常(Chin,2011)。不过无论如何，中介化的情感社交所导致的亲密流动性并不因为文化语境的差异而有所不同。

基于对过往文献的梳理，学者对于网络化亲密和数字约会软件的考察都指向了技术中介化的情感社交存在着流动性和不确定性，但这种不确定性的论述主要是一种宏观层面的经验性判断，聚焦于交友平台的量化机制设计如何形成了用户对于亲密感知的流动性，成为一个值得研究的议题。因此，本研究希望聚焦于交友平台 M，其生态中“左滑右滑”的匹配机制能够很好凸显情感类社交的流动性，其中将右滑数量作为“喜欢”的量化衡量指标可以成为分析的切入口。至此，本研究提出以下问题：交友平台 M 的技术配置如何将感性化的“喜欢”进行计量化？平台的量化设计如何在催生出用户关于亲密想象和美好自我的同时，滥用用户数据进行牟利？被量化的“喜欢值”如何形塑了用户对于网络亲密的量化感知和流动实践？

三、研究方法与过程

本研究旨在考察主打亲密社交的交友平台如何在界面和功能设计上将

感性化的“喜欢”进行计量化,并结合平台用户的具体使用目的和实践,重新审视中介化的情感社交如何形塑和改变当代青年对于亲密关系的感知和理解。为此,本研究结合了平台漫游法和半结构式深度访谈法。调研初期,研究者将交友平台 M 作为漫游体验田野,自 2020 年5 月中旬起注册成为平台 M 的用户,开启了长时段的浸入式体验。平台漫游法(App walkthrough method)是在社交应用广泛兴起的背景下形成的数字体验方法,研究者通过观察和体验一个应用程序的界面设计、目标用户、运营和管理模式等,进而了解该应用的设计开发者和所有者如何期望用户接受并将其融入他们的技术使用实践(Light et al. ,2018)。

研究者在对 M 平台进行漫游式体验过程中,关注到该平台在“喜欢”元素的功能设计上有三个特点:首先,用户首页设置了滑卡机制(如图 1),左滑代表“无感”(灰色叉型元素),右滑代表“喜欢”(红色爱心元素),上滑代表“超级喜欢”(出现 super like 字样和蓝色星星元素);其次,用户右滑发出的“喜欢”和接收到的来自其他用户的“喜欢”都会以数值的形式呈现在个人主页上(如图 2),但若要点击查看“谁喜欢了你”则需要开通相应的付费服务,否则无法查看对方的具体信息;再次,非付费用户每天的右滑次数上限为 500 次,若想增加滑选次数或开启“超级喜欢”功能,都需要开通付费服务。需要说明的是,为了完整感知该平台的付费功能,研究者也以付费用户身份进行了体验,其中 VIP 会员可以享受五项特权(如图 3),其中“无限次右滑”

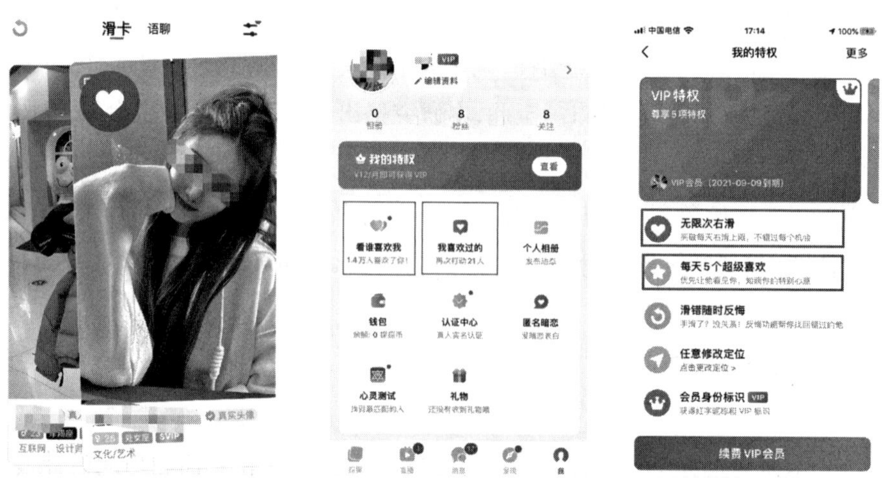

图 1　M 平台首页的滑选匹配界面　图 2　个人主页显示的“喜欢”数量　图 3　付费会员的特权功能

和“每天5个超级喜欢”功能指向表达喜欢的特权。另外,研究者注册账号的个人主页显示收到“喜欢”的数量累积于整个平台调研期间(2020年5月中旬至2021年7月中旬)。

表1 受访者基本情况一览表

编号	昵称(化名)	性别	年龄	职业	曾经是否付费	M平台使用时长
P1	Yoyo	女	23岁	在读研究生	否	三个月
P2	Lily	女	23岁	在读研究生	否	三年左右
P3	Meng	女	24岁	在读研究生	否	两年左右
P4	Zoe	男	23岁	在读研究生	否	五个月左右
P5	Sophie	女	27岁	金融从业者	否	六年以上
P6	Panda	女	24岁	视觉设计师	是	两年左右
P7	Chris	男	19岁	在读本科生	是	两年左右
P8	Liu	男	29岁	互联网从业者	是	五年以上
P9	Fish	女	22岁	在读本科生	是	两年左右
P10	Tommy	男	28岁	互联网从业者	是	六年以上,陆续使用至今
P11	Seven	女	24岁	在读研究生	否	大一开始使用,陆续使用至今
P12	Gill	男	25岁	新媒体平台从业者	否	一个半月
P13	Man	男	25岁	政府机构从业者	是	六年以上,陆续注册过5个账号
P14	Yakira	女	24岁	在读研究生	否	一年左右
P15	Kate	女	22岁	新媒体平台实习生	否	两个月左右
P16	Loyal	男	23岁	社交媒体编辑	是	2015年注册,陆续使用至今
P17	July	女	23岁	教育公司HR	否	四年左右
P18	Ann	女	22岁	在读本科生	否	三个月左右
P19	Mary	女	24岁	待业	是	三至四年
P20	Tom	男	19岁	在读本科生	是	四年前注册,陆续使用至今
P21	Eleven	男	27岁	互联网公司HR	是	四年左右,陆续使用至今
P22	Yilia	女	22岁	社交平台从业者	否	大一注册,陆续使用累积三个月
P23	Yuan	女	26岁	数据分析师	是	四年以上,陆续使用至今
P24	Xixi	女	28岁	珠宝设计师	否	四年左右,陆续使用至今
P25	Tree	男	28岁	建筑业采购员	是	五年以上,陆续使用至今(多账号)
P26	Golden	男	25岁	软件开发工程师	是	两年以上
P27	Warren	男	20岁	在读本科生	是	三个月
P28	Rice	男	25岁	教育机构创业者	否	四个月
P29	Lydia	女	19岁	在读本科生	否	2017年注册,陆续使用至今
P30	Harry	男	21岁	在读本科生	否	2018年注册,陆续使用至今

对M平台的匹配机制和功能设计有整体把握之后，研究者通过平台偶遇、熟人推荐以及滚雪球的方式征集用户进行半结构式访谈。征集的研究对象需满足以下条件：明确了解M平台的匹配滑选机制；高频度使用一个月以上（使用期间每周至少登录平台三次以上）；年龄区间在18至30岁。访谈内容主要聚焦于受访者在M平台的使用时长、对于M平台的滑选匹配机制的看法、对于所获得“喜欢”数量的关注程度及可能的后续行为、是否开通过付费服务以及主要为哪项特权功能而付费、如何理解“右滑代表喜欢”这种平台设计、如何看待平台通过个人填写的数据资料进行算法匹配服务等相关的话题。

访谈时间跨度从2020年7月至2021年7月，最后共采访到30名用户（其间也对5名用户进行了语音或文字回访）。这些受访者年龄跨度为19～29岁，其中16名女性、14名男性。受访者中有14名目前开通了或曾经开通过平台的付费服务，其中10名男性、4名女性。每次访谈时长约为1小时，本文提及所有受访者时均采用化名。

四、“喜欢”如何被交友平台计量化和资本化？

“喜欢”（like）在亲密情感领域被认为是一种难以明确界定的暧昧感知和释放好感的情绪体验。虽然社交媒体公司将隐喻亲密感的“红色爱心”设计按钮滥用于任何表达认可或支持的语境中，但“like”社交按钮在交友平台中的本体论意义再次回归。本节希望结合研究者在平台M中的沉浸式漫游和受访者的个人使用体验，分析M平台的技术生态通过可累积、可见性、可划分层级这三种界面设计将感性化的“喜欢”进行计量化和可视化，进而分析出量化“喜欢值”的终极目的正是平台的流量资本化逻辑。

（一）“喜欢”的计量化

1.“喜欢值”的累积性

在漫游体验之初，研究者注意到平台M的用户个人主页上专门有一栏显示了“谁喜欢我”的数值,这一数值是收到其他用户发送的“喜欢”所累积起来的,Lydia 把它称为“喜欢值”。传统社会的亲密关系中,排他性是最为重要的,作为亲密符号的“喜欢”也曾是一种排他性的情感表达。但交友平台在将“喜欢”量化之后,排他性的“喜欢”成为可累积、可兼容、可切分、可无限生成的事物。用户可以根据自己的筛选标准和当下心情在短时间内连续右滑多次,向多人表达“喜欢”,也可以在一个时间段内持续获得“喜欢”的累加。“喜欢值”的累积性设计正是 M 平台中介下的亲密关系流动性的关键设计。当用户把“喜欢”和“值”叠加起来表达时,表明“喜欢”在平台的量化设计下,用户对于“喜欢”的感知逐渐成为一种可以持续累积和叠加的数值。

根据访谈材料和调研体验发现,“喜欢值”的累积增长具有两个维度,其一是账号登录越活跃,“喜欢值”增长越快。Yakira 回顾了“喜欢值”的增长过程:“我记得刚注册不久,我经常登录,这个数量涨得很快,会有很多很多‘喜欢’。后面没咋玩,就感觉这个数字也没怎么涨了。”也就是说,当用户频繁登录时,就会进入滑选界面,滑选得越多,平台推送的匹配卡越多,用户的滑选行为和平台的匹配机制同时促发了“喜欢值”的累积。

“喜欢值”累积增长的第二个维度是账号注册和使用时间越长,喜欢数的累积值越高。当笔者了解到 Lydia 自 2017 年底注册账号以来已经多次卸载该应用时,我们开展了如下对话:

> R(笔者):你卸载 M 之后,再次下载回来,所有的个人信息仍然保留在这个账号上吗? 例如 like 数。
>
> Lydia:你说的是“喜欢值”吧,保留啊。(随即对话框那边发来一张她的个人主页截屏,显示了一个高到惊人的数值)
>
> R:这个数值好高啊!
>
> Lydia:这些数字都是自开账号以来积累起来的。

Lydia 在四年里陆续使用账号所获得的“喜欢值”(21.1 万),可以用笔者的调研账号一年里获得的数量(1.4 万)作为一个参照,凸显了 Lydia 在 M 平台中的受欢迎程度。根据 Lydia 的论述,她中途卸载 M 之后再重新登录,除个人的数据信息保留之外,“喜欢值”仍然在累积。也就是说,在她卸载暂停使用M平台的时间里，她的个人照片资料仍然被平台匹配推送给其他用户进行滑选。这意味着，即使在用户卸载M平台期间，其曾经在平台上的个人数据仍然留存在平台中，以供平台推动用户匹配池无限循环更新。这也指向一个量化数据所推动的平台公司正在滥用用户在其中的个人数据以进行流量牟利：只要用户没有注销平台账号，个人数据资料的使用寿命将无限延长到可预见的未来，为平台资本提供持续不断的数据价值（Lupton，2019：41），然而这一切却未征得用户的知情同意。一个可以侧面验证的例子是，搜索引擎和问答社区中有大量网友发帖咨询如何才能彻底删除M平台的账号数据。

其后，注意到Lydia头像有VIP标志时，话题转向她的充值动机，结果得到一个出人意料的答案：她从来没有充值过会员，平台一直在持续赠送会员。联想到Lydia的姣好颜值以及高“喜欢值”，平台这个反常规操作的逻辑就顺理成章了：她的姣好颜值获得了超高“喜欢值”，平台将她作为具有吸引力的高质量用户匹配推荐给更多人，平台连续赠送其VIP是为留住这个用户和促进其活跃，从而可以全时段使用她的个人数据，以吸引更多用户进行黏性使用甚至开通付费服务。这将在“资本化”部分详细展开。

2.“喜欢值”的可见性

该平台不仅将“喜欢”作为一种可累积的量化物，更是以明确的数值将“喜欢”具体化为一种可见性存在。所谓喜欢值的可见性（visibility），其实凸显了一种吸引力的世俗化衡量指标：“喜欢”在平台的数值化呈现之下，成为用户判断自己在恋爱市场中的自我魅力的衡量指标。根据访谈，平台中“喜欢值”的可见性对于用户自我认知和自我评价产生了直接影响，Panda、Meng和Zoe等几位受访者在表达对“喜欢值”的关注时，都用“满足感”“兴奋感”“成就感”等词汇形容自己的心理，这种量化的可见性带来的愉悦心理也形成用户经常登录平台的自驱力。其中Sophie的想法具有代表性：

> 我觉得这个设计（like数）挺好的，它比较满足女孩的虚荣心，平台也能提高一定的黏性，因为你看喜欢自己人的数量是需要登录查看的。每次登录看到（like数）又涨了，还是挺开心的。

可以发现,"喜欢值"的可见性设计可以提高用户的登录频率,巩固用户对平台的使用黏性。这种世俗化衡量指标的可见性甚至能激励用户在后续使用时更主动地分享自己的照片和个人信息,Panda 说道,"我每次有好看的新照片就会替换进去,应该是可以得到更多的 like 数"。这种数值的可见化的增长成为提高用户活跃度的诱发器。

此外,如若用户持续数天没有主动登录平台 M 查看"喜欢值",平台会通过弹窗或短信提示来告知用户这些天新增"喜欢"的数量。Gill 说道,"几天没有登录,就会有弹窗提示很多人喜欢你"。这与研究者的个人体验也相吻合,研究者往往一天之内可以收到该平台的数条弹窗提示,还时不时收到其发送的短信。可以看到,M 平台不仅通过在界面设计中以数值的方式让用户所获得的"喜欢值"变得可见,更是通过弹窗提示来强势地凸显"喜欢值"的可见性。这些可见性的平台设计,其目的是促发用户的自我满足感,从而提升用户的平台登录率和使用黏性。

然而,这种可见性只是片面的,平台在彰显"like"数量的同时,却刻意模糊了那些发送"喜欢"的用户的照片,用户需要购买会员服务才能点击查看是谁发送了"喜欢"。通过购买会员服务,用户可以换取增强对方行为数据的可见性。(高艺、吴梦瑶、陈旭、孙萍,2022)Liu 谈到他最初充值平台会员的动机:"我刚开始(充值会员)是为了看照片,为了看那些把你右滑的人长什么样,买 VIP 会员的其实大概都是这样子。"因此,平台虽然通过量化数据的功能设计将用户接收的"喜欢值"变得可见,但在激发了用户的自我满足感的同时又勾起了用户的好奇心,从而诱导用户通过充值获得查看"谁喜欢了我"的特权。如此看来,"喜欢值"的可见性设计是平台 M 诱导用户充值会员的触发器。

3."喜欢值"的层级性

在 M 平台上,"喜欢"还被划分为"右滑式喜欢"(like)和"上滑式超级喜欢"(super like)两种等级,这其中的区别在于,不同级别的"喜欢"获得的算法匹配的优先权是不同的。M 平台对 VIP 特权中"超级喜欢"的功能介绍是"优先让他看见你,知晓你的特别心意",该功能将为 VIP 会员提供更高的算法匹配次数。根据平台规则,不同用户的“喜欢值”是有上限的,普通用户每日只有500次右滑(发送“喜欢”)的机会,但没有发送“超级喜欢”的权限;付费会员则可以无限滑选和发送“喜欢”,并且享有每日发送5次“超级喜欢”的机会。因此,平台根据付费机制将所有用户划分了不同等级,对应着享用不同层级的“喜欢值”权限。

根据漫游体验,如果付费获得“超级喜欢”的机会,当滑选卡片中出现一个符合标准的用户时,如若使用上滑的特权,那么平台算法将会更高频率地优先把你匹配给对方。研究者发现,只要发送一次“超级喜欢”,平台在当下或者几分钟内就会提示“对方也超级喜欢你”。根据分析,当下的匹配反馈是由于对方先发送了“超级喜欢”给本调研账号,于是平台算法收集到信息就立即把对方信息推选到本账号的滑选卡中,等待本账号的滑选态度,如若进行“上滑”,那么就即刻获得了匹配。Tommy表示VIP功能中的“超级喜欢”是一个隐形的增加曝光的方式,能更快速地让自己心仪的人关注到自己,从而更加高效地匹配到合适的用户。

> 吸引我的是super like这个增值功能。每天都只有5次super like,当你super like她的时候,首先你是表现了一种诚意,至少在我心里是1/5,女生的虚荣心理会容易让匹配成功率更高;第二是界面马上就会弹出来说谁超级喜欢你,这也是一个增加曝光的手段。(Tommy,男,付费用户)

平台将“超级喜欢”作为付费特权功能,表明“右滑式喜欢”与“上滑式超级喜欢”的喜欢值本身并不等价,平台通过划分等级,从而在算法匹配的优先性上进行倾斜。因此,这意味着普通用户并不享有发送“超级喜欢”的权限,与此同时在接收到“超级喜欢”提示时也无法查看对方资料。如此看来,平台特别设计“超级喜欢”这个功能,也是在挖掘具有两种付费动机的潜在客户:第一种是追求高匹配率的目的导向型用户,第二种则是基于好奇心而希望查看对方资料的用户。

(二)“喜欢值”的资本化

正如安德雷亚斯·莱克维茨(2019:3)所言,在普遍追求卓尔不群的独异性社会中,关注度的测量和质量排名都变成了工具,推动着关注度和名望的进一步资本化。M 平台通过复杂的量化设计将“喜欢”进行累积、可见和层级划分,正好迎合了年轻人检测他人关注度和自我吸引力的渴求心理,但其本质都指向了平台流量的市场化。将“喜欢值”进行资本化,具体而言,第一是扩大用户群体,从而扩大平台用户数据的匹配流量池;第二是在围绕“喜欢值”的量化指标的设计中巧立名目地设置各类付费服务项目,直接向用户收取会员费。

具体而言,平台将“喜欢值”量化后设置了各种付费项目以实现资本化,主要体现在平台对于不同用户的隐形歧视上,包括每日右滑次数在性别上的不平等以及算法曝光率的差异化策略。首先,平台设置的每日右滑次数的上限是 500 次,但在访谈中多位男性受访者都抱怨 M 平台的隐形性别歧视,指出这个限额只是针对男性用户,平台对于女性用户并没有每日滑选限额。Tree 在提到他最初的付费动机时抱怨道:“平台上的女生有无限次匹配次数,但男生每天都有限定次数,我完全不够滑,所以才充的 VIP(获得无限右滑次数)。”更有趣的是,当他注意到平台在滑选上限方面的性别歧视之后,放弃了原来的账号,“重新注册了一个女号(性别设定为女性的账号),有无限匹配机会”。在访谈时,他使用的正是这个女性账号,甚至还获得了平台赠送的会员资格。至于平台的性别化对待动机,在 Golden 看来,“这些平台主要是通过吸引男生来付费,对于女生就比较友好。割男生的韭菜,赚取男孩子的钱”。从受访者样本来看,14 位开通过会员付费的用户中有多达 10 位男性,这个数据也侧面印证了 Golden 的个人判断。当然,另一个方面是,平台中男女注册用户的比例失衡,女生在其中具有绝对选择优势,男生为了获得更多机会而不得不开通一些付费功能。

平台的另一个隐形歧视在于不同用户的曝光率的差异化。曝光率直接与用户的匹配成功率有关,用户获得的算法曝光率越高,就意味着该用户被推荐到其他用户滑选卡的机会越多,这也直接影响到自己获得的“喜欢值”的数量。“喜欢值”成为平台衡量用户的吸引力高低的评价指标,当用户的“喜欢值”足够高时,这也直接可以转换为用户的吸引力资本。前文提到 Lydia 由于颜值等资质优异,成为获得极高“喜欢值”的超级用户,甚至得到平台自动续费会员服务的优待。然而,在同样逻辑里,相貌普通的用户得到的算法曝光率就不那么高。Golden 对平台的理解与 Lydia 的个人体验形成呼应,他指出平台对于颜值和魅力值高的用户更为偏爱,“有时候平台为了吸引女孩子会主动送 VIP 给一些很有吸引力的男孩子,把这些形象很好的男生留下来”。而 Zoe 自称是“资质平平的人”,“我的颜值没有那么高。已经匹配的用户中,成功匹配的不多,其实今天也就两三个”。平台的“喜欢值”设置开启了亲密社交中的马太效应。因此,算法曝光率也成了平台的付费项目之一,普通用户需要自掏腰包购买“超级曝光”服务,而具有高“喜欢值”的用户则免费享受平台的高曝光服务,但这背后的逻辑是平台把这些用户的照片资料作为生产资料售卖给了付费用户。最终的结果是,作为亲密符号的“喜欢值”被交友平台变为可源源不断创造流量和资本的商品,而高“喜欢值”的用户数据成为平台的原始资本在无形间被滥用。

五、“喜欢值”的你来我往:自我魅力和匹配率的量化游戏

交友平台对“喜欢值”进行多维度的量化和可视化设计,手指滑动的须臾之间,“喜欢”信号在用户之间来回流动和积累,交友平台把网络亲密关系塑造成了一场低成本的量化游戏,用户在这场量化游戏中对于亲密的感知逐渐变味。研究者在调研中注意到,“喜欢”的你来我往过程呈现出显著的性别差异:女性用户更迷恋于接收“喜欢”,在“喜欢值”的逐渐累积之中不断确认自我魅力值几何,也在数值的追逐中开启了一场数字化自我的竞争;男性用户则更热衷于发送“喜欢”,右滑行为越多意味着匹配成功的概率越大。

(一)多多益善:自我魅力值的量化游戏

在问及用户对于“喜欢值”的在意程度时,男女性受访者的回答具有明显的分野,男性用户并不太关注这个数值,而多数女性都表达对于“喜欢值”比较在意或者非常重视。在女性用户对“谁喜欢了我”这个数值的感性理解中,“喜欢值”是与自我魅力值有对等意义的。人们的情感会参与到数据的感知活动中,从而成为对数据赋予意义的重要因素(Kennedy & Hill,2017),

因此女性用户在“喜欢值”中赋予了他者评价、自我魅力、性吸引力等意义。基于衡量指标本质上是一种用于“确认价值”的数据形式(Jacobsen & Beer,2021),当“喜欢”可以数据的形式进行量化时,她们便找到了一种衡量自我魅力值的标尺,由此确认自己在恋爱交友中是否具有“市场”。

> 我会很在意 like 数,我会不定时地去看,它会让你很有成就感,我一看这么多人喜欢,我就感觉我还是有“市场”的。(Meng,女,非付费用户)

当“喜欢值”的多少被理解为在恋爱市场中认可度和魅力值的量化评价时,一场数据驱动的量化自我运动便在亲密社交领域触发了,多多益善成为一种追求。Helen Kennedy(2016)用“a desire for number”(对数据的渴求)来表达社交媒体中的量化指标会注入用户的感知之中,逐渐形塑用户对于数据的渴望并影响到用户随后的行为实践。在本研究中,多数女性用户为了获得更高“喜欢值”而采取了一些更能呈现自我魅力的行为,包括更主动和更频繁地更新自己的照片。Panda 说道:“每次有拍新照片后我就会替换进去,这样一般可以得到更多的喜欢数。”

此时,对“喜欢值”的追逐成了一种自我竞争的游戏,追逐更高的“喜欢值”,也是将之前的自己作为竞争对象,渴望当下的自己比之前的自己更具有魅力。但是,用户更加关注于自身的魅力值而缺乏动力去了解发送“喜欢”的具体的人时,“喜欢”的亲密内涵就发生了异化,对“喜欢值”的简单追逐将“喜欢”这个相互性的感受异化为一种单方面的自我魅力值的“晴雨表”:女性享受高“喜欢值”的自我满足感,把追求“喜欢值”当作一场衡量自我魅力值的量化游戏,许多用户并不真的兑现这种线上的亲密关系,只是作为日常枯燥和压抑生活的“调味品”(Chin,2011)。

但是,追求高“喜欢值”的狂热心理也总有回归平静和理性的时候。时隔一年,研究者对 Meng 进行了语音回访,她表示:“我现在偶尔看一下‘like’数,但心态不一样了,我现在看的话心态没有什么情绪,这些人喜欢我,那就这样,那有什么用,就这种感觉。”因此,在中介化的亲密社交过程中,用户也在生命历程中经历了对“喜欢值”的波动性感知的过程:自我满足、自我竞争、自我虚幻和自我反思。松散而短暂的亲密连接带来的不安定感越发加重了当代青年的不安和孤独,用户在反思“喜欢值”究竟意味着什么的时候,也导致对于网络中介的快速亲密关系的不信任。“广撒网”是用户 Seven 对于“喜欢值”的另类解读,凸显出交友平台在量化“喜欢”之后造成用户对于亲密关系的建立变得不再有足够耐心和专注。

> 也挺多的那种(右)滑了,然后不会去聊天。我比较佛系,一般会等别人,自己也就边滑边看。觉得可能这种陌生人社交能够找到的概率比较低。大家都在广撒网。(Seven,女,非付费用户)

(二)全部右滑:追求成功率的速配游戏

M 平台在设置“左滑右滑”的匹配模式时,就为中介化的亲密社交装上了一种速配的内核。虽然也有男性用户表达对于右滑的谨慎,但仍然有很多人反馈每日 500 次右滑上限并不足够。在众多受访者中,Man 的平台使用经历让研究者印象深刻。他自称为 M 平台的“老用户”,属于最早一批注册的用户,使用至今已经有 5 个账号。他对于右滑有自己的一套理解和行为习惯:

> 我不是喜欢谁就去滑谁,而是完全右滑完之后看谁能跟我匹配上,我再看我喜不喜欢。因为你精挑细选地选择性去滑的话,它的(匹配成功的)概率是非常低的。(Man,男,付费用户)

Man 的个人化的滑选行为挑战和打破了平台设置的“右滑代表喜欢”的游戏规则,对他而言,每一次“右滑”意味着更高的匹配成功率,因此他选择全部右滑平台推荐过来的用户,在确保尽可能高的匹配机会的情况下,他才根据自己的喜欢标准开启自己的“二次筛选”。这种行为是将高“喜欢值”理解为高匹配率。他表达了对于“like”数量的看法:“数量高的话就意味着匹配到你的人,它的百分比可以更多。所谓的 like 数量其实是很虚无缥缈的东西,成功率更重要。”右滑行为被简单理解为速配游戏,但同时也成为一种为平台创收的数字劳动,这是“喜欢值”量化设计的资本化奥秘。

速配游戏也在改变用户对于亲密关系建立过程的态度,追求效率、追求速度成为用户的实践原则,一旦超出理想回应时间(而这个时间往往以分钟为单位),就将目标转移到下一位右滑对象,至于原来那位还没来得及互动的用户就可以解除匹配了。Man 直接将他日常的使用习惯呈现了出来:

> (接受访谈过程中,打开了 M 平台)你看这个女孩,她应该是在一个小时之前跟我匹配上的,我给她打了招呼之后她没有回复,我现在给她解除匹配。然后这个女孩,应该是一个小时没有上线了,所以我先不解除她。(Man,男,付费用户)

这种追求速配和速解的过程的确已经让人感到不适,Harry 将这种亲密关系里的速配游戏称为“速食爱情”,“速度太快了,需要慢下来”。Gill 则提出自己的困惑:“在交友平台上在多大程度上能进行深度交流?”可以看到,在高速的匹配机制之下,原初概念中的“喜欢”与亲密关系之间的连接逐渐断裂,这种剥离导致越来越多的用户在其中体验着亲密社交的倦怠感和无力感。

六、结论:亲密社交的资本化与感知异化

(一)亲密社交的量化设计服务于资本化

交友平台所中介的亲密社交导致资本市场对于私人情感领域的入侵与渗透,资本入侵的方式是平台惯用的量化指标方式。M 平台通过复杂的量化设计将“喜欢值”进行累积、可见和层级划分,正好迎合了年轻人对于检测关注度和自我吸引力的渴求心理,但其本质都指向了平台资本的市场化。“喜欢值”的累积性设计是一种提升用户数据流量的逻辑,用户个人数据组成了 M 平台庞大的用户匹配池,平台通过对用户匹配池里的个人数据进行收集和分析,持续大范围地进行算法匹配。“喜欢值”的可见性设计则兼有两种资本化逻辑:第一,它是一种典型的使用黏性设计(sticky design),类似于 Facebook 在记忆制造过程中的逻辑,即对量化指标的设计激发了用户对

平台的高度参与(Jacobsen & Beer,2002),同样,M 平台也通过“喜欢值”的可见性来提升用户登录的活跃度和使用时长;另外,可见性作为一种世俗化的衡量指标,可以刺激用户的自我竞争感和对于自身吸引力的关注,从而成为诱发用户开通会员服务的启动装置。“喜欢值”的层级性则通过创造高匹配率和高质量匹配资源的用户需求,开辟了“超级喜欢”的收费服务项目。

将“喜欢值”进行资本化,具体而言,首先是扩大用户群体,提升平台用户数据的流量;其次是在围绕“喜欢值”的量化指标的设计中巧立名目地设置各类付费服务项目,直接向用户收取会员费。此外,“喜欢值”的资本化更体现在平台对于不同用户的隐形歧视上,包括每日右滑次数在性别上的不平等以及算法曝光率的差异化策略。最终的结果是,作为亲密符号的“喜欢值”被交友平台变为可源源不断创造流量和资本的虚拟商品,用户数据则成为平台营利的原始资本。

(二)亲密社交的感知异化

交友平台将“喜欢值”进行量化和资本化的后果,是把网络亲密关系塑造成一场低成本的量化游戏,用户在这场量化游戏中对于亲密的感知逐渐变味:女性用户在“喜欢值”的逐渐累积之中不断确认自我魅力值,也在数值的追逐中开启了一场数字化自我的竞争;男性用户则迷恋手指右滑的速配游戏,在追求高匹配率的同时也成为一种为平台创收的数字劳动。这种脱离了具体化的人的亲密社交将数值和结果奉为圭臬,略去了亲密关系建立初期的心动、中期的暧昧,逐渐习惯于一个获得自我肯定的数值,以及一场结果导向的速食性关系。在平台特有的量化游戏之下,速配速解将亲密关系推向了更大的流动性和脆弱性。也许 Warren 所描述的“日抛型”可以形象地表达出当下青年对于交友平台中的亲密关系的异化感知。

> 交友平台上的亲密性都是“日抛”型。M 平台现在对我来说是无关紧要的东西,因为现在我失恋情绪过去了。另外,那个(在 M 上刚认识的)女生也满足了我的短暂的情感社交需求。(Warren,男,付费用户)

在这种亲密社交的量化游戏中,用户获得了暂时性的逃离,但也极有可能产生一种虚无的倦怠感。也许对于 Warren 而言,下一次卸载这个平台的时间可能就是某个无聊至极的周末。

参考文献

拜厄姆,2020. 交往在云端:数字时代的人际关系[M]. 董晨宇,唐悦哲,译. 北京:中国人民大学出版社

鲍曼,2007. 液态之爱:论人际纽带的脆弱[M]. 台北:商周出版社.

董晨宇,段采薏,2018. 传播技术如何改变亲密关系——社交媒体时代的爱情[J]. 新闻与写作(11):48-52.

董晨宇,段采薏,2018. 反向自我呈现:分手者在社交媒体中的自我消除行为研究[J]. 新闻记者(5):14-24.

福克斯,2018. 社交媒体批判导言[M]. 赵文丹,译. 北京:中国传媒大学出版社.

高艺,吴梦瑶,陈旭,孙萍,2022. "可见性"何以成为生意?——交友类 App 会员制的监视可供性研究[J]. 国际新闻界(01):137-155.

莱克维茨,2019. 独异性社会:现代的结构转型[M]. 巩婕,译. 北京:社会科学文献出版社.

理斯曼,2002. 孤独的人群[M]. 王崑,译. 南京:南京大学出版社.

潘忠党,刘于思,2017. 以何为"新"?"新媒体"话语中的权力陷阱与研究者的理论自省——潘忠党教授访谈录[J]. 新闻与传播评论(1):2-19.

徐祥运,马薇,2021. 智能可穿戴设备对身体的规训及其社会风险进路[J]. 东北财经大学学报(4):89-97.

许彤彤,邓建国,2021. "量化自我"潮流中的技术与身体之同构关系研究——以运动应用程序 Keep 为例[J]. 新闻与写作(5):46-53.

BAUMAN Z,2003. Liquid love: on the frailty of human bonds[M]. Polity Press.

BUCHER T,HELMOND A,2018. The Affordances of Social Media Platforms[M]//BURGESS J,MARWICK A,POELL T(Eds.). The SAGE Handbook of Social Media. London and New York: Sage Publications.

CHAMBERS D,2013. Social media and personal relationships: online intimacies and networked friendship[M]. UK: Palgrave macmillan.

CHAN L S,2019. Multiple uses and anti-purposefulness on Momo, a Chinese dating/social app

[J]. Information, Communication & Society, 23(10):1515-1530.

CHENEY-LIPPOLD J, 2017. We Are Data: Algorithms and the Making of Our Digital Selves [M]. NYU Press.

CHIN Y L, 2011. "Platonic relationships" in China's online social milieu: a lubricant for banal everyday life? [J]. Chinese Journal of Communication, 4(4):400-416.

DE R S, 2013. Are digital media institutions shaping youth's intimate stories? Strategies and tactics in the social networking site Netlog[J]. New Media & Society, 24:1-19.

GERLITZ C, HELMOND A, 2013. The like economy: Social buttons and the data-intensive web [J]. New Media & Society, 15(8):1348-1365.

GILLESPIE T L, 2010. The politics of "platforms"[J]. New Media & Society, 12:347-364.

HOBBS M, et al., 2016. Liquid love? Dating apps, sex, relationships and the digital transformation of intimacy[J]. Journal of Sociology(9):1-14.

JACOBSEN B N, BEER D, 2021. Quantified Nostalgia: social media, metrics, and memory [J/OL]. Social Media + Society. https://doi.org/10.1177/20563051211008822.

KENNEDY H, 2016. Post, mine, repeat: social media data mining becomes ordinary[M]. Palgrave Macmillan.

KENNEDY H, HILL R L, 2017. The feeling of numbers: emotions in everyday engagements with data and their visualisation[J]. Sociology, 52(4):830-848.

LUPTON D, 2016. The quantified self[M]. Policy press.

LUPTON D, 2019. Data selves: more-than-human perspectives[M]. Polity Press.

LIGHT B, BURGESS J, DUGUAY S, 2018. The walkthrough method: an approach to the study of apps[J]. New Media & Society, 20(3):881-900.

LIU T, 2016. Neoliberal ethos, state censorship and sexual culture: a chinese dating/hook-up app[J]. Continuum: Journal of Media & Cultural Studies, 30(5):557-566.

MIAO W, CHAN L S, 2020. Social constructivist account of the world's largest gay social app: case study of Blued in China[J]. The Information Society(1):1-12.

MIGUEL C, 2018. Personal relationships and intimacy in the age of social media[M]. Palgrave macmillan.

VAN D J, POELL T, 2013. Understanding social media logic[J]. Media and Communication, 1(1):2-14.

研究论文

新型主流媒体新闻的身份建构框架:理想类型与话语机制

◈ 常媛媛　曾庆香*

摘要:通过框架分析与话语分析,借鉴认知科学、心理学、身份经济学、语用学等多学科的视角对新型主流媒体新闻的研究发现,其身份建构框架为:较低身份群体品德高尚,较高身份群体生活普通,负面道德更多被赋予高身份群体,身份价值的实现路径是依托美德。身份与道德之间的框架搭建主要通过扩大、延伸、诊断、鼓动实现。这种框架既受到文化原型的影响,也来源于弱势者道德优势的心理效应,既可以发挥平衡的功能,也易引发不同群体的压力。框架的具体运作主要依赖一定的话语机制:通过类化与比较建构模型与差异,通过隐喻与转喻赋予标签与偏向,通过典型的案例实现认可与否定。

关键词:新型主流媒体;身份建构;框架机制;话语机制;理想人格

在每一个特定的社会中,总有一些人因非凡的才能、美好的品质、独特的性格、特定的外貌而受到欣赏、赞美、褒扬,另外一些人因不具备相应的特征或品质而被忽视甚至受到贬损。但是,这些被重视、被夸赞的美德并不总是固定或相同的。在不同的社会,最理想的人格类型具有较大的差异。例如,在公元前400年的斯巴达,最受欢迎的是擅长打仗、肌肉发达、勇猛好斗的男子;在公元476—1096年的西欧社会,最受尊敬的是耶稣基督的忠实信

* 常媛媛,山西大学新闻学院讲师,博士。曾庆香,中国社会科学院教授,博士。

仰者及践行者;而在此后约500年内,享受最高荣誉的是勇敢无畏的骑士;在1750—1890年的英格兰,擅长交际、慵懒而优雅的绅士成为人们理想的追求(阿兰·德波顿,2009)。那么,理想的身份是如何确立的?为什么不同的社会对不同的人及品质有截然不同的评价?

杰罗姆·布鲁纳(Jerome Bruner)认为人类认知世界主要有两种不可化约的模式:范式的模式(the paradigmatic mode)和叙事的模式(the narrative mode)。前者强调通过理性分析、逻辑推理、严密论证来认识世界,主要运用于自然科学领域;后者主要通过一定的规则将人类无穷无尽的经验放置到一定的时间、空间中去理解(Brune,1986)。身份在本质上不是通过逻辑论证而得出的,而是通过叙事功能的中介而获得的(Ricoeur,1991)。在西方哲学中,身份与故事紧密相关,从柏拉图到约翰·洛克(John Locke)再到德里克·帕菲特(Derek Parfit),哲学家们似乎不得不依靠故事来讨论身份问题(吕立婷,2014)。在组织人类经验的故事中,框架是一个核心要素,因为框架是组织表面经验背后抽象的规则(Goffman,1986),是定位、感知、确定和命名事实经验的认知结构(Goffman,1974)。

媒体主宰休闲时间,日复一日地产制人们用以铸造身份的大量样本以及关于男性或女性、成功或失败、有权势或人微言轻等意味着什么的诸种话语,对什么是好或不好、积极或消极、道德或邪恶做出界定(道格拉斯·凯尔纳,2004)。新型主流媒体作为成风化人、价值引领的重要力量,受到学界和业界的诸多关注。2014年在中央全面深化改革领导小组第四次会议上习近平总书记提出"着力打造一批形态多样、手段先进、具有竞争力的新型主流媒体"。研究者根据顶层设计进行概念分析与内涵建构,提出新型主流媒体的三重内涵,即"建立在网络传播环境里与社会成员分享、交流信息的平台和渠道、建立起基于用户数据库和内容数据库的通过算法实现精准推送的信息分发平台、按照互联网商业逻辑建立自身的商业模式"(宋建武、陈璐颖,2016),以及新型主流媒体的两个判断指标,"一是有别于传统媒体的内容生产与传播模式,二是关注社会发展的关键问题,为社会主流受众提供资讯和设置议题"(喻国明,2016),指出新型主流媒体应具有公共性和双向互动的沟通能力(朱春阳、刘心怡、杨海,2015)。童兵(2015)提出新型主流媒体具备的特点和优势:“新型主流媒体是传统媒体与新兴媒体一体化融合发展的产物,高度重视媒体的内容建设和技术建设,强调互联网思维,突出用户观念,建构同媒体融合相适合的内容组织机构、现代化立体传播体系和科学有效的媒体管理体制。”

对新型主流媒体新闻话语的考察主要从传播调试、叙事嬗变、文化转型、话语变迁等角度进行。社交媒体时代新兴党媒的创建体现了执政党重构传播体系的努力,形成传播调试的“情感模式”和“信息模式”(龙强、李艳红,2017)。新型主流媒体叙事嬗变体现在内聚焦叙事视角的广泛采用、三种新型叙事结构对传统“倒金字塔”结构的突破、体现真实与激活情感等叙事修辞策略的拓新(刘果,2020)。在社交媒体时代,党报的文化转型将朝向一种更加多元化的形象设定进行,其正在形成的人格化特征将深刻而有力地重塑主流媒体、舆论和大众三者之间的关系(田浩、常江,2019)。社交媒体新闻通过召唤结构来寻找读者,采取日常化对话而非仪式化演讲的方式同受众交往,采用非正式语体与情感化文本拉拢受众,使新闻从神圣走入凡间(曾庆香、玄桂芬,2019)。

综上,目前研究主要关注新型主流媒体信息培育、舆论引导的作用、特征及策略,然而新型主流媒体究竟如何进行身份建构,为社会成员打造何种理想类型,又是以何话语机制运作呢?本文选取人民日报、新华社、央视三大央媒的微信公众号、微博报道作为分析文本,对这些问题进行探究,以求深化对新型主流媒体新闻在身份建构、价值观和道德意识引领方面作用机理的认识和把握。由于人民日报微信公众号的身份建构报道更加丰富,很多涵盖了新华社与央视新闻的报道,新华社微博是重大新闻首发平台,开设时间较人民日报与央视新闻早两年多,能够更好地反映新型主流媒体在身份建构方面的纵向变化,因此,本文选取人民日报微信公众号与新华社微博作为代表,从人民日报微信公众号与新华社微博每年的报道中随机抽取构造周,分别抽取 14、18 个构造周作为分析样本。

一、新型主流媒体新闻的身份建构框架

新型主流媒体新闻是以何框架来组织事实经验,在特定的故事框架中建构身份与美德之间的联系,确立理想的人格类型呢?

(一)较低身份群体:道德上升

新型主流媒体新闻对身份地位较低群体的塑造着力突出其不平凡的一面,为平凡的人赋予不平凡的道德光环(见表1)。具体表现在:

第一,道德与职业身份无关。新闻报道讲述了工人、司机、环卫工、外卖员、保安等大量普通人对职业的坚守、对他人的善行,指明所有的职业都是平等的,平凡的人拥有高贵的灵魂。第二,财富不等于美德。有些人即使自己生活贫困、艰难,但仍愿意尽自己的绵薄之力去帮助别人,有些人愿意放弃金钱去奉献自己。在生活拮据但依然掏钱救人的廖杰以及奉献自己的青春与家庭、坚守善良和信仰的徐铁林夫妇身上集中体现了穷人不平凡的美德。第三,道德无关乎年龄。报道注重展现老人积极向上、坚守工作、善良热情、乐于助人的面貌。例如,92岁的退休教师叶连平为留守儿童免费补习英语、81岁雨量站管理员坚持在台风暴雨中做人工报讯工作、63岁聋哑老人大雨天疏导交通。第四,道德无关乎健康。残疾人、病人等群体被赋予非凡的美德。一方面,他们坚强勇敢:单腿小哥坚持送外卖,截瘫女孩参加古筝比赛;另一方面,他们勇于承担责任:最强爸爸用双脚带娃,先天无双臂的陈兹方用双脚照顾母亲,白血病女生华颖、患癌姑娘吴思捐献眼角膜回报社会。

总之,新型主流媒体新闻对那些从事普通职业、生活拮据却努力坚守、施予善行的人不吝赞美,对帮助他人的老人以及坚强勇敢的残疾人等群体大加称赞,最终为身份地位较低群体赋予高尚的美德,表现了这些平凡人不平凡的道德素养,从道德的方面将其身份得以拔高。

表 1　新型主流媒体新闻对较低身份群体的建构

身份	报道标题	报道媒体	时间
工人	他们工作时,列车经常会从头顶驶过 全程 7 公里,走了 3 小时！夜色中,这个背影太帅气 58 岁建筑女工怕弄脏公交车坚持不坐空位,司机的回复暖哭 大沽灯塔工与世隔绝的坚守	央视新闻微信公众号 新华社微信公众号 人民日报微信公众号 @新华视点	2019 – 02 – 16 2019 – 03 – 12 2016 – 05 – 21 2012 – 08 – 13
司机	1 张排班表背后,20 名的哥风雨无阻执行这个特殊“任务” “我爸快不行了,求你救救他!”“有我在！不用怕!” 孕妇去医院途中临盆,危急时刻,司机大喊一声…… 为救烫伤小孩 这位的哥拼力赶路	新华社微信公众号 人民日报微信公众号 新华社微信公众号 @新华视点	2019 – 04 – 05 2019 – 08 – 09 2019 – 07 – 10 2019 – 07 – 17
环卫工	浙 G25567 环卫工人,你已被各路网友围观…… 暴雪！零下 4 度！一张侧脸刷爆朋友圈！他是谁? 感动！大雨中,这抹橙红给你温暖	人民日报微信公众号 人民日报微信公众号 @新华视点	2019 – 08 – 19 2018 – 01 – 27 2019 – 08 – 11
外卖员	外卖员与顾客聊天记录曝光:必须让你吃到我的餐! 暖心！外卖送餐员脱衣为婴儿遮雨[心] 外卖小哥瞒了一个多月,最后还是被孩子家长找到了	人民日报微信公众号 @新华视点 央视新闻微信公众号	2019 – 08 – 14 2018 – 04 – 21 2019 – 04 – 29
保安	北漂保安自学半年考取律师 帮千余农民工讨薪 广州“夺刀哥”:智勇掐住歹徒持刀手,被劫持男童脱险喜获救	人民日报微信公众号 @新华视点	2013 – 10 – 24 2012 – 06 – 24

(二)较高身份群体:普通生活/道德下沉

在社会的普遍认知中,相较工人、司机、环卫工、保安、外卖员等,医生、教师、公务员等群体拥有较高的身份地位。新型主流媒体新闻对这些群体的身份建构在以正面道德叙事为主的框架下,亦注重展现其生活的普通,表明主观性地位和给予性地位的不匹配。

主观性地位(subjective status)指的是个人对自身社会地位的认知,给予性地位(accorded status)指的是他人对其地位的评价(Hyman,1942)。在新型主流媒体新闻报道中,医生、公务员、警察等新闻角色经常以一种幽默的方式进行自我吐槽式的辩白或澄清,说明自己的实际地位或生活品质与社会普遍认知的差异。《北京年轻公务员讲述:工资3000多元养不起家》针对社会对公务员灰色收入、奖金高等误解进行回应,《公务员:好看不好吃?》也说明这一群体的实际生活状况并不如社会所认为的那样,《我是医生不是神》以幽默的方式突出医生生活的不易,《“摊贩为什么要砍我?”——一名城管的解“结”记》说出了城管的心声:“端了十多年的‘铁饭碗’,但并不轻松,常有‘围城’之感。”

相较医生、教师、公务员等,官员、明星、富豪等群体具有更高的身份地位。新型主流媒体新闻对这些高身份地位群体的建构也有大量的正面道德叙事。但值得注意的是,在负面道德叙事中,被呈现的通常是这一群体(见表2)。报道展现了官员“官气十足、动辄训人、欺上瞒下、专横跋扈”,明星网红炫富、嫖娼、吸毒,有钱人嚣张跋扈,高学历者弄虚作假等恶劣的品行或不道德行为,建构了身份较高群体负面的道德形象。

总之,在建构具有较高身份地位的医生、教师、公务员等群体时,新型主流媒体新闻注重展示其生活中不为人所理解的、不容易的一面,而在负面叙事中则主要突出了官员、明星、富豪等更高身份地位群体道德低下的一面。由此,经由新闻渲染,这些高身份地位群体的美好生活、美好道德的光环消失,反而成为普通甚至道德低下的人,身份地位得以下沉。

表2 新型主流媒体新闻对较高身份群体的建构

身份	报道标题	报道媒体	时间
官员	为什么处长们往往最难打交道? 落马干部背后的“大师”们 谢晋:一张好看的脸,须经得起前后看、左右瞄 副局长与群众座谈发飙:你哪个小区的?记下来! 在民主生活会上,有县委书记被批“有官气…… 局长夫妻俩阻挠警察执法双双被拘!网友:下班就可以这样了?	人民日报微信公众号 人民日报微信公众号 人民日报微信公众号 新华社微信公众号 @新华视点 人民日报微信公众号	2015-09-26 2019-08-26 2014-08-09 2019-04-29 2014-07-10 2018-05-27

续表

身份	报道标题	报道媒体	时间
明星	警醒！是谁制造了郭美美？ 当红明星 为啥出事？ 评黄海波嫖娼：为次恶叫好只会模糊社会道德底线 人民日报评郭美美事件：炫丑与审丑都是病态 柯震东痛哭道歉：做了坏示范 让亲人与粉丝失望	人民日报微信公众号 人民日报微信公众号 人民日报微信公众号 人民日报微信公众号 人民日报微信公众号	2014－08－04 2014－07－10 2014－05－21 2014－08－06 2014－08－19
富豪	保时捷女车主一巴掌，童所长被免职，他冤不冤？ 豪车占小区3个车位遭举报！有钱就能多占？	人民日报微信公众号 人民日报微信公众号	2019－08－13 2018－08－10

（三）身份价值实现路径：依托美德

每个人在社会生活中都追求自我价值的实现，以增加存在感，使有限的生命更有意义。身份较低群体如何实现自身价值，使平凡的人生变得不平凡呢？身份较高群体又如何进一步提升自我价值，体现更高的精神追求呢？新型主流媒体新闻为我们指明了路径：依托美德。

对于身份较低群体来说，具有特定的美德不仅可以为自己赢得尊严，体现生命的价值，如外卖骑手陆继春车祸后捐献器官获得了生命的另一种延续，还可以实现身份的转变。例如，英语很差、考研3次、博士读了7年的薛其坤勤奋、专注、执着，最终成为院士，美容美发专业的聂凤通过六年的刻苦训练夺得美发行业冠军后成为副教授。

对于身份较高群体来说，具有特定的美德可以提升自身的价值。首先，默默无闻、淡泊名利意味着更高的道德境界。新闻报道对理论物理学家于敏、宋立一等功的韩泽民、有着卓著功勋的张富清等人物的赞扬主要着墨于他们有如此大的成就与功勋却甘愿隐姓埋名。其次，坚持初心、低调务实意味着更高的道德修养。《他身价千亿却每天骑自行车上班，这才是真正的精英》《追忆！他穿着五块钱背心，干着上亿的大事》《网友偶遇市委书记捡垃圾，你怎么看？》《退休副局长义务打扫公厕15年 除夕都坚守岗位［赞］》对穿着打扮、生活方式如同普通人的精英给予很高的道德评价。

由此可以看出,通过对较低身份群体道德拔高的建构、对较高身份群体身份下沉的形塑,以及为不同身份群体指明通过美德进行身份转化或提升身份价值,新型主流媒体提供给人们用以铸造身份的大量材料,为不同社会成员提供了打造身份的理想类型或人格标本,为社会行动提供了可切实借鉴的样本与依循的规范。

二、新型主流媒体新闻身份建构的框架机制

罗伯特·恩特曼(Robert Entman)认为媒体主要通过定义问题、解释因果、价值评判及提供建议构建框架;威廉·甘姆森(William Gamson)等人将框架分为三种功能:诊断框架(diagnostic frame)、预后框架(prognostic frame)、鼓动框架(motivational frame),诊断包括定义问题和解释因果,预后主要指提出解决问题的方案,鼓动则是鼓舞更多社会成员的参与;大卫·斯诺(David Snow)等人提出了"策略性框架"(strategic framing),具体包括框架搭桥、框架扩大、框架延伸、框架转变。

(一)身份建构框架机制:扩大、延伸、诊断、鼓动

新型主流媒体新闻通过扩大、延伸、诊断、鼓动的机制实现了身份建构,具体而言:

通过"扩大",实现了从一个人或几个人到整个身份群体的过渡。例如,《吉他手宿管阿姨、画家保安……浙大"扫地僧"集体出道!》从宿管阿姨、保安等几个典型的人物扩大到所有"平凡的你我";《有些人宁愿在家啃老,也保持着那份"职业歧视"》从司机、保安、收银员、保洁、公安、快递员等容易遭受误解的职业,扩大到所有从事基础职业的人;《当红明星 为啥出事?》由个别嫖娼、吸毒的艺人扩大到所有明星。

经过"延伸",日常微观的小事或言行被上升到做人的品质或道德层面。新闻报道常常把为了不把座椅弄脏坐在地上、随手捡起垃圾桶旁散落的饭盒、骑自行车上班、穿着朴素等微观的言行举止上升到人的教养、素质、灵魂层面。

经由“诊断”，新闻对某种身份的道德进行了定义或评判，如“纵是平民百姓，也有侠肝义胆”“虽然环卫工人每天干着又脏又累的工作，但是他们身上一样有人间的真善美”。

通过“鼓动”，报道指出实现身份价值或转变身份的路径，并对更多的人应该如何行为进行倡导：鼓励普通人通过刻苦努力改变自己的处境并且尽力去帮助别人，领导干部能够成为道德的导引，作为公众人物的明星要遵守社会道德底线，等等。

总之，在搭建身份与道德之间的框架时，新型主流媒体新闻通过“扩大”实现了个体角色到整体身份的过渡，通过“延伸”实现了从微观事件到宏观道德的过渡，通过“诊断”明确了身份与道德之间的关系，通过“鼓动”号召不同身份的人进一步提升道德修养，实现身份价值，以上几个方面相互配合共同完成了框架的建构，其过程机制可图示如下：

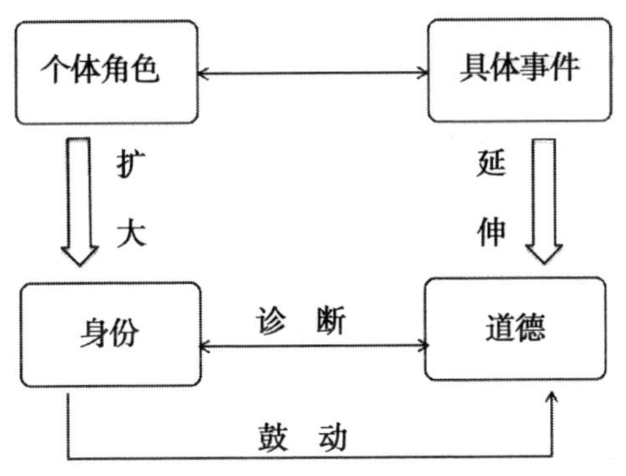

图1　新型主流媒体新闻的身份建构框架机制

（二）身份建构框架成因：原型＋弱势者道德优势

从外部视野的角度做简单的比较，我们不难发现新型主流媒体新闻所建构的上述身份与道德之间的框架并不是天然的、固定的。在精英崇拜的西方社会甚至呈现出截然相反的认知：富人是真正造福公众、对社会有用的人，财富成为一个人良好秉性的象征，穷人是人生的失败者、堕落者（阿兰·德波顿，2009）。如果知觉到框架的这一巨大差异，那么必须要回答的一个问题就是:为什么新型主流媒体新闻构建了这样的框架,而不是其他的甚至相反的?

意识形态、新闻常规、文化共鸣、赞助者行动及媒体实践是决定框架的主要因素(Pan & Kosicki,1993;Gamson,1989)。其中,文化是形成框架的重要力量,框架存在于“传播者、文本、接受者与文化”中(Entman,1993)。文化作为建构意义的基础,与框架之间存在根本的联系,因此框架分析有必要被置于文化的视野中(Van Gorp,2007)。

新型主流媒体新闻建构身份的框架无论是在影视作品还是在其他媒体的报道中,无论是在日常话语还是在舆情事件中都有所体现,比如对平民英雄的讴歌和对贪官污吏的批判。因此,新闻常规或媒体实践对这一框架的解释力较弱,而特定的文化尤其是文化中被凝结的原型,即“具有一定稳定性的、典型的、反复出现的意象、象征、人物、母题、思想或叙述模式”(叶舒宪,1988),可以对其做出更合理的阐释。

中国自古以来就重视普通劳动人民在社会中的作用,强调以民为本,“民惟邦本,本固邦宁”(《尚书·五子之歌》),倡导“敬德保民”(《尚书·康诰》)。在道德修养方面,崇信“人人皆可为尧舜”,就算是普通人通过自觉的人格追求也可成为道德高尚的圣人。道德与身份财富无关,“得志,泽加于民;不得志,修身见于世。穷则独善其身,达则兼济天下”(《孟子》)。不同于美国大片中的绿巨人、蜘蛛侠、钢铁侠等拥有特异功能和超级能量的英雄,很多中国电影着眼于平凡的小人物,通过对不平凡事迹的描述来展现其英雄色彩。这一方面肯定了普通人的美德,另一方面说明普通人可以通过努力实现身份的转变,而这一思想早在“朝为田舍郎,暮登天子堂;将相本无种,男儿当自强”(《神童诗》)中就有充分的体现。

与之形成鲜明对比的是,社会对于身份较高群体尤其是官员或富人则自古以来就存在负面的印象,认为“三年清知府,十万雪花银”(《儒林外史》),“富而不骄者鲜”(《左传·定公十三年》)。此外,太过出众的人容易遭受嫉妒或指责,“木秀于林,风必摧之”(《运命论》)。从画家钟隐为奴学画的故事开始,文化就导引那些已经功成名就的人要谦虚务实。

除了文化原型的作用,弱势者道德优势的心理效应也是以上框架得以建构并被接受的重要因素。出于角色认同、独特性心理需求、公正心理、规避心理损失等因素,人们在社会生活中尤其是在负面事件中第一时间往往倾向于支持弱势的一方。即使在他们做出不道德行为的情况下,对其的谴责也相对较轻且更容易原谅他们(郑剑锋,2014)。这一心理效应有效地解释了很多舆论热点事件的反转:当发生负面事件时,在不明真相的情况下,人们会赋予弱势者道德光环,而批判强势者。此外,为了获得心理的公正感,人们倾向于对弱势者进行其他方面的补偿,如赋予其高尚的道德(Kay et al.,2007),并且更多地将弱势者的成功归因于努力,而将优势者的成功归因于能力(Vandello et al.,2007)。正是在这一心理效应的支配下,新型主流媒体给普通人赋予更多的美德并且鼓励他们通过努力实现价值,而官员、明星等优势人群则常常被呈现在负面报道中。

综上可知,新型主流媒体新闻无论是对身份较低群体不平凡美德的歌颂及鼓励他们通过美德实现价值,还是对身份较高群体负面道德的评价及倡导他们低调务实,既根植于文化原型,是中国文化古老故事的延续,也源于一种普遍的心理认知效应。

(三)身份建构框架功能:平衡与压力

新型主流媒体新闻对身份的这种建构框架既具有一定的正面功能,也容易引发一些负面效应。正面的功能主要表现在它可以维持一种相对的平衡,包括:

第一,客体关注程度与道德评价指向的平衡。相较高身份地位阶层,低身份地位群体容易受到忽视,这既可能造成他们自身的身份焦虑,也容易引发他者的道德冷漠。这种客体关注程度的不平衡及可能的负面效应在道德评价指向的框架中得到一定程度的缓解,因为框架彰显了低身份群体不平凡的美德及高身份群体相对负面的道德。第二,身份权力等级与道德评价指向的平衡。依托道德,低身份地位群体的身份得以拔高,而高身份地位群体的身份得以下沉。这在一定程度上赋予了低身份地位群体道德上的优越感,缓解了其在物质生活方面的困窘,提供了一种精神上的慰藉。第三,不同权力等级身份间互相转化的平衡。媒体为人们进行身份转化或者提升身份价值提供了路径,表明普通人也可以获得生命的尊严,甚至实现身份的重大转变。而高身份地位群体如果想进一步提升身份价值或道德修养则需要默默无闻、低调务实甚至降低身份。这种身份间的转化有助于维持一种平衡,使得普通人的光芒得以增强,而高身份地位群体的光芒有所收敛。

除了可以发挥以上正面功能外,新型主流媒体新闻的身份建构框架也容易为不同身份群体招致不同的压力。

首先,对高身份地位群体而言,他们容易因刻板印象产生压力。文化原型中对优势群体长久的负面印象及心理上弱势者道德优势效应造成了新闻报道褒扬弱势贬责优势的框架,这一框架又反过来进一步巩固了已有的认知,最终形成稳定的刻板印象,使得优势群体被污名化,很多个体遭受了怀疑与指责,增加了他们的压力。这种负面作用常常体现在许多热点舆情事件中,德阳女医生自杀的悲剧与刻板印象之下武断的指责及其造成的压力不无关系。

其次,对低身份地位群体而言,他们容易因过度期望产生压力。相比绿巨人、蜘蛛侠等遥不可及的虚幻的英雄,平民英雄更易于引起人们强烈的认同从而成为可追随模仿的对象,一定程度上有助于鼓励普通人向善向好。但是,新闻毕竟是对少数角色的呈现,新奇性是新闻的重要特征,能被媒体所呈现的通常是不平凡的、特殊的少数个体。在现实生活中,出于各种因素的考量,不可能每个人都有如媒体中所呈现的那种道德的光芒,而普通人通过努力实现身份转变的案例更是少之又少。最终形成的矛盾局面是:一方面我们对自身的期望变高,渴求获得关注与成功,并为之不断努力;另一方面,实际的成就并不如理想中那么高。这种矛盾的状态会导致自尊的折损、失望的滋生及压力的增长。心理学家威廉·詹姆斯关于自尊的计算公式"自尊=实际的成就/对自己的期待"形象地说明了这一问题(阿兰·德波顿,2009)。此外,新闻报道对少数个体精神上的肯定在发挥一定补偿慰藉作用的同时,也造成了个体性价值与社会性价值之间的矛盾,即在个体上定位于人格、德性等价值比较,在社会上则定位于社会角色、身份地位等关系。当这种定位不相符,并产生社会性价值的比较时,就容易形成怨恨情结(郭洪纪,1997)。

三、新型主流媒体新闻身份建构的话语机制

身份离不开话语的建构。依据诺曼·费尔克拉夫(Norman Fairclough)话语分析理论的框架体系,话语有助于建构社会身份,有助于建构人与人之间的社会关系,有助于知识和信仰体系的建设,并分别称之为话语的“身份”功能、“关系”功能、“观念”功能(诺曼·费尔克拉夫,2003)。新型主流媒体新闻以一定的话语机制实现了身份道德框架的实际运作。

(一)通过类化与比较建构模型与差异

身份与道德都是相对复杂抽象的概念,要想实现身份道德框架的实际运作,首先需要把这两者拆分与具体化为实际可操作的对象。社会认同理论认为,实现某一群体的身份认同需要经历三个具体的过程:类化(categorization)、认同(identification)与比较(comparison)(王莹,2008)。新型主流媒体新闻正是通过将身份进行类化与比较,建立了每一种身份的基本模型,指明各自具有差异的特征。其中,对官员、军人和环卫工、快递员等弱势群体身份道德的建构显现出明显的模型与差异。

对于官员身份,报道主要呈现了两类官员:贪官与模范。对贪官的建构包括三个方面:违反党纪、法律、道德,接受调查,实施处罚;对模范的建构则强调了对党忠诚、为民服务的精神。报道通过对官员正面与负面形象的塑造,勾勒出官员整体的影像,并警示与鼓动这一群体的人既要遵守党纪国法,又要提升道德品质,做到忠诚于党、为民服务。

对于军人身份,新闻主要通过突出这一群体的特殊性,将其从普通人中抽离出来,并赋予神圣的光环。首先,军人在身体上要遭受普通人所不会承受的摧残。大量图片、视频报道形象地展示出这一特征。其次,军人在精神上要忍受常人无法接受的痛苦,如与亲人分离。最后,军人要做与普通人相反的事,如在火灾中逆行。报道通过特殊化完成了这一身份的类化,并且用“使命感”“责任感”等道德评价将这些特殊性合理化与崇高化。其实,对军人身份的特殊化建构不仅存在于新闻报道中,在军事院校以及部队里,军人

都有大量独特的标志及行为指令，如短发、制服、仪式、姿势等，所有这些方面最终形成了军人独特的身份模型，强调了军人服从使命、勇于牺牲的精神品质。

对于环卫工、出租车司机、外卖员等群体身份的建构没有明显的区别，他们在整体上形成了相较优势群体的弱势群体形象，表现出一致性的特征：身份地位较低，生活很普通，但是执着于靠自己的努力去尽力争取美好的生活，并且在力所能及时以微薄的力量去帮助别人。

类化与比较对身份道德模型化的建构，有助于形成每一群体独特的认同感，从而使得每一个人甘愿服从自己所属群体的规范，自愿践行所属群体的道德要求。有关身份经济学的理论说明这种模型与差异的建构方式是低成本并且有效的，身份是促使组织有效运行的核心。例如，对于军人来说，个人努力与努力成果之间往往没什么关系，尤其是在战斗中。军人更加依赖自我身份的意义，而不是货币报酬（乔治·阿克洛夫、瑞秋·克兰顿，2013）。因此，如果在建构军人身份时对努力或报酬加以强调，则效果甚微，而对其使命感与责任感的突出更有助于形成身份认同。

（二）通过隐喻与转喻赋予标签和偏向

从海量的信息中提取、识别、记忆、认知特定的身份依赖于贴标签。标签的使用基于人类认知的需要，是语言经济性原则的体现。语言经济性原则（principle of economy）指的是语言系统自身及语言在运用过程中数量与效果的最佳结合，实现以最少的数量表达最大化的效果（陈淑美，2008）。标签之于特定的身份正如名字之于每个人一样，是一种高度抽象的概括，当提到某一特定的标签时，就召唤出这一名称所指涉的人物、事件、形象、态度、感情等，正如当呼唤某一名字时，就召唤出这一名字所对应人的外貌、言语、行为、品格等。

舆论热点事件中存在大量贴标签的现象，如将杀死俩城管的夏俊峰称为“英雄”，将造成警察六死五伤的杨佳称作“义士”，将杀死政府官员的邓玉娇称为“烈女”（曾庆香 等，2018）。新型主流媒体新闻在建构身份时，也采用了贴标签的方式，这些简约、抽象的标签主要通过隐喻或转喻的方式体现了语言的经济性。

隐喻模式通过将一认知域投射到另一认知域来实现对抽象事物的概念化、理解和推理(赵艳芳,2000)。以下报道分别将普通而又具有特殊才能或特定美德的普通人比作“扫地僧”,将帮助别人的大学老师比作“黑衣侠”,用“最美”这一形容外貌特征的词形容出租车司机的品德,通过认知中已有的、熟悉的词汇去指称、评价陌生的人物,实现对特定身份的道德评价。

吉他手宿管阿姨、画家保安……浙大“扫地僧”集体出道!(新华社微信公众号 2019-06-16)

男孩眼睛受伤,凑不齐医疗费急哭爷孙,“黑衣侠”出手了……(人民日报微信公众号 2019-03-12)

银川数百辆出租车送别“最美的哥”陈学平(@新华视点 2013-03-27)

转喻既是一种修辞手法,又是一种思维方式。转喻既可用部分取代整体如“见到的尽是新面孔”,也可用整体取代部分如“他瞎了”(沈家煊,1999)。新型主流媒体新闻通常通过提取特定人物的典型特征来指代某个人或某类人,以最简洁的语言、最省力的方式传达尽可能多的信息。以下报道以能够代表新闻角色特征的简单词汇实现对特定人物一对一的指称:

湖北襄阳“渐冻兄弟”“捐躯”回报社会(@新华视点 2013-10-13)

幼童被困高楼“托举哥”奋力出手(@新华视点 2012-09-07)

广州“夺刀哥”:智勇掐住歹徒持刀手,被劫持男童脱险喜获救(@新华视点 2012-06-24)

通过隐喻与转喻,新闻为特定人物赋予特定标签,既可以最省力的方式指代相关事件,又可以最典型的特征评价相关身份,最终形成对身份的偏好性认知。“扫地僧”“黑衣侠”“最美的哥”“托举哥”“夺刀哥”“铲车哥”“海鲜哥”等标签建构了普通人不平凡的才能或行为,形成对普通人身份的正面道德评价偏向。

一旦对某一身份赋予较为稳定的标签,就容易形成相应的评价。因此,这种贴标签的建构方式通过肯定或否定评价形成对身份的褒扬或压力,从而有助于鼓励道德行为,遏制不道德行为。例如,某个人或某类人被贴上"最美""最帅""爱心"的标签,通常会引发人们的褒扬,有助于鼓励相应身份实施符合社会期待的行为;而被贴上"罪犯""恶霸"等标签,通常会引发人们的厌恶与排斥,有助于遏制相应身份实施不符合社会规范的行为。

但值得警惕的是,标签容易造成认知偏见。性别标签集中体现了这一负面效应。新闻报道通过对特定职业性别的凸显,体现了职业的性别规范。"女司机""男护士""女工人""女官员""男幼师"等标签在无意识中表明:某些工作如司机、工人、官员更适合男性,女性是特殊的;而某些工作如护士、幼师则更适合女性,男性是不协调的。一些工作在性别方面的转变说明这些假设是不合理的。例如,在"二战"期间,官方宣传及通俗小说强调在工厂工作无损女性气质(Milkman,1987)。一些对职业的性别标签既是不合理的,也容易导致错误的判断。例如,重庆公交车坠江事件中,当人们看到受损严重的小轿车以及穿着高跟鞋坐在一侧的女司机的照片与视频后,各大媒体、网络"大V"及普通网友都将矛头对准了女司机,认为是女司机的逆行导致事故的发生。这种先入为主的判断离不开女司机这一标签所暗含的"马路杀手"等负面认知。

除了造成认知偏见外,贴标签也容易催化越轨行为的发生。标签理论认为给人们贴上越轨者的标签是变成越轨者并持续作为越轨者的关键因素(杰克·道格拉斯、弗兰西斯·瓦克斯勒,1987)。具体来说,越轨需要经历三个过程:第一,他人对越轨行为的察觉;第二,为越轨者贴标签,这一标签变成越轨者最显著的身份(Master Status),并取代了他所有的其他身份;第三,"自行应验的预言"(self-fulfilling prophecy)产生,越轨者在贬黜仪式中加入了越轨群体(陈彧,2008)。由此可见,对违反道德规范的越轨者贴标签反过来容易进一步催生不道德者的不道德行为。

(三)通过典型的案例实现认可与否定

每个社会都有不同的规范和理想的类型,社会的协调运转有赖于不同的人对规范的遵循与对理想类型的追求。越来越多的经济学实验表明,人们的行为产生于对自身身份的认知,身份具有一定效用,即当身份与规范或理想类型一致带来效用或相违背带来损失。传媒通过认可与否定的机制建构身份应该遵循的规范,吸烟性别规范的变化充分体现了这种建构性。20世纪60年代之前,社会是不认可女性吸烟的,女性吸烟被认为是不雅的。20世纪70年代妇女运动中广告对于破除这种规范起到了很大作用,弗吉尼亚牌女士香烟打出了"女孩们,你们久等了!"的口号号召女性从已有的规范禁锢中解放出来(乔治·阿克洛夫、瑞秋·克兰顿,2013)。

新型主流媒体新闻正是通过认可与否定的话语方式建构了身份道德框架,从而将不同的道德规范内化到不同的身份之上。这些认可与否定的话语通过典型的案例簇成话语群,并形成鲜明的对比,最终建构了具有规律性的身份道德框架。具体来看,报道分别从官员、网红、明星、富豪以及工人、司机、环卫工、外卖员、保安中选取典型的案例,并通过大量话语进行批评否定与褒扬认可,从而在对比中建构了普通身份具有不平凡的美德而精英身份具有普通生活和负面道德的框架。

这些认可与否定的话语不仅仅限于文字的呈现,很多报道产生了实际的话语效力,从网友的批评甚至人肉搜索、网红的道歉、官员的罢免中都可见其强力的效果。为什么话语具有这样的魔力?言语行为理论(speech act theory)指出"如果一个人做出了一个这样的表述,我们应该说他做了些什么,而不仅仅是说了些什么"(马蒂尼奇,1998)。因此,当新闻在以认可或否定的话语做出评判或表态时,它不仅仅在说什么,而且已经在做什么了,这样的话语不仅对新闻角色的行为进行了规范,还暗示其他人自觉检视自己的行为,从而对社会成员进行规训。

总之,新型主流媒体新闻的身份与道德之间存在稳固的框架,这种框架的存在既反映了特定社会文化背景对新闻身份建构的制约,也反过来能动地为社会再生产出值得效仿的理想道德类型,这种理想类型的建构通过类化与比较、隐喻与转喻、认可与否定的话语机制得以实现。正是通过话语的运作，新型主流媒体新闻得以建构特定的身份框架并发挥实际的教化作用。无论是对新型主流媒体日复一日对特定身份看似天然的叙事，还是在叙事过程中所采用的独特话语方式，在灵活运用以发挥正向作用的同时，也应注重时刻警惕、反思及规避可能的负面效应。

参考文献

阿克洛夫，克兰顿，2013. 身份经济学：身份如何影响我们的工作、薪酬和幸福感[M]. 颜超凡，汪潇潇，译. 北京：中信出版社：39-57，17-26.

陈淑美，2008. 语言的经济性原则在汉语中的体现[J]. 韶关学院学报(10)：108-111.

陈彧，2008. 标签理论对社会工作的启示[J]. 社会工作(1)：24-26.

道格拉斯，瓦克斯勒，1987. 越轨社会学概论[M]. 张宁，朱欣民，译. 石家庄：河北人民出版社：151.

德波顿，2009. 身份的焦虑[M]. 陈广兴，南治国，译. 上海：上海译文出版社：173-176，68-86，49.

费尔克拉夫，2003. 话语与社会变迁[M]. 殷晓蓉，译. 北京：华夏出版社：60.

郭洪纪，1997. 儒家的身份伦理与中国社会的准身份化[J]. 学术月刊(7)：10-15.

凯尔纳，2004. 媒体文化——介于现代与后现代之间的文化研究、认同性与政治[M]. 丁宁，译. 北京：商务印书馆：9.

刘果，2020. 新型主流媒体的叙事嬗变与话语创新[J]. 武汉大学学报(哲学社会科学版)(4)：85-92.

龙强，李艳红，2017. 从宣传到霸权：社交媒体时代"新党媒"的传播模式[J]. 国际新闻界(2)：52-65.

吕立婷，2014. 人物、角色与心灵：《牡丹亭》与《桃花扇》中的身份认同[M]. 白华山，译. 南京：江苏人民出版社：46.

马蒂尼奇，1998. 完成行为式表述[M]. 牟博，等译. 北京：商务印书馆：211.

沈家煊，1999. 转指和转喻[J]. 当代语言学(1)：3-15，61.

宋建武，陈璐颖，2016. 如何打造新型主流媒体——我国主流媒体集团的融合转型之路[J]. 新闻与写作(9)：18-21.

田浩，常江，2019. 社交媒体时代党报的文化转型——基于《人民日报》情绪化表达的个案分析[J].新闻记者(1):79-86.

童兵,2015.论新型主流媒体[J].新闻爱好者(7):5-7,1.

王莹,2008.身份认同与身份建构研究评析[J].河南师范大学学报(哲学社会科学版)(1):50-53.

叶舒宪,1988.探索非理性的世界[M].成都:四川人民出版社:101-102.

喻国明,2016.打造新型主流媒体价值范式与影响力的关键——以北京广播电视总台线上直播平台"北京时间"G20杭州峰会报道为例[J].新闻与写作(10):48-52.

曾庆香,沈璜,潘晓飞,2018.新闻中的永恒故事:原型对记者视角的框限[J].新闻界(6):25-33,88.

曾庆香,玄桂芬,2019.社交媒体召唤结构:新闻交往化与亲密性[J].现代传播(中国传媒大学学报)(1):42-48.

赵艳芳,2000.认知语言学概论[M].上海:上海外语教育出版社:73.

郑剑锋,2014.不道德情景中弱势者道德优势效应及其影响因素[D].宁波:宁波大学:4-8.

朱春阳,刘心怡,杨海,2014.如何塑造媒体融合时代的新型主流媒体与现代传播体系?[J].新闻大学(6):9-15.

BRUNER J S,1986. Actual Minds, Possible Worlds[M]. Cambridge, MA: Harvard University Press.

ENTMAN R M,1993. Framing: Toward clarification of a fractured paradigm[J]. Journal of communication,43(4):51-58.

GAMSON W,1989. News as framing: Comments on Graber[J]. American Behavioral Scientist, 33(2):157-161.

GOFFMAN E,1986. Frame Analysis[M]. Boston: Northeastern University Press.

GOFFMAN E,1974. Framing Analysis: An Essay on the Organization of Experience[M]. New York: Harper & Row.

HYMAN H H,1942. The psychology of status[J]. Archives of Psychology (Columbia University).

KAY A C, et al. ,2007. Panglossian ideology in the service of system justification: How complementary stereotypes help us to rationalize inequality[J]. Advances in experimental social psychology,39(06):305-358.

MILKMAN R,1987. Gender at Work: The Dynamics of Job Segregation by Sex During World

War II[M]. University of Illinois Press.

PAN Z, KOSICKI G M, 1993. Framing analysis: An approach to news discourse[J]. Political communication, 10(1):55-75.

RICOEUR P, 1991. On Paul Ricoeur: narrative and interpretation[M]. Psychology Press.

VAN GORP B, 2007. The constructionist approach to framing: Bringing culture back in[J]. Journal of Communication, 57(1):60-78.

VANDELLO J A, et al., 2007. The appeal of the underdog[J]. Personality & Social Psychology Bulletin, 33(12):1603-1616.

短视频中的知识生产沟研究*

——以抖音为中心

◈ 张　杰　赵雨非**

摘要：短视频以碎片化、操作简单的特点吸引了大批用户制作和发布。个性化定制页面是抖音短视频不同于其他社交媒体平台的地方，但与此同时，个性化推荐意味着有些知识生产内容无法被用户看到，因此抖音存在用户之间的知识生产差距。本文将传统知识沟假说从知识获取沟过渡到知识生产沟，以抖音短视频平台为切入点，通过量化分析证明抖音中知识生产沟的存在，描述抖音用户知识生产的现状，探究知识生产沟反馈效果的影响因素，同时从科技发展的角度解释知识生产沟产生的原因。研究发现：用户的性别、年龄、地区归属、认证情况等因素均会导致知识生产的不平等。科学技术的发展、抖音算法过滤机制以及商业模式的推动是知识生产沟存在的原因。

关键词：抖音；内容生产；反馈效果；算法推荐

一、问题的提出

截至2020年底，我国网民数量达到9.89亿，短视频用户数量达到近9亿，占网民整体的88.3%，人均每天上网时长约4小时。由此可见，现在人

* 本研究系国家社科基金重大项目“提升面对重大突发风险事件的媒介化治理能力研究”子课题“重大突发事件风险‘样态’及媒介化治理理论体系研究”(21&ZD316)的阶段性成果。

** 张杰，广州大学新闻与传播学院教授。研究领域：网络人际传播、传播社会学。赵雨非，暨南大学新闻与传播学院新闻与传播专业硕士。

们对网络的依赖性很强。《抖音数据报告》显示,截至2020年8月我国抖音每天活跃用户超过6亿,视频日搜索量超过4亿。抖音于2016年9月上线,以其迅速发展的态势和庞大的用户规模,逐渐成为网民获取信息不可缺少的一环。无论是传统的官方媒体、意见领袖还是普通用户,都不同程度地把获取知识、生产信息、发布观点、制造舆论的渠道转移到抖音社交媒体平台。抖音的功能也变得更加丰富,特别是自2020年疫情暴发以来,抖音发挥了抗疫科普、助力线下实体经济、提供教育资源、提高人民生活质量等多种作用。

表面看来,自从互联网进入 Web 2.0 时代,知识获取对于普通民众来说已经不是问题,甚至用户成为知识生产的重要人群。知沟理论的提出者蒂奇纳(1970)等人曾经认为知识差距是否能缩小取决于大众媒体宣传的刺激强度是否保持在较高水平。按照这个推断,知沟会随着媒体的普及特别是新媒体的普及而有所缩小。信息像创新、技术和财富一样,最终会渗入社会经济地位较低的群体中(Compaine,1986)。因而,新闻传播学中研究阶层与知识不平等之间关系的重要理论知沟理论的研究者们,对于互联网时代的知沟现象进行了较为深入的研究,并发现了知沟现象的新变化。

这种新变化不仅仅是说传统的知沟在受众接受层面依然存在,如 Bonfadelli 探究新旧媒介的使用造成公民知识沟的差距,其结论是公民在使用互联网方面的知沟现象更为突出。更重要的是,研究者发现,知沟不仅在使用层面存在,在生产层面也同时存在。美国传播学者 Rakow 指出,“某些官僚机构生产的信息越多,他们和社会其他阶层之间存在的知识生产上的相对差距就越大”。2006年韦路、张明新观察到人们使用网络技术的接入沟和使用沟的差异会影响到知识获取沟。

2009年韦路呼应20年前瑞科将“知识沟”理论改写成“知识生产沟”理论。其文章研究发现,城乡鸿沟、性别鸿沟是微博知识生产的显著影响因素,并且知识生产可以更好地预测公众的政治参与。但是在研究中韦路也进行了新思考:知识获取是否一定会导致知识生产?在此之后,韦路和赵璐(2014)将研究对象转移到微博,考察用户对日本震后核电站建设的知识生产,发现相较知识获取,知识生产可以更好地预测公民参与,并且在生产过程中直接知识生产的作用更大。随后,王梦迪考察微博用户对日本震后核电站建设的知识生产，发现相较知识获取，知识生产可以更好地预测公民参与，并且在生产过程中直接知识生产的作用更大。在2012年，韦路和李锦容通过调查法获取了美国2000多名成年公民在网络知识生产和政治参与方面的数据，研究得出，性别、种族、受教育程度、年龄、收入等因素均会造成知识生产的显著差异。周裕琼则把视线转移到深圳家庭中父母和子女对新媒体的使用和采纳的代际鸿沟，提出文化反哺可能成为缓和代际冲突、改变家庭结构的重要机会。

然而，还有一些学者持相反的态度。李雪莲、刘德寰（2018）采用性别、年龄、城市的配额抽样，调查网络中知识获取差异和变化趋势，研究发现社会经济地位较低的群体在社交网络中获得了更多知识，与此相反，社会经济地位较高的人群却面对真假难辨的信息陷入焦虑。

综上，在以往的研究中学界考察了社会各阶层知识生产沟的差距，特别是政治知识。国内的研究主要考察了微博的知识生产沟及其影响。数字技术的应用使每个用户都获得了知识生产的权力，但是当用户从理论上都拥有平等的机会，在实际中却无法达成一致的情况下，研究互联网个体中知识生产沟的问题也就变得突出。然而，以往对“知识沟”理论的研究停留在用户知识获取方面，而关注用户生产时代更为凸显的“知识生产沟”的研究相对较少。国内已发表的有关“知识生产沟”的文献资料较少，研究对象主要为美国博客和中国微博，而少有学者研究短视频平台抖音中的知识生产沟。而对抖音的知识生产的研究虽然不少，如谢新洲、朱垚颖（2019）认为短视频存在质量低下、内容低俗的现状，孙茹茹（2020）发现抖音的知识生产缺乏深度，易造成用户思考能力减弱，但对于抖音知识生产沟的相关研究寥寥无几。唐丽佳、赵志奇（2018）发现了短视频生产的知识生产沟效应，以及短视频传播内容浅薄化、低俗化，审美取向和社会价值观单一的特点。贺艳（2019）基于媒介技术的视角，认为算法加剧了拟态环境的知识生产沟，弱化了环境监测功能。但这些研究均不是量化研究，而只是从学理上讨论了抖音存在的知识生产沟现象及其后果。

相较国内已有的主要基于微博的知识生产沟研究，抖音的视频、音乐、文字、特效等多种呈现形式会使知识生产沟的研究变得更丰富和立体，而目前对抖音等短视频平台的知识生产沟现象与后果尚缺乏实证研究。因而，这构成了本研究的中心问题。

二、移动短视频用户知识生产沟的实证研究

（一）研究设计与研究方法

本文主要证明抖音中知识生产沟的存在，描述用户生产现状，分析其形成背景。本研究采用时间序列分析法来研究。

本文采用定量分析法之一的时间序列分析法，探究抖音短视频平台从2020年5月初至2021年4月底将近一年的时间跨度中，从多类型原创视频生产到某一爆款视频出现后产生的大规模知识生产模仿现象，这一阶段的爆款视频数量增长变化及视频种类变化，以证明抖音用户知识生产沟的存在。

由于抖音每日生产视频数量规模庞大，因此随机选取代表性个案作为研究对象。本文存在不完全统计的缺陷，为了弥补不足，采用两种验证方法，相互补充。

本研究随机选取151个抖音用户，采用两种研究角度分别控制不同变量证明抖音知识生产沟的存在。其中，101个用户记录他们在时长相同、背景音乐相同的情况下，生产不同内容的类别变化趋势；另50个用户以10个为一组，随机选取5种热门视频，使其满足均在第五天发布同款热门视频的条件，记录他们在这五天内生产视频内容的类别和点赞量，共5组。

1. 研究假设

抖音在一开始内容非常丰富，由于某一类视频受更多的用户欢迎获得高点赞量，所以某些内容被更优先推荐，因而用户更容易看到这类视频。随着时间推演，越来越多的生产者模仿这类视频，参考其创作手法和主题，因此内容开始同质化。

本文从两种角度分别验证。

角度一：在相同背景音乐和视频时长的情况下，不同抖音用户会生产不

同内容的短视频,但随着时间的推移,当某一视频出现后,用户模仿该话题的数量增加,生产其他视频的种类减少,从而证明知识生产沟的存在。自变量为时间,因变量为视频种类个数。

角度二:一定数量的抖音用户在同样时间段内生产了一样的爆款视频,统计他们在发布爆款视频之前的四天中生产的各种视频分别获得的点赞量,若这四天的点赞量均低于爆款视频的点赞量,则证明知识生产沟的存在。自变量为时间,因变量为视频点赞量。

2. 抽样框与样本选取

选择抖音为研究对象是由于它在国内短视频软件中拥有首屈一指的用户规模和用户活跃度,能够较全面地反映中国短视频用户的知识生产情况。

本研究的抽样框限定在 2020 年 5 月至 2021 年 4 月模仿同一款视频的所有抖音用户,采取随机抽样的方法记录百余位抖音用户生产的视频种类和发布时间。

3. 确定分析问题和分析类目

本研究主要有三个研究问题:一是抖音用户在进行知识生产时是否存在知识生产沟,二是如何描述抖音用户的知识生产现状并探究其影响因素,三是如何解释抖音知识生产沟产生的背景。

受限于内容分析素材的局限性,针对这些问题最终在统计中确定了 12 个参考变量,包括:①性别;②年龄;③地区;④有无官方认证;⑤视频内容类别;⑥发布时间;⑦点赞量;⑧评论数;⑨转发量;⑩该用户已获点赞量;⑪粉丝数;⑫已发作品数。

笔者依据抖音点赞量由高到低的推荐顺序一一进行数据统计,在浏览点赞量排名前 100 名的视频后,笔者发现某同款视频出现的概率为 75%,可视为广受喜爱的爆款视频,其共同元素包括使用同款美颜特效、采用自拍和发表相似内容的文案。该爆款视频第一次出现的时间为 2020 年 12 月 19 日,随后制作同款视频的用户急剧增多,收获的点赞数和播放量也比其他类型视频更高。笔者统计了 2020 年 5 月初至 2021 年 4 月 30 日之间的视频,采取等距抽样法,每隔五天抽取一次视频数据,但受限于抖音默认推荐顺序和笔者时间,无法准确选取每隔五天的视频,但保证每月都有 6 条视频作为原始数据采集。最后一共记录了 101 个视频,根据 12 个参考变量,共收集了 1250 个有效数据。

4. 研究过程与结果

(1)角度一研究过程

2020 年 5 月 2 日抖音用户“将至”首次发布了文案为“再难,我永远微笑无惧着奔赴下一个时代”的跳舞视频,截至 2021 年 4 月 30 日抖音用户“将至”共收获了 4 万点赞量和 2482 次转发。其选取的《Andalusia》(抖音热搜版)音乐成为广大抖音用户创作的音乐素材,截至 2021 年 5 月 2 日该同款音乐的视频已经被 126.5 万人使用。这个现象成为抖音用户模仿同款视频拍摄的典型案例之一。

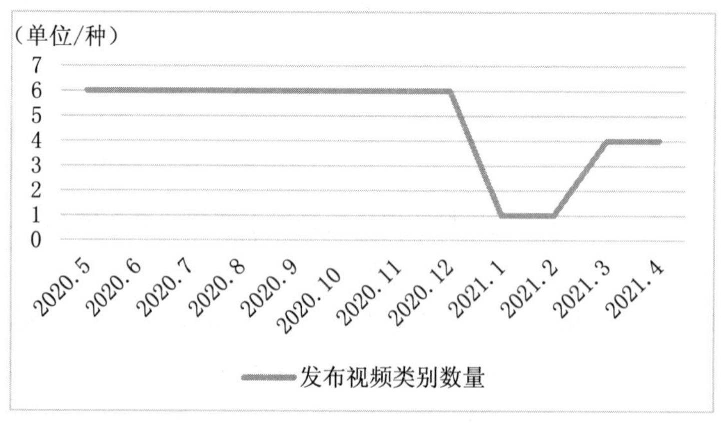

图 1 2020 年 5 月至 2021 年 4 月用户生产视频种类趋势图

图 1 记录了 2020 年 5 月至 2021 年 4 月不同用户使用相同背景音乐生产视频的种类数量。如图所示,2020 年 5 至 2020 年 12 月不同用户创作的视频种类多样,并且每个月创作种类的数量相当,不同用户生产了类型丰富的短视频和个性化文案,内容包括晒天气、晒改装车、上传心情日记、分享大学生活、发表绘画作品、发布幽默文案等。2020 年 12 月至 2021 年 1 月视频种类呈现急速下滑的趋势,直至 2021 年 2 月视频种类趋向单一。造成此结果的原因是从 12 月 19 日开始,有大量用户用“格子进度条妆”特效发布自

己的自拍,并粘贴相同的文案。值得注意的是,2021 年 2 月 16 日抖音用户“钢铁唐”的特效视频获得了 110 万个点赞,达到该热门视频点赞量的最高峰。直至 2021 年 4 月底,生产同款类型的用户热度仍不减,生产视频的种类数量有所回升。

由此推断出,抖音平台实际有非常丰富的知识,但当其中一种视频收获的播放量、点赞量、完播率急剧上升,成为抖音推荐的热门视频后,其他用户在未来的一段时间内会持续模仿该热门视频,因此出现用户制作视频类型趋向单一的现象,从而导致生产知识的种类减少,因此知识生产沟出现。

(2)角度二研究过程

笔者在 2021 年 4 月通过抖音热搜小时榜随机选取 5 个广受欢迎的视频话题,分别为“完颜彩虹兔”“奶醉妆”“想要攻略猫女吗”“当你说我配不上你时”“老婆之歌”,每个话题随机选取 10 位生产过同话题的用户,观察用户在相同的 5 天内生产非爆款视频和爆款视频的点赞量差别,计算出平均每天的点赞量,与发布该爆款视频的点赞量做对比。

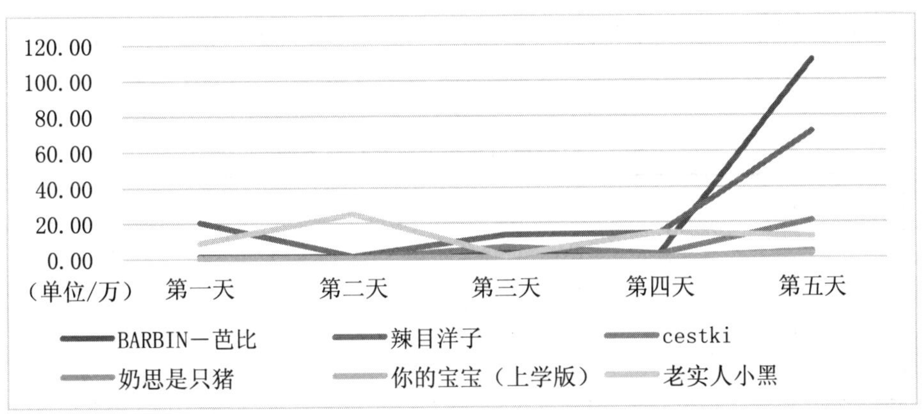

图 2 抖音用户视频点赞数量统计图

如图 2 所示,六位用户在生产了热门视频后的前四天均收获了较为平稳的点赞量,直到第五天同时生产了同一热门视频后,点赞量均急剧上升且远高于前四天点赞量的平均值。其中用户 cestki 是“想要攻略猫女吗”热门视频的原创作者,但其收获的点赞量却不是最多的。大卫・哈维认为,“后现代文化语境中的‘拟像’文化展现了一种‘近乎完美的复制’的状态,这种完美性表现在复制品和原件之间的差别已很难辨别”。这说明在拟像时代，人们已经不再注意到首发视频和作者本身，而是关注获得更多点赞量的视频。

角度二研究发现，不论拥有粉丝数量多少，大部分用户在生产爆款视频后收获的点赞量均多于前四天的数量。仅有少部分垂直内容生产工作者出现了例外，如抖音用户赵小黎专门生产现代油画，其每次发布的油画视频会比她模仿的爆款视频更受粉丝欢迎。可见，当抖音用户创作出很好的原创作品时，其点赞量也会比大众所熟知的爆款视频的点赞量要多。因此，即使出现了知识生产沟，但是在内容为王的时代，抖音还是鼓励用户生产原创优质内容。

（二）短视频用户以抖音为形式的知识生产现状

1. 抖音用户背景情况

（1）性别

表 1 呈现了样本中性别变量的男女占比情况。在公开性别的 93 位抖音用户中，男性共 51 个，占总样本数的 43.6%；女性共 42 个，占总样本数的 35.9%。从这些数据可以看出，在抖音知识生产平台上，针对本次研究，男性比女性有更大的生产热情，更有兴趣生产相关知识。

表 1　抖音用户背景主要变量频率表

			数量	百分比	有效百分比
用户背景	性别	女	42	35.9	35.9
		男	51	43.6	43.6
	认证情况	非认证用户	108	92.3	92.3
		认证用户	9	7.8	7.8

（2）认证情况

表 1 呈现了总样本中非官方认证用户数量为 108 个，占总样本数的 92.3%，认证用户数量为 9 个，仅占总样本数的 7.8%。此比例大致能反映抖音用户目前的身份认证情况。抖音对用户的官方认证提出了以下条件：①个人认证：发布 1 条视频、粉丝量大于 1 万名、绑定手机号；②音乐人认证：适合创作者或歌手申请；③企业认证：适合企业、个体工商户申请；④机构认

证:适合国家机构、媒体、高校等其他知名机构申请。这说明抖音的认证只对有一定影响力的知名人士或机构开放,普通人获得官方认证的可能性较小。如此严苛的条件直接导致抖音官方认证用户比例维持在较低水平。

(3)年龄

在公开年龄的39位抖音用户中,年龄范围在18~24岁的共27个,占总样本数的69%,年龄在25~30岁的共9个,占总样本数的23%,年龄在31岁以上的共3个,占总样本数的8%,年龄最大的用户为42岁。此次研究中,抖音生产内容的主体用户年龄段为18~24岁。

(4)地区

表2体现的是117个样本中抖音用户的地区资料,公开地区的40位抖音用户中,排名前三位的省份分别为浙江7个,占总数的17.5%,广东6个,占15%,北京4个,占10%,三者总和占总数的42.5%,明显领先于其他省份。抖音使用频率排名前五的省区(除黑龙江省)均为2020年人均GDP排名前十的省区。产生这一结果的原因可能是抖音的大部分用户来自经济发达地区,更愿意进行知识生产。值得注意的是,有两位用户分别显示自己的归属地为新加坡和英国,说明海外华人也在使用抖音。

表2 抖音用户地区归属频率表

地区	频率	百分比	地区	频率	百分比	地区	频率	百分比	地区	频率	百分比
浙江	7	17.5	江苏	3	7.5	四川	2	5	内蒙古	1	2.5
广东	6	15	山东	3	7.5	重庆	1	2.5	湖南	1	2.5
北京	4	10	河北	2	5	福建	1	2.5	安徽	1	2.5
黑龙江	3	7.5	辽宁	2	5	上海	1	2.5	海外	2	5

(三)抖音特征的描述分析

1.抖音知识生产形式

抖音知识生产的最基本形式有三种,即原创视频、搬运视频和模仿视频。原创视频需要用户原创文字、视频、音乐等信息,难度往往比较大,需要团队技术支持;搬运视频是指在原有视频基础上删除之前的水印、原封不动复制之前的内容生产,具有操作便捷、简单的特点,但获推荐的可能性很低并且有被举报抄袭的风险;模仿视频是指模仿经过时间检验的爆款视频创意重新拍摄一个作品。而原创视频有可能不是抖音用户首创的,可能使用了别人的创意进行了改动。

在随机抽样的117个用户中,发布原创抖音视频的有54个,占总样本数的46%,搬运抖音视频的有0个,占总样本数的0%,模仿抖音视频的有63个,占总样本数的54%。模仿视频多于原创视频,自主生产视频的用户占比达到46%。搬运视频数量为0说明被推荐的可能性很小,体现抖音不提倡生产翻拍视频。

2. 消息来源

本文中消息来源指的是知识生产者是官方账号、企业账号还是个人账号。经统计,个人账号的消息来源共有114个,占总样本数量的97.4%,企业账号的消息来源只有3个,仅占总样本数量的2.6%,而官方机构账号没有出现。几乎全部的消息来源都是个人账户,其主要原因是官方机构账号、企业账号在抖音平台数量很少,个人账号成为内容生产的主力军。

3. 点赞量、评论量和转发量

抖音的互动形式主要为点赞、评论和转发。点赞功能是指用户对喜欢的视频进行点赞,同一条视频每位用户只能点赞一次;评论功能是指用户对任意一条视频进行评论互动;转发功能是指用户可以把视频分享到抖音、微信、QQ、多闪等平台。

视频带有的点赞、评论和转发功能都是抖音占有用户注意力资源的途径。美国学者Michael H. Goldber在其1997年所写的《注意力购买者》一文中首次提出“注意力经济”,意为互联网的出现加快了信息极大丰富甚至是泛滥的进程,此时人们缺少的不是信息,而是注意力。在此基础上,有学者提出“影响力经济”的观点。但不论是哪一种,其根本目的是获得用户宝贵的注意力,使信息广泛传播和加强深远影响。考察一个抖音视频作品是否具备影响力主要依据三个指标,即完播率、点赞量和评论数,特别是点赞量,点赞量越多,通常该视频会有更大的影响力,进而会有更多的用户模仿它,从而有更多的用户看到这一类模仿视频。

据数据统计,点赞量均值为16.77万,标准差为25.88万,总样本最少点赞11次,最多点赞127.3万次,四分位数分别为1.2万、8.2万、20.7万,说明只有不到50%的视频获得10万次以上的点赞,标准差25.88万说明样本之间点赞差异十分显著。评论均值为1.07万,标准差为1.51万,总样本最少评论11次,最多评论127.3万次,四分位数分别为0.13万、0.54万、1.3万,说明至少有50%的视频不到1万次评论,标准差1.51万说明样本之间评论差异较大。转发均值为1392.17,标准差为1786.56,总样本最少转发0次,最多转发7585次,四分位数分别为174、735、1702,说明只有不到50%的视频获得1000次以上的转发,标准差1786.56说明样本之间转发差异十分显著。由此可见,抖音中不同用户的知识生产存在明显的影响力差距,个体用户之间存在知识影响沟。

同时,在探究视频的点赞量与评论数的相关关系时,表3根据假设检验的方法,经方差分析得出显著性p值为0.113,大于显著性水平0.05,说明点赞量和评论数具有显著的相关性,即点赞量越多,评论数也越多。

表3 抖音视频点赞量和评论数方差分析表

ANOVA					
点赞数	平方和	自由度	均方	F	显著性
组间	68557.589	79	867.818	2.604	.113
组内	1999.502	6	333.250		
总计	70557.091	85			

4.爆款视频内容分析

爆款视频具有以下三个代表性特质:一是视频时长较短,一般在7秒至20秒之间;二是视频内容同质化;三是视频内容和配文有较大的反差对比。首先,一个视频能否被推荐的考察因素之一是完播率,即播放完成率,指的是一个作品被完整播放的概率,故时间较短的视频更容易被看完。其次,爆款视频多使用相同或类似的视频创意脚本和文案。爆款视频经过大量用户的检验后,其拍摄脚本、内容、手法、背景音乐已经十分成熟,如本文研究的热门特效视频“格子进度条妆”，其大部分用户使用的文案主要为“果然，越丑的人用这个特效越好看”或“果然丑的人，用什么特效都丑”，拍摄手法也多为撩头发或从模糊背景转向人物自拍两种录制方式。再次，视频和文案有较大的反差，从而获得高互动量。比如，当一个用户的外貌条件较差却在文案中配有“自己帅”的字样时，和大众审美背道而驰，这样会比其他用户得到更多的评论数，但内容多为不屑的谩骂和强烈的讽刺。即便这样，该用户也同样获得了很多猎奇的粉丝和点赞量。

（四）抖音知识生产沟的影响因素分析

上文通过描述性分析已初步展现抖音知识生产形式和内容存在明显的区别和差异，存在知识生产沟。为了探索哪些因素影响知识生产沟，下面以抖音用户的性别、年龄、地区、认证情况为自变量，以生产形式（原创视频/模仿视频）和发布作品数量为因变量，进行线性回归分析，探究用户背景因素与生产形式是否有关。

通常情况下，在多因素分析之前会先进行单因素分析（monofactor analysis）。它能够初步筛查假设的各个自变量是否会和因变量有关系，若预测自变量与因变量相关性很小或无关系，即可以在进行多因素分析时删除无关变量。研究工具使用 IBM SPSS Statistics 25 软件，其中在地区这一自变量中，按照《中国统计年鉴 2020》中的人均 GDP 排名将样本中排名前十的地区和海外列为经济发达地区，将其他地区列为经济欠发达地区。表 4 是相关变量的赋值说明。

表 4　影响抖音知识生产沟的相关变量名称及赋值

变量名称	赋值说明
性别	男 =1，女 =0
年龄	原数值
地区	经济发达地区 =1，经济欠发达地区 =0
认证情况	有官方认证 =1，无官方认证 =0
生产形式	原创视频 =1，模仿视频 =0
已发作品数量	原数值

经过相关性双变量计算后,皮尔逊相关性数值如表5所示,可以看出年龄和抖音用户已发作品数量的皮尔逊相关性为0.595,呈显著正相关。这说明年龄越大,用户发布的作品数量越多。由于其他自变量和因变量相关关系极弱,便不再赘述。接下来进一步进行年龄和已发作品数量的线性回归分析。

表5 影响抖音知识生产沟的相关性数值

自变量 \ 因变量	已发作品数量	生产形式
性别	0.106	-0.114
年龄	.595**	-0.156
地区	0.15	0.142
认证情况	.[a]	-0.126

注:** p<0.01 级别(双尾);

.[a]由于至少有一个变量为常量,因此无法进行计算

由表6可知,年龄与用户已发作品数量的调整后R方为0.346,说明影响生产作品数量的各种因素中,有34.6%是年龄因素导致的,占比较高,影响显著。德宾·沃森系数为1.393,说明样本之间不存在序列相关,数据具有参考价值。当然由于笔者考虑不周,可能忽略了其他尚未关注到的变量,因此在一定程度上结果也会发生改变。

表6 年龄与已发作品数量的线性回归分析

模型摘要[b]					
模型	R	R方	调整后R方	标准估算的错误	德宾·沃森
1	.595[a]	.354	.346	.4216004	1.393
a. 预测变量(常量):年龄					
b. 因变量:已发作品					

(五)抖音知识生产沟反馈效果的研究

上文证实了知识生产沟的存在并考察了相关因素之间的关系,随之而来的是知识反馈效果差距。以M. X. Delli Carpini为代表的研究者,将知识

视为一种根本性的社会资源,认为它可以引导人们表达自己的想法,维护自己的利益。韦路的结论是政治博客比日记博客具有更强的影响力,之后他发现微博中生产事实和观念对公共参与的影响更大。因此本文尝试寻找影响抖音知识生产沟反馈效果的因素,而点赞量、评论数和转发数是衡量短视频是否具有影响力的重要参考条件。下文将以抖音用户的性别、年龄、地区、认证情况、粉丝数为自变量,以点赞量、评论数和转发量为因变量,进行线性回归分析。

表 7 影响抖音知识生产沟反馈效果的相关性数值

自变量 \ 因变量	总点赞量	点赞量	评论数	转发数
性别	0.047	0.077	0.108	-0.096
年龄	0.058	0.119	0.005	-0.147
地区	-0.162	-0.203	-0.149	0.138
认证情况	.[a]	.[a]	.[a]	.[a]
粉丝数	.948 **	.317 **	.323 **	-0.04
生产形式	-0.213	-0.407 **	-0.264 *	.120

注:* $p<0.05$ 级别(双尾),** $p<0.01$ 级别(双尾);
.[a]由于至少有一个变量为常量,因此无法进行计算

经过相关性双变量计算后,皮尔逊相关性数值如表 7 所示。由数据可知,抖音用户的粉丝数和总点赞量、点赞量、评论数显著性明显,且均呈正相关,说明抖音用户拥有的粉丝数量越多,该用户自生产视频以来获得的总点赞量、样本视频点赞量和评论数越多。生产形式与点赞量和评论数显著性明显,且均呈负相关,相较原创视频,模仿视频更容易获得点赞量和评论数。接下来进一步进行以上相关变量的线性回归分析。

表 8 影响抖音知识生产沟反馈效果相关因素的调整后 R 方

自变量 \ 因变量	总点赞量	点赞量	评论数
粉丝数	0.898	0.089	0.093
生产形式	—	0.156	0.058

由表8可知,抖音用户已获得的粉丝数与用户获得的总点赞量的调整后R方为0.898,说明影响用户得到的总点赞量的各种因素中,粉丝数的影响因素占89.8%,占比较高,影响显著。另外可以看到,用户单个视频收获的点赞和评论的数量多少与粉丝关系很小,说明点赞和评论多来自非粉丝用户。其他变量的拟合度较低,影响系数较小,不再进行赘述。各项变量之间的德宾·沃森系数也均小于2,说明样本之间不存在序列相关,数据具有参考价值。

四、短视频用户知识生产沟的产生原因

本章从科技发展的角度探究,认为短视频知识生产沟的产生和互联网时代的更新、抖音上线、算法技术的进步、商业模式的推动紧密相关。

(一)Web 2.0时代与短视频上线

从2004年开始,中国进入Web 2.0时代,主要表现为互联网的信息重心从内容网络转向用户个体。内容生产者从PGC(专业生产内容)向UGC(用户生产内容)扩散,使每个互联网用户都具有自我表现和表达的机会。Web 2.0有三个要素:个体、连接、分享。基于"连接"和"分享"的"个体"间产生了种种"关系",并且这些关系连成了一个复杂的关系网络。个体依靠微博、博客、人人网等互联网社交平台分享自己的生活动态,构成自己的网络传播中心。与此同时,每个个体也与外界保持紧密联系和互动,形成了关系网络。

近年来,短视频行业开始兴起并迅速增长。短视频凭借操作简单化、推荐智能化、时间碎片化、社交多样化等多种优势吸引了大批用户。用户范围广,覆盖了从牙牙学语的幼儿到追随潮流的老年人。短视频为用户提供了在网络世界中"表演"的社交平台,唐佳丽和赵志奇(2018)提出"'数据化表演'成为互联网时代人的一种生存状态"。大量用户沉迷于视频生产和视频收看的网络活动中,用点赞、评论等方式与其他用户实时互动。彭兰(2013)认为"正是基于数据的'表演'和'互动',人们在互联网上乐此不疲"。

Web 2.0 时代的到来和短视频平台的上线使用户进行公开的生产知识成为可能。但由于受个体教育水平、社会经济地位、网络技术水平、获取信息动机等因素影响,个体之间的生产力差距明显,因此知识生产沟并没有因新媒体技术平台的出现而消失,反而出现了一种更加明显的知识控制。

（二）基于个性化推荐的算法模式

算法已成为当今数字媒体技术的决定性因素（Gillespie et al. ,2014）。算法连接着人与信息,基于用户偏好等因素,对信息进行计算、排序、分类、连接和过滤（Diakopoulos,2019）。算法正在重新构建起一套全新的传播规则,同时让参与其中的每个个体以这种方式重新审视、体验和消费乃至创造这种全新的传播（喻国明、赵文宇,2020）。为了解决视频从丰富到繁多的问题,短视频行业采取了多层级的算法推荐机制,基于用户兴趣和社交关系进行个性化视频推荐,由此短视频中的知识生产沟也应运而生。

英国学者麦圭尔认为,受众的行为在很大程度上可以由个人的需求和兴趣来加以解释。抖音平台依托算法推荐,在使用前期从注册界面收集用户的年龄、性别、兴趣偏好、通信方式等个人信息,进行初步个性化的内容推荐;在使用时根据用户的点击、点赞、转发再次推断用户的个性化偏向,最终决定信息的可见性和用户的使用情况。这样可能使用户处于基于算法营造的知识生产沟中,只能关注符合自己兴趣偏向和与自己观点一致的信息,从而被动忽略其他和自己兴趣、观点不一样的信息。

目前的研究成果发现,抖音一共有三种算法机制:一是在用户使用软件初期阶段,基于用户信息的基本协同过滤,即根据用户注册时的信息和兴趣偏好判断用户需求。二是在用户使用一段时间软件后,抖音基于“去中心化”进行精准推送,包括内容兴趣点和社交强联系两种筛选维度。赵辰玮、刘韬等人（2019）指出“这类的算法推荐原则加剧了用户使用的‘沉迷’程度”,也是用户使用抖音“根本停不下来”的原因。三是在抖音首轮传播后,基于流量池进行叠加推荐,即播放效果好的视频会被加入下一个流量池进行更大范围的分发,效果较差的视频则不会参与推荐,直接下沉到流量池底部。这种推荐方法带来了明显的马太效应,优质的视频被反复推荐,更容易获得关注和传播机会,因此才会经常有大量级播放次数的视频出现。

由此得出,一方面,算法推荐模式促使抖音中知识生产沟的出现和强化,使用户沉迷于符合自己兴趣的短视频无法自拔;另一方面,算法机制也在后续为缩小知识生产沟提供了技术支持。

(三)社会资本的商业化驱动

从宏观角度看,短视频行业发展迅速,吸引了一大批商业资本投入,在促进短视频繁荣发展的同时也扩大了知识生产沟。MCN(multi - channel network)是一种新的网红经济运作模式,能让知识生产者联合起来制作出专业的内容生产。自 2015 年 MCN 入驻中国以来,其机构数量逐年翻倍增长。据统计,截至 2020 年底,我国 MCN 机构已突破 20 000 家,60% 的头部 MCN 机构收入过亿。MCN 机构通过签约人气短视频创作者,经由专业团队对作品精心选题、策划、拍摄、剪辑和包装,逐渐孵化出更高质量、更稳定生产知识的短视频创作者,使他们更能够吸引受众的注意力。创作者们之所以愿意加入 MCN 机构,是因为双方达成了互利共赢的局面,即专业生产机构获得的收益与创作者按比例分成。因此,短视频用户生产的差距因社会资本的介入而进一步扩大。

从微观角度看,个体短视频创作者可以通过付费的方式提高视频的曝光率。比如抖音的“DOU +”是帮助创作者的作品上热门的工具,它具有两个功能:第一个是创作者可以选择作品被智能推荐的人数,分为 2500 人、5000 人和自定义三个选项,也可自主选择想要投放的年龄段等定向需求。第二个是可以选择提升点赞、评论量或者提高粉丝量两个不同需求,想要被智能推荐的人数越多,其需投入的金额也就越多。由此可见,个体作品享有的曝光率是不平等的,用户只要付费就能决定作品的播放量和互动量,相较未选择“DOU +”的用户来讲,他们之间的知识生产差距进一步扩大。

当然,过度的商业化驱动会导致不良的社会影响。在高额打赏的诱惑下,不少人气创作者花样翻新甚至毫无底线地进行蛊惑和诱导,经纪公司也对他们进行各种策略和套路式的培训,迎合或刺激网民的各种趣味(刘胜枝,2018)。虽然这样可以获得较高的关注度和点赞量,但是唐佳丽、赵志奇

(2018)表示“过于依赖和迎合受众喜好往往会导致媒体公益性、社会性的丧失,浅薄、低俗甚至违背主流价值观的视频层出不穷”。比如,一些抖音用户以网红盗窃犯“窃格瓦拉”为话题创作相关视频,该话题本应以提醒网友遵守社会道德规范为初衷,但有些用户为了吸引观众眼球,实现自我被认可的满足感,不惜模仿周某偷电瓶的行为,甚至“致敬周某”,把其视为“精神领袖”。这与社会主流价值观严重不符,给观众做了不好的示范,尤其是对尚未形成正确价值观的青少年可能产生不良影响。

五、结论与讨论

“scientia potentia est”(knowledge is power)是英国哲学家弗朗西斯·培根的名言。不管是在中世纪还是21世纪,“知识就是权力”是我们永恒的目标和追求。网络狂热者认为,互联网的出现使每个人都可以在虚拟空间中发出声音,都有生产知识的机会。但在现实中,抖音限制了哪些知识可以被看到,这就意味着有些知识在生产后是不可传播的。

本文首先验证了抖音存在知识生产沟,分析了抖音用户中的知识生产现状,其次从科技发展角度探究了抖音用户知识生产沟的产生原因,最后分析了影响用户知识生产沟的各种因素。研究发现男性比女性、经济发达地区比经济欠发达地区的用户更积极参加知识生产。而过去大部分研究验证了社会经济地位较高的人更愿意发表观点、参与公共事务讨论,普遍认为男性比女性、经济发达地区比经济欠发达地区的人们社会经济地位更高,认证用户也标志着其社会经济地位已经达到一定层次,因此本文的研究完全符合以往的结论。

相较以往国内学者对于生产知识沟大多以美国博客和中国微博为研究对象,相较单一的纯文本研究,抖音扩充了研究元素,除文本之外,增加了视频内容、背景音乐、视频特效等多元的研究要素。

本研究具有一定的局限性,主要对抖音短视频知识生产沟进行研究,对数据仍缺乏科学化采集与分析。从个体用户的角度来看,对模仿并生产同款视频的原因及情感趋向等问题后续可再进行细致的质性访谈研究。由于研究视角的限制,对于短视频知识生产沟的形成原因与发展未能结合更复杂的用户心理、社交关系网络等因素进行更深入的研究,这些都影响到研究结论的统合性。

知识沟理论自电视时代提出后便广受关注,随着网络时代的革新与新媒体的发展,它出现了翻天覆地的变化,知识沟并没有因互联网的普及而缩小,"数字鸿沟"反而在扩大。而在自媒体繁荣的今天,出现了知识生产沟。新技术、新传播模式所引发的变革,也为抖音带来无尽的想象和可能的发展空间。长期来看,知识生产沟对公众生产生活有何影响?未来,知识生产沟是进一步扩大还是缩小?这些问题有待进一步探索。不论如何,我们要从不同的路径中寻找突破知识生产沟的可能。

参考文献

贺艳,2019. 移动短视频与拟态环境建构新模式的反思:基于媒介技术的视角[J]. 编辑之友(04):74-78.

李雪莲,刘德寰,2018. 知沟谬误:社交网络中知识获取的结构性悖论[J]. 新闻与传播研究(12):5-20+126.

刘胜枝,2018. 商业资本推动下直播、短视频中的青年秀文化及其背后的社会心态[J]. 中国青年研究(12):5-12+43.

彭兰,2013."连接"的演进——互联网进化的基本逻辑[J]. 国际新闻界(12):6-19.

孙茹茹,2020. 抖音短视频的知识生产与传播研究[D]. 山西大学.

唐丽佳,赵志奇,2018. 大数据视野下抖音传播方式及问题分析[J]. 编辑学刊(06):52-56.

韦路,2009. 从知识获取沟到知识生产沟——美国博客空间中的知识霸权[J]. 开放时代(08):139-153.

韦路,李锦容,2012. 网络时代的知识生产与政治参与[J]. 当代传播(04):11-14+19.

韦路,张明新,2006. 第三道数字鸿沟:互联网上的知识沟[J]. 新闻与传播研究(04):43-53+95.

韦路,赵璐,2014. 社交媒体时代的知识生产沟——微博使用、知识生产和公共参与[J]. 兰州大学学报(社会科学版)(04):45-53.

谢新洲,朱垚颖,2019. 短视频火爆背后的问题分析[J]. 出版科学(01):86-91.

王梦迪,2011.新浪微博用户中的知识生产沟与观念沟研究[D].浙江大学.

喻国明,赵文宇,2020.算法是一种新的传播观:未来传播与传播学的重构[J].西南民族大学学报(人文社科版)(05):145-149.

赵辰玮,刘韬,都海虹,2019.算法视域下抖音短视频平台视频推荐模式研究[J].出版广角(18):76-78.

周裕琼,丁海琼,2020.中国家庭三代数字反哺现状及影响因素研究[J].国际新闻界(03):6-31.

BONFADELLI,HEINZ,2002. The internet and knowledge gaps:a theoretical and empirical investigation[J]. European Journal of Communication,17(1):65-84.

COMPAINE B M,2001. Information gaps:myth or reality[J]. Telecommunications Policy,10(1):5-12.

DIAKOPOULOS N,2019. Automating the News:How Algorithms Are Rewriting the Media[M]. Harvard University Press.

GILLESPIE T,BOCZKOWSKI P J,FOOT K A,2014. The relevance of algorithms[J]. Media technologies:Essays on communication,materiality,and society:167

RAKOW L F,1989. Information and power:Toward a critical theory of information campaigns[J]. Information campaigns:Balancing social values and social change:164-184.

TICHENOR P J,DONOHUE G A,OLIEN C N,1970. Mass media flow and differential growth in knowledge[J]. Public Opinion Quarterly,34(2):159-170.

同质的协作:谣言模仿、疫情共现与风险侦测*

◈ 廖梦夏**

摘要:本研究聚焦于网络谣言的模仿现象,以期发现在造谣者的非正式的网络协作中形成的模仿网络与社会风险建构之间的关系。研究以2020年新冠肺炎疫情暴发期的谣言属性关系为分析对象,运用同质性理论与社会网络分析法对165个由谣言建构的地理风险进行二元网络关系研究。研究发现导致疫情共现发生的因素,一方面为造谣者在恐惧型情绪中形成的独立模仿网络,另一方面为对行为唤起和恐惧型情绪以及行为唤起和指责型情绪两种组合网络的模仿。此外,对指责型和愿望型情绪分别进行的网络模仿又加剧了地理空间风险的扩散。最后,研究还对165个地理空间进行风险侦测分析,发现谣言在信息疫情中建构出4类地理风险。

关键词:同质性;谣言模仿;风险评估;社会网络分析

一、引言

谣言与传播的关系是社会风险领域中一个经典的研究主题,自19世纪现代心理学诞生以来历经三个阶段,形成了有代表性的三种视角。在第一

* 本文系重庆市社会科学规划一般项目“公共危机中的网络谣言变异机制及其影响研究”(2020YBCB118)的研究成果。

** 廖梦夏,博士,四川外国语大学新闻传播学院副教授,硕士生导师。

个阶段形成了“信息衰退论”。早期学者认为随着信息在个体之间传播次数的累积,其失真异化为谣言是一种不可避免的结果(Hosch,1915)。在该阶段学者机械地将谣言视为信息衰退的必然产物,排除了人在谣言传播过程中的作用。第二个阶段的主要视角是“心理决定论”。在该阶段学者通过大量的心理分析发现,将真实信息重塑为可接受的谣言在降低焦虑方面发挥了作用(Rosnow & Fine,1976)。心理分析派学者超越了早期学者的信息单向决定论,以人为主体考察其心理作用触发信息异化为谣言的微观过程。随着技术可供性的增强,“网络与谣言传播的互构论”成为当下第三阶段的重点。该阶段的学者主要聚焦于微博、Facebook 等社交平台,发现网络谣言传播的模型,识别与监测其传播的特征和规律(王晰巍、李文乔、韦雅楠、张柳,2020)。

上述关于谣言的讨论,要么在独立考察不同个体/媒介属性的基础上进行截面数据的量化分析,要么将谣言视为一个抽象整体加以批判,少有探查谣言承载的话语诉求和社会意图等深层内容。这两种视角虽各有侧重但在分析单元上都未有新的变化,因而在一定程度上遮蔽了谣言在内容与功能上的丰富性。如在 2020 年新冠肺炎疫情暴发阶段针对杭州、南京和北京三座城市,出现了“北京高速为防控疫情封路只出不进”“杭州封城防控新型肺炎”“南京要封城停公交出租”等有关出行管制议题的网络谣言,以及“北京一出租车司机感染新冠病毒”“杭州叮咚买菜多名快递员有发热和咳嗽症状”等有关感染人群议题的网络谣言。从纵向看,同一个谣言议题下不同城市面临相似的情况;从横向看,同一个城市可涉及不同的谣言议题。与一般谣言不同,疫情谣言致使不同城市之间存在某些联系而值得进一步考察。

上述现象表明,造谣者们在重大公共危机事件中可能进行协作式的相互模仿,导致疫情谣言形成某些非正式的网络结构。换言之,造谣者们可能在时间维度上针对某一议题进行相互模仿,捏造关于不同地点的一系列相似谣言,进而在空间维度上造成各地反复出现在由多个谣言建构的风险议题中。本文认为有谣言议题交集的两地具有疫情共现关系,即两地在横向维度上面临相同类型的信息疫情风险。前文所述北京和杭州因都涉及交通管制和感染人群议题而具有疫情共现关系。

目前鲜有研究将谣言传播形成的二元网络关系作为分析单元进行深入

考察,这也就遮蔽了谣言模仿与信息疫情风险建构之间的潜在关系。本文基于同质性理论(homophily theory)将谣言网络关系作为分析对象,运用社会网络分析法尝试回答两个核心问题:谣言是否以及如何通过相互模仿诱致两地发生疫情共现?这种模仿与共现又勾勒出何种地理风险差异?本研究试图在学术上回应不断模仿的疫情谣言问题,为谣言研究和社会风险治理带来新的认知。

二、文献综述与理论假设

研究将对网络谣言与同质性、模仿行为之间的关系展开讨论,即网络谣言内容能否成为同质性分析的对象,针对谣言内容的模仿能否在网络中发生,以及通过哪些维度可测量出谣言模仿。厘清上述关系可为研究提出的理论假设提供有力支持。

(一)同质性与谣言内容

相似创造联系,是同质性理论的核心观点,最早由拉扎斯菲尔德和默顿在对友谊网络的实证研究中提出,即人与人之间在身份和价值观上的相似性会增加彼此的吸引力和互动机会(Lazarsfeld & Merton,1954)。后续学者承接这一理论命题,将其扩展到对部门、公司、社区、城市、组织、国家等不同行动者(actor)的相似性因素与网络关系(tie)形成的讨论中,证明了不同类型行动者的同质性是推动和维持网络关系的主要力量之一(McPherson,Smith & Cook,2001)。这些发现对于更广泛的同质性分析有重要意义,使其成为社会网络分析领域中的重要理论之一。根据因果方向性的差异,同质性理论可分为“相似吸引假说”和“自我归组理论”两种研究视角(Monge & Contractor,2003)。

前者认为人们更可能同与其有相似特征的人互动,即发现关系形成的相似性原因,如兴趣爱好相似的人容易成为朋友。而后者提出人们倾向于按照种族、性别和年龄等因素将自己和他人进行分类,并在此基础上与他人形成某种关系,即某种关系会带来相似性结果,如朋友们容易有相似的兴趣好爱。无论基于何种视角，同质性理论的最终目的都在于通过对相似性的考察，增加对行动者行为的可预测性。

社会网络分析法根据对行动者考察的不同重点，可分为强调其位置结构和属性特征两类。前一类包括人、组织等不同行动者在社会网络中占有的结构位置变量，如中心度、特征向量中心度、齐美尔连带、结构洞等。后一类则强调行动者自身的属性变量，如人的年龄、性别、教育背景或机构的收益率、税收等。属性特征变量也被称为位置结构变量的从属变量或成分变量（斯坦利、凯瑟琳，2012）。

国内学者的社会网络研究更偏重对行动者之间位置结构的测量，较为忽视对其属性网络关系的测量。但结构洞理论提出者 Burt（1997）指出，并非在所有环境中都仅有网络结构有意义，在某些情况下网络的价值是由结构和内容共同体现的。内容的隐喻对于了解非正式协作关系很重要，却很少被研究者认为是一个有用的变量而对其加以考察。将谣言内容作为属性变量进行网络关系考察的研究同样较少，部分原因是谣言的时间敏感性和短暂性导致在现实中难以收集谣言数据（Kwon，Bang，Egnoto & Rao，2016）。

本文试图探寻有关地理谣言之间的相似性及其影响，而谣言相似性主要体现在内容属性而非网络结构，即对地理谣言包含的属性特征进行分析，可能发现造谣者在非正式协作过程中形成的相似性规律。由此，研究考察的行动者是谣言内容指涉的不同地点，二元网络关系分别为两个地点之间关于某些属性形成的相似性网络与两个地点之间的疫情共现网络。

（二）模仿行为与谣言内容

已有不少文献关注模仿行为及其产生的原因，并指出模仿行为的目的是满足某种重要需求（Hauser，Tellis & Griffin，2006）。在这些研究中，地理接近性被认为是驱动人、公司、组织等不同主体模仿行为发生的原始动力。学者们发现地理空间相邻会增加行动者之间的社会互动，因此容易造成相似行为的发生（Bronnenberg & Mela，2004），如在电脑普及率高的社区其新进个体更容易首次购买电脑。

然而，另一派学者则指出上述研究存在局限，认为模仿行为不仅可由物理位置的邻近性导致,还能拓宽到包括兴趣、偏好和成员特征等其他社会维度的相似性上进行考察(Van & Brynjolfsson,2005),即具有某些相似社会属性的行动者会跨越空间障碍进行模仿。Agrawal 等人(2008)认为,行动主体的社会接近性和地理接近性都能造成模仿行为,根据不同情况具有替代效应。社会属性接近性为异地行动者提供模仿的可能,空间邻近性则为同地行动者提供模仿的机会。而网络社区的普及为有相似社会属性的行动者创造了互动和模仿的线上平台(Jeonghye,Sam & David,2010)。

上述讨论表明,网络社区可为具有建构社会风险偏好这一共同社会属性的造谣者们提供彼此模仿的可能性。人们在“滚雪球”式的网络传播中进行创造性的主观阐述,把谣言作为一种集体交易式的协作过程,以达成对不确信性的共识(Oh,Agrawal & Rao,2013)。换言之,造谣者通过未经证实的信息对不确定的事情进行解释,以期引导人们开展风险控制和威胁应对(DiFonzo & Bordia,2002),即造谣者们自发进行协作式的模仿和创造,引导人们对社会风险感知达成合意,进而提升对社会进行控制和管理的目的。

(三)谣言模仿的同质性影响要素

然而,衡量谣言模仿的“相似性”是一个重要的经验和概念问题,即当我们在讨论谣言模仿时,究竟是在衡量它的属性变量上的什么相似性?有研究指出,谣言通过意义建构企图达成两级威胁管理:一级的行为控制和二级的情绪控制。前者是指谣言通过对某一行为的描述而控制事件结果的发生(DiFonzo,Christine,Nicole & Jerry,2012),如“只要戒糖就能抗老”“坚持不戴眼镜,近视会得到改善”。后者是指当谣言无法控制事件结果时,就转为对人的情绪控制。学者根据谣言情绪控制的差异将其分为恐惧型、愿望型和指责型三类。恐惧型情绪是指面对某种可怕情况的恐慌,而愿望型情绪则是对结束一个可怕情况的乐观希望(Knapp,1944),指责型情绪是指以带有愤怒和攻击性的态度回应“为什么会这样”“由谁负责”等问题(DiFonzo,Christine,Nicole & Jerry,2012)。

上述讨论表明,对人的情绪和行为的控制与管理是谣言意义建构的两个重要维度和目的。本文认为,在新冠肺炎疫情暴发阶段,造谣者们试图通过在情绪和行为两方面的持续模仿,以期产生比普通谣言更强的社会威胁和控制。而在关于情绪和行为能否形成社会网络并产生影响方面,学者Ibarra等人在企业员工感知与互动模式的研究中发现,员工基于信息的互动可形成工具性关系网络和表达性关系网络两类(Ibarra & Andrews,1993;Ibarra,1995)。工具性关系具有任务导向,它是指个体为完成某任务向他人寻求专业信息、建议或在资源交换过程中形成的网络关系(Krackhardt,1990)。表达性关系是指与任务无关的或积极或消极的情感关系(Fombrun,1982)。

信息疫情中的网络谣言常以某种重要通知或消息的形式,试图引导个体完成某种行为任务,从而达成对个体行为的控制,即谣言对行为的控制与工具性的任务导向目的一致,进而可能形成基于行动唤起的网络关系。同样,谣言的三种情绪控制试图与个体建立一种表达性的情感关系,对其情绪产生积极或消极的影响,进而可能形成关于某种情绪的网络关系。

有研究进一步表明,工具性和表达性的两种网络类型会间接影响社会联系的效果:基于情感的表达性关系能产生更频繁的互动,而基于目的展开的工具性关系容易产生弱连接(Marsden,1988)。根据上述讨论,本文认为造谣者可能通过谣言内容在行为和情绪上形成模仿网络,并对疫情共现产生影响。借此,本研究做如下假设:

假设1a:两地间谣言的愿望型情绪越相似,就越能引发这两地的疫情共现。

假设1b:两地间谣言的恐惧型情绪越相似,就越能引发这两地的疫情共现。

假设1c:两地间谣言的指责型情绪越相似,就越能引发这两地的疫情共现。

假设2:两地间谣言的行动唤起越相似,就越不能引发这两地的疫情共现。

三、研究设计与方法

(一)因变量的选取与处理

本研究于2020年1月22日至2月20日在“知微数据”“腾讯较真”和“头条辟谣”三家专业辟谣平台上,实时搜集了新冠肺炎疫情暴发阶段30天内共计933条谣言。继2020年1月23日武汉宣布封城开始,多省市陆续启动突发公共卫生事件一级应急响应。这30天是疫情传播最快、抗击疫情最艰难的阶段。而搜集早于封城一天的数据有利于对谣言进行更全面的观测。

研究所选三个辟谣平台都属于社会辟谣机构,拥有强大的数据搜集和评估能力,使得其包含的谣言种类和数量更全面和实时。“知微数据”对微博、微信等网络媒体上的谣言传播效果进行综合评估后,通过加权计算得出谣言事件相关指数。“腾讯较真”则针对各种假新闻、缺陷新闻、谣言、钓鱼帖、营销帖进行查证和打击。“头条辟谣”依托今日头条谣言智能识别数据库的海量数据进行谣言选取和鉴别。

删去重复、矛盾的谣言,最后得到的有效谣言数量为759条。根据表1所示的11类谣言议题的判断说明,包括笔者在内的5位编码员对上述谣言进行了协商编码。对于个别存在争议的谣言分类,通过进一步探讨最终达成一致。其中,427条谣言涉及国内165个不同的城市、县城和农村的疫情相关情况,表明在新冠肺炎疫情暴发阶段谣言涉及地理风险的比例为56.26%。表1还显示了11类谣言议题下地理谣言的数量与地点数量。427条谣言总共涉及281个地点,其中有116个地点重复。

表1 新冠肺炎疫情暴发阶段的11类网络谣言议题

序号	议题类型	判断说明	谣言/条	地点/个
1	感染人群类	与感染人群流动及其管制相关的谣言	161	94
2	外部防护类	与口罩、护目镜等体外隔离防护措施相关的谣言	45	32
3	出行管制类	与交通管制、封城相关的谣言	84	57

续表

序号	议题类型	判断说明	谣言/条	地点/个
4	内部防护类	与可进入人体内产生防护效果相关的谣言	1	1
5	病毒传播类	与病毒特征、病毒传染相关的谣言	2	1
6	民生保障类	与老百姓日常生活物资保障相关的谣言	37	27
7	人员隔离类	与来自武汉和外地可疑人员隔离相关的谣言	30	28
8	医生护士类	与医护人员相关的谣言	14	8
9	防控物资类	与医疗物资相关的谣言	20	10
10	医院管治类	与医院及其管理措施相关的谣言	21	11
11	开学复工类	与复学复工相关的谣言	12	12

研究将每个地点作为节点1，将11类谣言变异议题作为节点2。当一个地点涉及一个谣言变异议题时，赋值为1，否则为0，每个地点可涉及多个谣言议题。由此，建构出165×11的二模矩阵。将该矩阵导入Ucinet 6软件，转换成关于地点的165×165一模矩阵，横纵轴的交点数值则为两地共同涉及的谣言议题数量。该矩阵即为疫情共现的二元网络关系，亦即本研究的因变量。

（二）自变量的选取与处理

3名编码员经培训后，根据表2的判断说明对427条谣言进行逐一编码，每一个地点涉及一个自变量赋值为1，否则为0，每个地点可涉及多个自变量。研究随机选取35条谣言进行独立预编码，采用霍斯提公式“$K = 2M/N1 + N2$”计算两两编码员间的信度，总信度采用公式“$Re = n * \overline{K}/1 + (n - 1) \times \overline{K}$”计算（M为两个编码员之间的编码一致数，N1、N2是两位编码员的总编码数量，n是编码员个数，$\overline{K}$为三组两两编码员信度的平均值）。最后得出3名编码员在4个自变量上的信度分别为：Re行动唤起=0.932，Re愿望型情绪=0.994，Re指责型情绪=0.955，Re恐惧型情绪=0.973。结果表明3名编码员之间的信度较高，达到一致性信度0.7以上的要求，并完成剩余谣言编码。

由此，研究建构出165×4的二模矩阵。将该矩阵导入Ucinet 6软件，分别转换成4个关于地点的165×165一模矩阵。每个矩阵横纵轴的交点数值则为两地是否共同涉及某一自变量。该矩阵为自变量的二元网络关系，即是否有关于行动/情绪的模仿情况发生。

表2　行动-情绪自变量分类

自变量分类	判断说明	谣言例子
行动唤起	有具体操作对象和做法的谣言，可对人们的行动进行明确指导	沧州市2月2日起不允许去市里
愿望型情绪	对结束一个可怕情况的乐观希望	杭州各大中小学3月2日开学
指责型情绪	以愤怒和攻击的态度回应"为什么会这样"和"由谁负责"的问题	武汉红十字会售卖350吨寿光蔬菜
恐惧型情绪	对一种可怕或不受欢迎情况的恐慌	从武汉携带大量病毒回慈溪

借此，本研究假设关于谣言模仿（自变量）和疫情共现（因变量）的关系由图1表示。5个变量各自都是由165×165的地点网络矩阵组成，由此形成4个自变量网络与1个因变量网络的二元网络假设关系。为验证假设，研究采用二次分配程序（QAP）和多元回归二次分配法（MR-QAP）分两步进行检验分析。QAP类似统计回归分析中的相关性分析，是对研究中的所有变量两两之间的相关性进行分析，可对变量之间是否具有统计显著性进行初步判定。MR-QAP类似统计回归分析中的多元回归分析，是在相关性分析的基础上做更严谨的因果关系分析，即MR-QAP通过对每个自变量与因变量之间的净效益，分析多重二元网络之间的因果关系。

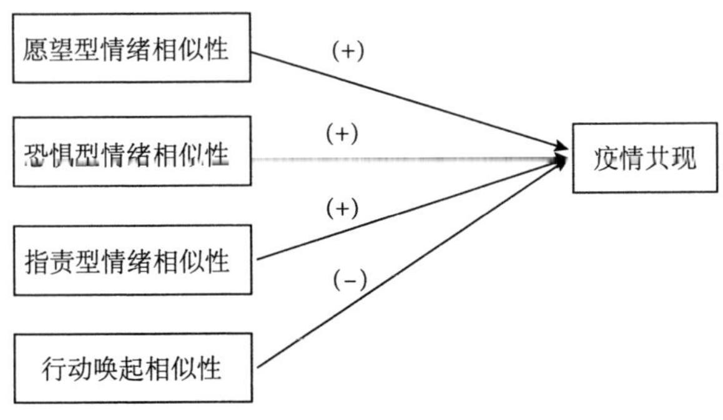

图1　研究假设关于谣言模仿与疫情共现的关系

四、研究结果与发现

(一)谣言模仿对疫情共现的影响

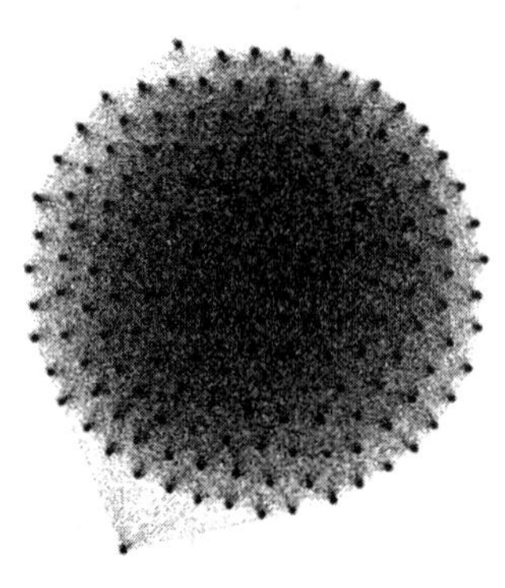

图2 谣言模仿与疫情共现的多重网络关系

5 个变量矩阵形成的多重网络关系如图 2 所示,该网络是由 165 个节点和 13 555 条边组成的,表明谣言模仿和疫情共现形成了高密度的多重网络关系。

首先,研究对 5 个矩阵进行 QAP 分析,为了进一步分析 4 个自变量之间的相互作用是否也对疫情共现产生影响,研究又增加了 3 个交互项。结果如表 3 所示,部分变量之间存在相关关系。尤其在疫情共现与其他自变量上,除愿望*行动相似性交互项与疫情共现之间在统计上不显著外,其余 6 个自变量都与疫情共现具有显著的相关关系。其中,愿望型情绪相似性、指责型情绪相似性和行动唤起相似性,这 3 个变量与疫情共现之间在统计上呈负相关关系。恐惧型情绪相似性、恐惧*行动相似性和指责*行动相似性,这 3 个变量与疫情共现之间在统计上呈正相关关系。

表 3 谣言模仿与疫情共现的 QAP 分析

变量	愿望型情绪相似性	恐惧型情绪相似性	指责型情绪相似性	行动唤起相似性	愿望*行动相似性	恐惧*行动相似性	指责*行动相似性
愿望型情绪相似性	—	—	—	—	—	—	—
恐惧型情绪相似性	0.045	—	—	—	—	—	—
指责型情绪相似性	0.077	0.026	—	—	—	—	—
行动唤起相似性	0.270***	-0.034	0.021	—	—	—	—

续表

变量	愿望型情绪相似性	恐惧型情绪相似性	指责型情绪相似性	行动唤起相似性	愿望＊行动相似性	恐惧＊行动相似性	指责＊行动相似性
愿望＊行动相似性	-0.315***	-0.033	-0.041	-0.120***	—	—	—
恐惧＊行动相似性	-0.035**	0.017	0.005	0.016	0.068***	—	—
指责＊行动相似性	-0.042*	0.005	-0.014	-0.010	0.087***	0.024*	—
疫情共现	-0.166**	0.260***	-0.075*	-0.062*	0.062	0.042*	0.068*

＊p≤0.05，＊＊p≤0.01，＊＊＊p≤.001

其次，在更严谨的 MR－QAP 分析中，其结果如表 4 所示。模型 1 仅针对 4 个自变量，表明愿望型情绪相似性和指责型情绪相似性与疫情共现在统计上呈现负相关性，恐惧型情绪相似性与疫情共现在统计上呈现正相关性，行动唤起相似性与疫情共现无统计上的显著性关系。模型 1 调整后的 R^2 为 0.10376，表明该模型的解释力为 10.38%。模型 2 增加 3 个交互项后，前 4 个单独变量在显著性上没有变化，但影响强度有轻微变化。在交互项方面，恐惧＊行动相似性、指责＊行动相似性与疫情共现在统计上呈现正相关关系，愿望＊行动相似性与疫情共现在统计上无显著性关系。模型 2 调整后的 R^2 为 0.10807，该模型的解释力为 10.81%，表明增加对交互项变量的考察会略微提升模型的解释力。

表 4 谣言模仿与疫情共现的 MR－QAP 分析

变量	模型 1			模型 2		
	非标准化系数	标准化系数	标准误	非标准化系数	标准化系数	标准误
愿望型情绪相似性	-0.25691	-0.17143***	0.06441	-0.24727	-0.16500***	0.06525
恐惧型情绪相似性	0.35559	0.26939***	0.04372	0.35453	0.26858***	0.04192
指责型情绪相似性	-0.09243	-0.06843*	0.04458	-0.09168	-0.06788*	0.04627

续表

变量	模型 1			模型 2		
	非标准化系数	标准化系数	标准误	非标准化系数	标准化系数	标准误
行动唤起相似性	-0.00622	-0.00472	0.03850	-0.00704	-0.00535	0.03883
愿望＊行动相似性	—	—	—	0.02649	0.00894	0.09858
恐惧＊行动相似性	—	—	—	0.08185	0.03008＊	0.02842
指责＊行动相似性	—	—	—	0.15773	0.05707＊＊	0.04757
调整后的 R^2	0.10376			0.10807		

＊p≤0.05，＊＊p≤0.01，＊＊＊p≤.001

经上述假设检验后，7 个自变量与疫情共现的显著性关系如图 3 所示，谣言在恐惧型情绪相似性、恐惧＊行动相似性、指责＊行动相似性 3 个变量上进行模仿，与疫情共现呈显著为正的影响。而谣言在愿望型情绪相似性和指责型情绪相似性 2 个变量上进行模仿，与诱致两地发生疫情共现呈显著为负的影响。行动唤起相似性对疫情共现无显著影响。该结果否定了假设 1a、假设 1c 和假设 2，支持了假设 1b。

借此，回答了研究的第一个核心问题：谣言是否以及如何通过相互模仿诱致两地之间发生疫情共现？即谣言可以通过相互模仿诱致两地的疫情共现发生，具体发生在恐惧型情绪相似性、恐惧＊行动相似性和指责＊行动相似性 3 个变量上。

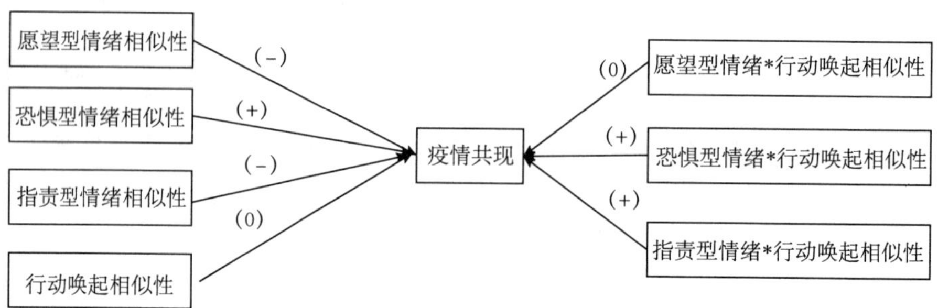

图 3　研究结果关于谣言模仿与疫情共现的关系

(二)地理风险侦测与评估

前文图2显示了谣言模仿与疫情共现所建构的多重网络关系。然而,如何对这个复杂的网络关系进行划分和评估?即需回答研究的第二个核心问题:这种模仿与共现又勾勒出何种地理风险差异?研究将上述5个165×165的二元关系矩阵导入Gephi软件,用其社区侦测功能(modularity)可视化后得到图4(数字为165个地点的标签),发现新冠肺炎疫情暴发期的谣言在165个不同地理空间建构了4个风险区域,即4类风险区域内部各自有较为紧密的互动关系,不同区域地点之间的互动关系相对较少。换言之,任意两地之间在情绪和行为上模仿得越多,谣言议题交集越多,就越能聚集成同一个区域。

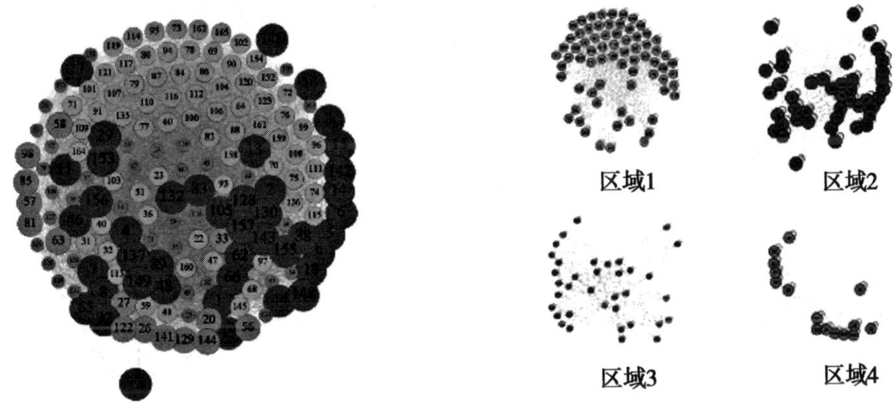

图4 风险侦测与分类

研究将165个地理空间进一步划分为三类地理指标,以便对上述4类风险区域进行评估。第一类为包括直辖市、一线城市和省会城市在内的大城市;第二类为包括地级市在内的中小城市;第三类包括县城和农村。如图5所示,横轴表示三类地理指标的分布,纵轴表示地理数量,可根据每类区域的地理分布评估各类地理空间的风险高低情况。

区域1由于涉及的中小城市数量突出,明显高于同区域和其他3类区域的地理分布情况,研究将该区域称为高度中小城市风险共现。区域2的大城市和中小城市的数量几乎相同，且不涉及县城农村，研究将该区域称为中度城市风险共现。区域3在中小城市数量上最多，但少于区域1，研究将该区域称为中度中小城市风险共现。区域4涉及的中小城市数量较大城市多，且又明显少于其他3类区域，研究将该区域称为轻度中小城市风险共现。

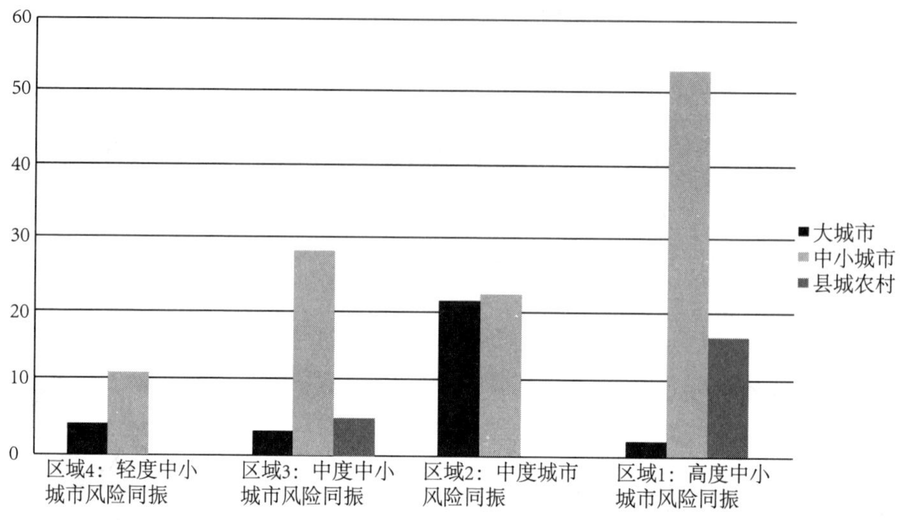

图5　地理风险评估

表5罗列了4类风险侦测对应的部分具体地点，表明在新冠肺炎疫情暴发阶段，根据从"知微数据""腾讯较真"和"头条辟谣"搜集的数据分析发现，中小城市是谣言建构的主要地理空间，其次是大城市，县城农村最少，表明中小城市面临的信息疫情风险最高，而非大城市和县城农村。

表5　地理风险评估及其分布

风险共现程度	部分地理分布
轻度中小城市风险共现	青岛、南安、义乌、萧山、绵阳、信阳、聊城、仙桃、孝感、潮州、忻州
中度中小城市风险共现	南阳、揭阳、南昌、益阳、东营、济宁、锦州、罗甸、泸州、石柱、鞍山等
中度城市风险共现	哈尔滨、温州、烟台、北京、大连、石家庄、南京、福贡、武汉、天津等
高度中小城市风险共现	吕梁、安阳、北海、吐鲁番、驻马店、九江、大庆、黄冈、珠海、乐山等

五、结论与讨论

本研究从二元网络关系出发,关注在新冠肺炎疫情暴发阶段谣言对社会风险建构的影响,试图更加全面地认识网络谣言在信息疫情中的传播情况。研究的核心问题一考察了促使关系产生的相似性原因,即谣言在哪些方面的模仿导致了疫情共现的产生;核心问题二则讨论了既定关系带来的相似性结果,即进一步考察谣言模仿和共现导致了哪些相似的地理风险后果。基于以上结果与发现,研究还可得到以下结论。

在对谣言属性的模仿上,一方面,对恐惧型情绪的模仿可作为解释疫情共现的独立因素,这表明恐惧情绪成为造谣者对地理谣言内容模仿的重要属性特征。另一方面,对行为控制的模仿需在消极情绪的交互影响下才能发挥作用。这表明针对一级行为控制的模仿不能单独发挥作用,造谣者在试图对事件结果进行控制时,需以恐惧、愤怒和攻击这样的消极情绪作为支撑,即在新冠肺炎疫情暴发的初始月,人们在现实生活中面临病毒威胁的同时,也受到恐惧和指责情绪的支配,并可能产生某些不正确、非理性的行动,中小城市在此过程中遭遇了更高的信息风险。

此外,造谣者在愿望型情绪与指责型情绪上的模仿与疫情共现呈负相关关系,表明信息疫情以混合消极和积极情绪的方式向新地点扩散,进而扩大了谣言对社会情绪的影响范围。由此,对造谣者而言,谣言模仿的目的在于制造情绪—行动在两地间的同质连接,混合情绪在多地的异质流动。

而这些情绪和行为属性被普遍包装在“媒体新闻”“重要通知”“专家建议”等所谓的权威信息中,并成为疫情谣言模仿的主要话语格式。换言之,疫情谣言并非仅仅是一个个文本容器,而应被理解为造谣者的一种积极的集体建构、一种有目的的社会参与和实践。这些在话语上的模仿实践,逐渐勾勒出新冠肺炎疫情暴发阶段的 11 类社会风险情境,也为后续造谣者框定了谣言模仿的 11 类元叙事。每类叙事主题又包含如地点、时间和人群特征等可变元素。这种固定主题与可变元素之间在横向和纵向上的交错融合,最终形成了系统性和整体性的社会地理风险。

辟谣方在应对上述风险情境时往往能及时纠正,但谣言模仿却持续出现并产生负面影响。一方面,这表明集体协作式造谣具有控制管理社会的主动性和有效性,能为群体补足信息从而指导行动;另一方面,我们更应看到谣言虚假性背后的真实社会面向。造谣者通过制造群体、阶层和官民之间对立等保持旧有话语习惯的框架机制来刺激公众情绪。这种抵制在疫情谣言中通过政府、企业、医院、学校和个人这 5 类主体,在社会公平、救治效率、政府效能等微观情境中依旧延续着。由此,上述发现或许能启示我们,在应对公共危机的谣言时,分阶段对谣言建构的社会风险进行评估,厘清不同阶段的谣言对情绪/行为的控制以及对现实问题的具体指涉,有助于提升政府和机构的组织管理能力。

最后需要指出的是,本研究存在一些不足。首先,研究所选疫情暴发期的谣言来源(平台)虽然具有较强的谣言搜集能力,但三个平台上的数据并非代表了暴发期的所有谣言。其次,对谣言模仿如何利用学者、媒体、政府这一系列权威身份推动话语框架的完善,以及谣言在暴发期、逆转期、平稳期等不同阶段建构的叙事差异等,本研究并未考察。这些不足有待在未来的研究中进行改善和深入探讨。

参考文献

王晰巍,李文乔,韦雅楠,张柳,2020. 社交媒体环境下网络谣言国内外研究动态及趋势[J]. 情报资料工作(2):39-46.

沃瑟曼,福斯特,2012. 社会网络分析:方法与应用[M]. 陈禹,孙彩虹,译. 北京:中国人民大学出版社.

AGRAWAL, AJAY, DEVESH KAPUR, JOHN MCHALE, 2008. How Do Spatial and Social Proximity Influence Knowledge Flows? Evidence from Patent Data[J]. Journal of Urban Economics, 64(2):258-269.

BURT, R S, 1997. A note on social capital and network content[J]. Social Networks, 19(4):355-373.

BRONNENBERG, BART J, CARL F MELA, 2004. Market Roll-out and Retailer Adoption of New Brands[J]. Marketing Science, 23 (4):500-518.

CHOI J, HUI S K, BELL D R, 2010. Spatiotemporal Analysis of Imitation Behavior Across New

Buyers at an Online Grocery Retailer[J]. Journal of Marketing Research,47(1):75-89.

DIFONZO N,BORDIA P,2002. Rumor and stable-cause attribution in prediction and behavior [J]. Organizational Behavior and Human Decision Processes,88(2):785-800.

DIFONZO N, ROBINSON N M, SULS J M, et al. , 2012. Rumors about Cancer: Content, Sources,Coping,Transmission,and Belief[J]. Journal of Health Communication,17(9): 2-3.

FOMBRUN,CHARLES J,1982. Strategiesfornetwork research in organizations[J]. Academy of Management Review,7(2):280-291.

HAUSER J R,TELLIS G J,GRIFFIN A,2006. Research on Innovation:A Review and Agenda for Marketing Science[J]. Marketing Science,25 (6):687-717.

HOSCH-ERNST,LUCY,1915. Die Psychologie der Aussage[J]. Internationale Rundschau,1: 15-33.

IBARRA H,ANDREWS S B,1993. Power,social influence,and sense making:Effects of network centrality and proximity on employee perceptions[J]. Administrative Science Quarterly,38(2):277-303.

IBARRA H,1995. Race,opportunity,and diversity of social circles in managerial networks[J]. Academy of Management Journal,38(3):673-703.

KRACKHARDT,DAVID,1990. Assessing the political landscape:Structure,cognition,and power in organizations[J]. Administrative Science Quarterly,3(5):342-369.

KWON K H,BANG C C,EGNOTO M,et al. ,2016. Social media rumors as improvised public opinion:Semantic network analyses of twitter discourses during Korean saber rattling 2013 [J]. Asian Journal of Communication,26(3):201-222.

KNAPP R,1944. A psychology of rumor[J]. The Public Opinion Quarterly,8(1):22-37.

LAZARSFELD P F, MERTON R K, 1954. Friendship as a social process: a substantive and methodological analysis[M]//Berger M(Ed.). Freedom and Control in Modern Society. New York:Van Nostrand:18-66.

MCPHERSON M,SMITH-LOVIN L,COOK J M,2001. Birds of a feather:Homophily in social networks[J]. Annual Review of Sociology,27(1):415-444.

MONGE P R,CONTRACTOR N,2003. Theories of Communication Networks[M]. Oxford,UK: Oxford University Press.

MARSDEN,PETER V, 1998. Homogeneity in confiding relations [J]. Journal of SocialNetworks,10(1):57-76.

OH ONOOK,AGRAWAL MANISH,RAO H RAGHAV,2013. Community Intelligence and Social Media Services:A Rumor Theoretic Analysis of Tweets During Social Crises[J]. MIS Quarterly,37(2):407-426.

ROSNOW,RALPH L,FINE,GARY ALAN,1976. Rumor and Gossip:The Social Psychology of Hearsay[M]. New York:Elsevier.

SHKLOVSKI I,PALEN L,SUTTON J,2008. Finding Community Through Information and Communication Technology During Disaster Events[C]//Paper presented at ACM Conference on Computer Supported Cooperative Work. San Diego.

VAN ALSTYNE MARSH, BRYNJOLFSSON ERIK, 2005. Global Village or Cyber-Balkans? Modeling and Measuring the Integration of Electronic Communities[J]. Management Science,51 (6):851-868.

数字时代的共情:高校微信公众号的情感策略研究*

闻　羽　江潞潞**

摘要:高校官微如何应对激烈的关注度竞争?本文借鉴共情理论,从“情绪感染”“观点采择”和“共情关注”三个维度,对“南京大学”“南大青年”“南大新传”三个不同定位的微信公众号的传播策略进行比较分析。研究发现,打磨选题和标题可以加强用户的情绪感染,提高阅读兴趣;视觉和态度表达可以促进用户的观点采择,产生态度共鸣;贴近受众的互动可以引发用户的共情关注,促进分享行为。本文认为,在数字化的传播环境中,从前被动的“读者”已经变身为今天主动的“粉丝”,自上而下的单方面宣导已经失灵,高校官微应积极实践共情传播的路径,从理念到操作层面实现相应的转变。

关键词:高校媒体;共情传播;粉丝

一、引言

校园媒体是一种由学校专门的新闻部门成立的、以学校师生为主要传播对象的、不以营利为目的的非商业化媒体(栾玉波,2011)。我国高校的校园

---

* 本文系江苏省高校哲学社会科学研究一般项目“基于学生投入理论的第二课堂学生获得感研究”(批准号:2020SJA0013)的阶段性成果。

** 闻羽,副研究员,南京大学新闻传播学院党委副书记。江潞潞,南京大学新闻传播学院硕士研究生。

媒体伴随着中国高校的创办而诞生,历史悠久。早在1917年,北京大学就创建了中国第一家高校校报《北京大学日刊》,主要用于发布学校的规章法令、校内各学科的科目设置、演讲预告和集会通知等,随着思想交流的日趋活跃,还开始向学术性内容拓展(全国报刊检索网,2021)。在中国历史上,高校校园媒体在传播新思想,介绍进步师生、进步社会团体方面做出了不小的贡献。经过一百多年的发展,当今高校不仅拥有报纸、广播、电视等形式的校园媒体,在微信、微博等新媒体平台上,也与社会媒体保持同步。2012年8月,由微信衍生出来的微信公众平台正式上线。微信公众号融合了文字、图片、声音、视频等多种媒介形式,快速普及并培养了用户的使用习惯。各大高校的新闻部门或院系纷纷建立自己的官方微信公众号。一般来说,高校官微由校内各级党委、团委统管,在老师的指导和审核下,由学生团队进行相应的内容采编和发布。作为校园媒体的代表,高校官微发挥着思想政治教育、校园信息交流的作用,也承担着校园文化建设、服务师生校友等职责,是高校形象建设和品牌宣传中不可或缺的角色。

校园媒体具备媒介融合的基础,但在融合过程中,需要强化互联网思维,敢于尝试新的做法,大胆创新(柯宁、刘涛,2015)。互联网赋予更多人发声的机会,网络自媒体账号对高校的讨论大幅增加,高校内部也有很多师生、社团、组织开设了自己的新媒体账号,许多形色各异的校园信息广泛传播给高校官微带来了不小的冲击。长期以来,传统的官方媒体给读者以严肃、恭谨的刻板印象。在以往的高校官方宣传中,学校是宣传的主体,受众则更像是被动的接受者。这种自上而下的宣导式传播,容易让受众对传播内容和传播者产生疏离感。尤其是当各路传播者纷至沓来抢占新媒体渠道时,用户置身于异彩纷呈的内容海洋里目不暇接,已经不再是被动的“读者”,而是主动的“粉丝”,在这样的环境里,传统的灌输式传播、自上而下的宣导很难产生吸引力。因此,各高校纷纷建立起自己的官微,并摸索改进方式,试图转变陈旧的灌输式思维,调适新的传播策略。

在融合传播时代,网络舆论的形塑与演化已经是事实、意见、情感、行动等要素互动与相促的结果,其中情感中的共情心理发挥了至关重要的作用(郭蓓,2019)。优质的微信公众号推文传递的不仅仅是信息,更是能感染用户、提升其文化认同的情感和认知。近年来,不少高校官微为适应媒介传播环境,开始转变仅仅将用户作为“读者”的思路,打造出新的“人设”,以沟通对话的形式来增进用户的亲近感,从而建立信任、理解和共鸣。如武汉大学官微的头像是两个卡通小人,这是基于学校珞珈山打造的“珞珞”和“珈珈”卡通形象;南京大学官微也习惯在推文中自称“小南”,旨在以活泼有趣的语态带领用户了解学校。不过,在称呼上的转变只是一个开端,共情传播的理念和策略需要贯穿微信公众号的整体运营。本研究采用内容分析的方法,以“南京大学”“南大青年”“南大新传”三个不同定位的微信公众号为分析对象,选取2021年春季学期的推送文本和传播数据,对其“共情传播”策略进行分析。

二、“共情”与共情传播

(一)心理学中的“共情”

“共情”(empathy)是心理学领域一个极其重要的概念,又被译作“共感”“神入”“同理心”或者“移情”。这一概念有着哲学和美学的渊源。1873年,德国哲学家Robert Vischer建议用“einfühlung”(empathy的前身)这个德文单词来表达人们把自己真实的心灵感受主动地投射到自己所看到的事物上的一种现象。19世纪末20世纪初,德国心理学家和美学家Theodor Lips指出,人们彼此正是通过“einfühlung”的形式,来了解对方和对对方做出反应的,它是发生于投射(projection)和模仿之前的,而且当人们之间的情感模仿增加时,einfühlung也会跟着加深。随后,Edward Titchener在1909年造了一个英文新词empathy来取代einfühlung,将它重新定义为“一个把客体人性化的过程,感觉我们自己进入别的东西内部的过程”(Duan CM & Hill CE,1996)。综合来看,“共情”指的是个体准确地理解他人的情感,并在特定情景下做出准确情感反应的一种能力(吴飞,2019)。例如,我们在看电影时,往往会跟着其中人物的喜怒哀乐而情绪起伏;在集体高声歌唱的庆祝场景里,往往会跟着产生对集体文化的认同和自豪;在阅读引人入胜的文字时,往往会不自知地沉潜其中。

共情是根植于人类基因的一种天性,也是人类与生俱来的一种能力(亚瑟·乔位米卡利,2017:4)。研究者发现,人类脑部的“镜像神经元”(mirror neurons)为我们提供了一个内在的模仿网络,帮助我们在第一时间察知别人表情和情绪的改变,帮助我们知晓别人的意图,了解他人的心智状态。人们透过这样的镜像式的模仿,得以跟他人分享情绪、经验、需要和目标——它使我们能够在心灵上和情绪上跟别人结合在一起(马可·亚科波尼,2009)。共情是有意识地进行换位思考,来理解别人的思想和感受的过程。“尽管我们认识到我们自己和他人之间的区别,但我们还是会随时在我们的内心创造出他人的心理状态,以更好地理解其观点”(Michael et al. ,2011:537)。不过,关于共情到底是认知性还是情感性的问题,既是研究的重点,也是这一研究领域中最有争议的地方。一些学者把共情主要看成一种情感现象(Albert et al. ,1972),指对另一个人的感情的瞬时体验。另一些学者把共情主要看成一种认知结构(Barrett - Lennard G T,1962),指对另一个人的体验的一种认知上的理解。第三种观点认为,把共情这么复杂的概念仅仅区分为认知和情感这两种成分的方法是不够的,还应该可以分得更细(Gladstein & Gerald A,1983)。

事实上,共情不仅仅作用于情感和认知层面,让一个人对另一个人产生同情心理;也可以作用于行动层面,让一个人做出利他主义的行动。巴特森等人发现:“共情能搭建起自己同他人之间的情感体验以及与他人幸福感的普遍联系,它是助人行为的源泉。个体的共情水平越高,其帮助、分享等利他行为就越多”(Batson et al. ,1995)。共情有助于个体产生利他行为和亲社会行为,而群体共情有助于减少群际攻击性行为和群际冲突,改善群际关系(唐润华,2019)。通过梳理目前社会心理学的文献,为了尽可能减少学界在共情本质上的分歧,可以将共情的产生区分出“情绪感染”(emotional contagion)、“观点采择”(perspective taking)和“共情关注”(empathic concern)三种成分或三个阶段。情绪感染是指当个体面对他人的情感状态或处境时,会自发地产生情绪上的唤醒,并形成与他人同形的情绪体验,这种情绪识别在个体的婴儿时期就已出现。随着年龄逐渐增长,共情的神经网络在成年早期趋于成熟。观点采择(或称角色采择)是指自我从他人视角或他人所处的情境出发,想象、推测和理解他人态度与感受的心理过程,这属于共情的认知成分,也就是在情绪感染之上有了一种认知“态度”。而共情关注则指的是帮助他人的心理动机,如对遭受恐袭的国家表现出担心、关心、怜悯和同情等(曾向红、陈科睿,2017),这种心理动机也可能产生利他主义的共享行为(于畅,2020)。

(二)“共情”的传播

越来越多的研究者相信,人们生来就与社会性、依恋性、喜爱、陪伴这种感情相依附。而驱动这些情感的第一个动力便是一种具有移情作用的归属感(吴飞,2019)。通过表达情感,人们向他人发出呼吁,从而建构与他人的关系。有共情能力的人能够将心比心,能够让自己站在别人的立场去思想、去体验、去表达,进而在感情上得以共振,在共情的体悟之中达到理解。在远古时期,人们的交流只限于面对面(face to face)的小部落群内,共情作用也仅限于血缘、地缘的关系网中。文字和不同媒介的出现打破了时空界限,共情作用得以扩展到更多原本陌生的人群。网络社会为共情提供了更多契机,也对共情的传播提出了更多条件。很多时候,只有建立在共情基础上的传播话语及话语方式,才能被更多的民众所理解和接受(唐润华,2019)。现代人(homo sapiens)正让步于“同感人”(homo empathicus)(杰里米·里夫金,2015)。

在舆论形成的研究中,社会心理学是重要的分析传统,也是将微观个体与宏观社会连接起来的理论之桥(张志安、晏齐宏,2019)。新传播环境在技术、互动、传播方面为共情传播提供了更大的探索空间。社交媒体改变了公共舆论的形态,情感在其中的意义凸显。它也在不断影响着以客观性为理念的新闻业,改变了新闻业的风格(袁光锋,2021)。如果没有“引人入胜”和具有感染力的叙说方式,新闻业就会面临市场萎缩的风险(郭小安,2019)。新闻塑造的事件聚集和影响公众情感,共情作用被唤醒得越强烈,舆论反应就越强烈;反过来,公众的共情反应也会对后续报道产生作用,并会对事件的进展产生影响。这些现象都显示了共情的重要性,以至于一些观察家认为,“当代文化的特点是越来越情绪化”(Wahl - Jorgensen K,2019)。

传播学界用诸如“后真相”“情感极化”等概念来描述这些新的传播现象,表明大众传播过程中的情感渗透很大程度上影响了传播的效果,网络时代的共情直接影响了用户黏性及其对信息的解读与接受。在这种融合语态中,大众媒体努力将共情从身体层面传播到情绪层面、认知层面,并以行为层面为最终目标,促进人们产生利他主义的分享行为。就高校官方微信公众号而言,根据前文梳理的共情传播的“情绪感染”、“观点采择”和“共情关注”三个维度,结合微信公众号的传播属性,可以发现,三种递进的共情阶段与微信推文的重要效果指标“阅读”“点赞”和“分享”存在一定的对应关系。阅读是在看到文章的标题信息后,点进文章进行了解,属于情绪感染和情绪识别;点赞则意味着对文章内容、观点的认可,上升到了“态度”传递的观点采择;分享则意味着希望通过自己的举动让更多用户读到这篇推文,是一种“行为”上的共情关注。点赞和分享越多,共情传播的效果越好,平台的“读者”也越来越趋向于成为乐于与账号互动的“粉丝”,从而促进高校的文化品牌建设。

三、研究资料与分析框架

本文采取比较研究和内容分析的方法,选择“南京大学”“南大青年”和“南大新传”三个不同定位的高校官方微信公众号,从文本和数据两个方面入手,对其传播文本进行对比分析。研究者搜集了目标微信公众平台 2021 年春季学期(2021 年 3 月 1 日至 2021 年 6 月 30 日,包含节假日)共 17 周的全部推送文本和相关传播数据,分析时着重关注每个账号“阅读”“点赞”和“分享”量高的文章,总结这些热文如何完成了“情绪感染”“观点采择”和“共情关注”。分析对象基本情况见表 1,研究分析框架见图 1。

表 1 公众号基础信息

官微名称	粉丝数	发文量	学期总阅读量	WCI①
南京大学	43w +	248	437w +	1128
南大青年	7.6w +	249	23w +	627
南大新传	2.1w +	85	10w +	584

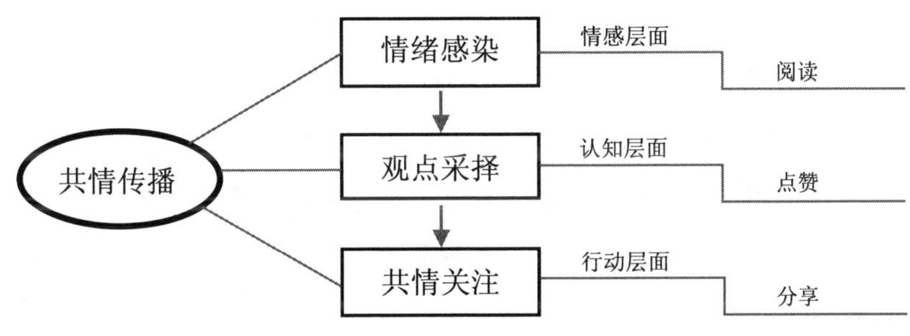

图 1 本文研究分析框架

四、研究发现

(一)“南京大学”:发布权威资讯,凝聚集体认同

“南京大学”官方微信公众号由南京大学党委宣传部主管,发布的内容代表了其所属高校官方主体的意见,有着非常严格的审核机制,紧跟学校的重大事件和科研进展,侧重校园宣传和新闻报道。“南京大学”官方微信公众号不仅有很多校内外师生、校友关注,也是考生家长、其他高校和社会相关人士了解学校动向的重要交流展示平台。目前,“南京大学”公众号有粉丝 43 万人以上,在 2021 年春季学期共发文 248 篇,总阅读量达到 437 万,在学期内的传播力指数 WCI 为 1128,拥有较大的粉丝基数和平台优势。

① 微信 WCI 指数是清博大数据用以衡量公众号传播力的指标,由清华大学新闻与传播学院提供学术支持,国内多所高校教授担任学术顾问。其 WCI 算法公式也被多家央企、500 强企业引用,WCI 从整体传播力、篇均传播力、头条传播力、峰值传播力等多个角度对公众号的传播力进行考量,WCI 值越高,代表传播力越大。本文根据所选时间区间内公众号所有推文的总阅读数、总点赞数、平均阅读数、平均点赞数、最大阅读数、最大点赞数、发布次数、头条阅读数、头条点赞数,由 WCI 13.0 公式计算得来。

表 2 “南京大学”官微 2021 年春季学期阅读量排名前十的推文

报道标题	是否首图文	推送时间	题材	文章图片数	阅读量	点赞量	在看量（分享）
今天，总理来南大啦！（视频）	是	3.26	国家领导人来访	（全篇仅一条视频）	10万+	3696	3440
南京大学2021年强基计划招生简章重磅发布！	是	4.6	招生宣传	1	10万+	240	164
520倒计时！今夜让我们一起表白南大！	是	5.19	院校新闻	12	10万+	1806	1303
央视再点赞，南大保洁阿姨实力出圈!	是	5.2	院校新闻	21	8.8万	2297	1518
重磅！李克强总理来南大考察侧记	是	3.28	国家领导人来访	15	6.6万	1200	923
速报！南京大学2021年硕士研究生复试基本分数线公布！	是	3.17	招生宣传	4	5.2万	253	166
赞！南大国家级一流本科专业新增23！达46个	是	3.3	政治宣传	2	4.3万	563	326
南大，119岁生日快乐！	是	5.20	院校新闻	39	4.3万	1154	717
今天，南大这场活动刷屏了！	是	3.23	政治宣传	43	3.1万	465	303
缅怀！抗旱勇士李鹏校友，一路走好！	是	3.12	校友事迹	5	3.0万	663	412

在“南京大学”官方微信公众号 2021 年春季学期发布的文章中,阅读、转发、分享量前十名的文章都是首条图文。微信推送中的首条可以配图,并排列在前,在版面语言上更为吸引用户。通过选题梳理可以发现,“南京大学”平台中阅读量占绝对优势的文章在选题上都具有较高的政治性和政策性,比如《今天,总理来南大啦!(视频)》《南京大学 2021 年强基计划招生简章重磅发布!》《赞! 南大国家级一流本科专业新增 23! 达 46 个》等,《央视再点赞,南大保洁阿姨实力出圈!》这篇文章也因为有央视的背书而具有了一定的权威性,从而扩大了影响力。“南京大学”公众号面向每一位关心南京大学的人,不仅包括在校学生、已毕业学生、学校老师、学校后勤部门员工等,向往南京大学的他校师生和其他社会人士也都会关注该公众号,受众的身份多元,对事件重大程度的感知也比较敏锐。并且,“南京大学”官方微信公众号习惯在推文的标题中直接使用感叹号、数字等容易促发用户情绪的元素,不少推文更是将多个感叹号和数字一起叠用,如《赞! 南大国家级一流本科专业新增 23! 达 46 个》。这样的重磅内容一旦发布,便可很快让用户受到情绪感染,第一时间阅读推文。重大选题和吸睛标题带来的高阅读量也为文章的高点赞和高分享奠定了基础。

《今天,总理来南大啦!(视频)》这篇文章不仅选题重大,在报道形式上也采用了非常直观的视频报道模式,整篇文章仅有一条视频。这条视频经过非常用心的剪辑,选取了总理寄语南大的场景片段,并辅以师生热烈反响的画面,采用醒目的黄色文字作为视频开始画面中的标题,符合短视频平台的明快简要的风格,营造出欢迎总理的激动氛围和聆听教诲的笃定信念。这些因素使得该推文在整个学期阅读、点赞、分享等各项推文数据排名中都位于首位,成为共情传播的良好范本。即使无法同时具备以上要素,在培养用户的互动、增加点赞和分享方面,“南京大学”也是有迹可循。通过对文章内容的分析可以发现,并非所有高阅读量的推文都能在点赞量和分享量上取得绝对优势,产生高互动的效果对行文策划的情感渗透提出了较高的要求。例如《南京大学2021年强基计划招生简章重磅发布!》《速报! 南京大学2021年硕士研究生复试基本分数线公布!》这类政策呈现式的文章,尽管在选题上十分重大,但在行文的表述上比较平铺直叙,未能获得高点赞量和高分享量。而《赞! 南大国家级一流本科专业新增23! 达46个》这篇文章,在类似的选题中改变了话语方式,不仅强调了政策的纵向时间对比,也在文中直接以积极的态度肯定了南京大学的办学成果,从而将这一正向态度传递给了用户,博得了更多用户的点赞和分享。更为明显的是,《相逢南大春分里!》这篇推文在选题上较为常规,阅读量也并不是很出色,但是文中使用了62张精美的校园春天的图片进行沉浸式传播,美轮美奂的场景激发了受众对于美好校园环境的认同,收获了很多的点赞和分享。

从数据中可以发现,“南京大学”官方公众号中高点赞量和高分享量的文章出现了较高程度的重合。由于“南京大学”官方微信公众号对于整个学校大局的关注,其推文主旨落点多在于激发师生、校友对学校成就的集体认同,而较少聚焦于某一用户个人进行具体而微的报道,因此,“南京大学”公众号的大部分用户在被激发了正向的积极态度后,也能被很快触发相应的分享行为,这从侧面体现出“南京大学”官方微信公众号在促进共情效果方面的优势。

(二)“南大青年”:聚焦青年群体,侧重学生视角

“南大青年”与“南京大学”一样,同属校级官方微信公众号,拥有比较庞大的粉丝群体。主管“南大青年”的南大共青团是先进青年的聚集地,也是党联系青年的桥梁和纽带。这意味着“南大青年”的核心受众更为年轻化,以在校的青年学生为主。共青团团委一直以来以丰富校园文化活动,营造积极、健康、和谐的校园环境氛围为工作出发点,其官方账号也沿袭了这一特色,更贴近青年群体,采写自由丰富,媒介形式更多元和富有活力。“南大

青年”官方微信公众号拥有粉丝 7.6 万人以上,2020 年春季学期总发文量为 249 篇,总阅读量达到 23 万,在学期内的传播力指数 WCI 为 627。

表 3　“南大青年”官微 2021 年春季学期阅读量排名前十的推文

报道标题	首图文	推送时间	题材	文章图片数	阅读量	点赞量	在看量(分享)
青心颂百年|党史故事每周读	否	4.2	红色宣传	0	1.3w	30	16
快讯!我校学子“挑战杯”再获历史性佳绩!	是	5.16	院校新闻	5	7004	63	27
关于2020年度南京大学“五四”评优表彰对象的决定	否	5.3	院校新闻	11	4538	53	30
人间|张悦阳:规划职业、认识自我,道阻且长终得出路	是	3.3	人物专访	11	4394	66	19
同襄百年华诞 共赴歌舞盛宴	是	6.1	院校新闻	22	3930	45	14
南大青年,快来pick你的五四惊喜!	是	5.2	院校新闻	19	3789	40	11
一图读懂|2021年南大就这么干	是	3.18	院校新闻	0	3490	26	13
青心颂百年|党史故事每周读	是	4.9	红色宣传	0	3318	4	3
厚德笃学,耕耘青春|南京大学2020年度“五四评优”风采展示:优秀共青团员标兵篇	否	5.8	院校新闻	20	3302	29	11
演出预告|南京大学庆祝中国共产党成立100周年暨南京大学建校119周年民族音乐会	是	5.9	院校新闻	16	3031	26	16

在“南大青年”官方微信公众号 2021 年春季学期发布的文章中,阅读、点赞、转发量前十名的文章仍然以首条图文为主,不过并不仅限于首条图文。一些团委表彰类的推文,回应了青年群体的关切,如《关于 2020 年度南京大学“五四”评优表彰对象的决定》《厚德笃学,耕耘青春 | 南京大学 2020 年度“五四评优”风采展示:优秀共青团员标兵篇》,即使不在首条发布,也可以凭借选题本身获得高阅读量。通过选题梳理可以发现,“南大青年”中高阅读量的文章一般是重要的青年活动、青年校园榜样、团委相关表彰决定,如重要活动类的《青心颂百年|党史故事每周读》《演出预告|南京大学庆祝中国共产党成立 100 周年暨南京大学建校 119 周年民族音乐会》,校园榜样类的《快讯! 我校学子“挑战杯”再获历史性佳绩!》《人间|张悦阳:规划职业、认识自我,道阻且长终得出路》,表彰决定类的《关于 2020 年度南京大学“五四”评优表彰对象的决定》。同时,在标题拟定方面,“南大青年”非常善于使用华美盛大的词语来贴合青年人朝气蓬勃、昂扬向上的气质,以此来突出活动主题,吸引青年群体关注,如《同襄百年华诞 共赴歌舞盛宴》《青心颂百年|党史故事每周读》《厚德笃学,耕耘青春|南京大学 2020 年度“五四评优”风采展示:优秀共青团员标兵篇》,这提升了推文的整体美感,也激发了青年用户对于文章内容的兴趣。

“南大青年”里点赞高的推文则通常运用了与其相适应的话语方式。例如,《演出预告|南京大学庆祝中国共产党成立 100 周年暨南京大学建校 119

周年民族音乐会》这篇推文并没有很高的前期阅读量，但是其报道方式十分特别，注重和活动本身特质的融合。推文报道的是庆祝中国共产党成立100周年的音乐党史课活动。报道运用大量图片，充分捕捉了活动现场的各种创意元素，视角丰富，远近皆备，也注重对人物神情特写的捕捉，营造出一种特殊的乐律和气势。同时，与南京大学官方微信公众号一样，《图说丨春日限定！鼓楼风味茶饮邀请你来尝鲜！》《图说丨你值得拥有的毕业照拍摄攻略——仙林篇》《黑洞丨薛定谔的雨》凭借大量熟悉而精美的图片赢得了用户的好评和点赞。还有《人间丨张悦阳：规划职业、认识自我，道阻且长终得出路》这篇正能量的人物专访，对优秀学子进行了多次正面评价，将青年人的担当直观地呈现出来，这种态度传递给了不少平台用户，使得他们也积极点赞。

而分享量出众的“南大青年”推文则对话语关系的互动提出了更高的要求。《风味茶饮》《图书馆》《圆桌丨摩尔庄园，一代人的“快乐星球”》《 我们这样”追星“！丨聆听总理寄语 正当有为青年》等文章，十分贴近学生的日常生活，有的甚至直接以学生视角展开，描述了真实的校园生活，形成了推文与个体周遭生活的共振，也非常方便青年群体之间进行相关话题互动，捕获了青年人的共鸣。

（三）“南大新传”：立足学院学科，突出实践教学

“南大新传”是新闻传播院系的官方微信公众号，因其学科属性与媒体舆论直接相关，成为各个学院官方微信公众号中一个比较特殊的存在。“南大新传”并未止步于学院内部的新闻报道，而是立足新传，面向南大，也会效仿专业媒体推出一些文化专访和调查性报道。新闻传播学科是与时俱进的实践性学科，新闻传播学院的官微也因此成为学生媒体实践的重要平台。“南大新传”官方微信公众号由南京大学新闻传播学院党委主管，拥有粉丝2万人以上，2021年春季学期总发文85篇，阅读量达10万，在学期内的传播力指数WCI为587。

表 4　“南大新传”官微 2021 年春季学期阅读量排名前十的推文

报道标题	是否首图文	推送时间	题材	文章图片数	阅读量	点赞量	在看量（分享）
调查丨新学期，消失的水果店、小卖柜和打印机	是	4.17	调查	6	1w	228	163
第二届新闻传播学研究生“青梅论坛”稿件入选公告	是	3.26	活动通知	3	4967	66	21
快讯丨刚刚，南大新传院在“挑战杯”竞赛创造历史！	是	5.15	院校新闻	1	4256	119	50
人勤春早：距第二届新闻传播研究生“青梅论坛”截稿还有两周	是	3.1	活动通知	1	4071	14	9
第二届新闻传播研究生“青梅论坛”议程	是	4.15	活动通知	1	3145	25	13
特写丨南大“网红”老师：大学之外，“栖居”在云端	是	3.14	专访	11	2989	41	28
讲座预告丨刘海龙：传播的身体维度	是	5.26	讲座活动	1	2637	21	12
南大新传“关爱留守儿童”课题组：一场有温度的科研之旅	是	5.16	专访	11	2615	49	26
2021年江苏省新闻传播学院优秀研究生暑期学校招生选拔公告	是	6.3	院校新闻	1	2605	5	3
特写丨南大“家长群”：支持与争议的存在	是	4.2	专访	7	2369	31	12

在“南大新传”官方微信公众号 2021 年春季学期发布的文章中，阅读、点赞、转发量前十名的文章都是首条图文。通过选题梳理可以发现，“南大新传”中高阅读量的文章一般是重要的活动通知、院内新闻和文化专访。关注“南大新传”的用户多为新闻传播学院的师生校友，以及其他学院学科相关人士。他们对新闻传播学科有一定的了解，因此也十分关注学院、学科的相应动态；同时，新闻传播学科所崇尚的“公共性”精神也促使他们关注文化专访和调查类报道，探索校园报道的更多风格和形式。《调查丨新学期，消失的水果店、小卖柜和打印机》《特写丨南大“家长群”：支持与争议的存在》《特写丨南大“网红”老师：大学之外，“栖居”在云端》这类校园文化选题新颖独到，标题语言优美，容易感染“南大新传”用户的情绪，在校内取得了不错的阅读反响。

“南大新传”中高点赞量的文章中，文化专访占了较大部分。《五四特辑丨聆听南大新传老师们的青春故事》《父亲节特辑丨当新传老师进入“父亲”模式》《南大新传“关爱留守儿童”课题组：一场有温度的科研之旅》《特写丨南大“网红”老师：大学之外，“栖居”在云端》，这些文化专访采用对答访谈的方式，从相关人物的视角将故事与观点娓娓道来，语言平和优美，将观点与情感蕴藏在行文资料的编排之中，推文的发布也与相应的时间节点、校园事件相呼应，对用户形成了一种态度上的感召，令人称赞。《快讯丨刚刚，南大新传院在“挑战杯”竞赛创造历史！》这类的喜讯，报道的是学院师生创造历史的荣耀，全文短小精悍、要点突出、态度明确，配之以现场图片，将这一大好消息第一时间分享给院内师生，也获得了广泛的赞许。同时，与“南京大学”“南大青年”官方微信公众号一样，《我的镜头会说话丨春天在紫金楼绽放》这类报道凭借大量熟悉的院楼图片增进了用户阅读的情感体验,进而赢得了院友们的好评和点赞。

在“南大新传”春季学期推出的所有文章中,《调查|新学期,消失的水果店、小卖柜和打印机》在阅读、点赞、分享量的统计中均排名第一,是“共情传播”的良好典范。这篇文章的“出圈”有其典型性。它不仅在选题上切合了师生的日常需求,采访内容也翔实充分,对事情的相关负责人进行了详尽的采访,从而解答了大家的疑惑。这篇文章的转发和扩散,与文章整体营造出的贴近感密不可分,对文章的点赞、分享与转发皆有利于校内师生之间的交流和互动。而《校庆特辑|南大校园听力测试题》这篇文章运用多媒体音频的创意,以彩绘“听力测试题”的形式,对南大校园内的声音进行了回顾与再现。文章在校庆之日发布,也正好给予师生校友一个回忆、交流、抒发情感的契机。阅读文章时,读者需要点击音频进行播放,在此过程中推文与读者形成了非常好的交互。《特别策划|校园减脂攻略》等文章也在全文多图创意中对令学校师生“头疼”的各种减肥场景进行描述和刻画,比常规的图配文更能引发大家的关注和讨论,非常适合在校内传播与分享。

五、讨论与结语

(一)校园官方媒体的定位与特色:确定话语范围

相较其他校园媒体账号,高校官方微信公众号在校园内部是“权威”“主流”的象征,这是官方账号的优势,也是其文化责任,要求它们必须保证基本的信息质量和传播速度。不过,不可忽视的是,每个校园官方公众号都有其自身的定位与特色,它们所属的主管部门、服务的目标受众存在差异。通过前文的数据分析可以发现,情感在传播主体与受众间的有效传递必须建立在符合公众号定位的选题之上。例如,“南京大学”公众号立足南大,既面向校内,也面向校外,注重政治宣传和重大事件报道,用户庞大,用户身份各异;“南大青年”虽然也立足南大,但重点关注青年群体的活动和生活,注重校园新闻和文化建设,用户年轻,富有活力和创新精神;“南大新传”立足学院，面向社会，注重富有学科特色的媒体建设，形成自己特有的风格，用户多有一定的媒介基础素养。种种因素都为每个官方公众号划分出了一定的选题和话语范围。把握官方公众号的宣传定位，明确目标受众的核心需求，是进行官方微信公众号运营的前置条件，在此基础上进行选题的统筹规划和行文的技巧优化，才能符合平台自身的运营规律，迅速聚焦于大家的关注点，实现精准传播。

（二）从“读者”到“粉丝”：实现情感共振

通过前文的数据分析可以发现，从微信推文的阅读到点赞，再到分享，是传播中逐层递进的共情过程，其中所运用的共情传播技巧也越来越密集。这就要求校园官方媒体摆脱传统的将用户当作普通“读者”的思维，挖掘受众阅读信息时的心理诉求和实际需求，从受众的视角出发，采用更加具有感染力的表达方式进行共情传播。在“情绪感染”阶段，合理打磨选题，提高标题的吸睛程度，提高受众的阅读兴趣；在“观点采择”阶段，视觉元素的运用和明确的表达态度可以帮助读者营造沉浸式氛围，促使用户产生观点共鸣；在“共情关注”层面，贴近受众的互动，以学生视角展开文章可以促进分享联动。

共情是人类与生俱来的能力，有研究表明，共情能力在人际交往能力、人际敏感和人际归因方面扮演着重要的角色，优化人际关系的首要条件就是培养共情能力（陈珝、张晓文，2012）。把握共情，实现面向受众的情感共振，是高校官方媒体改革和转型的钥匙。当然，本文所强调的这种传播中的共情，并非歪曲事实的煽情，更不是滥情。既往的心理学和认知理论研究表明，情感本身即为认知的一部分，在人们的认知过程中发挥着重要的作用，如辅助人们选择信息、限制信息、促进理解和记忆等（洪杰文、朱若谷，2016）。本文所讨论的共情传播，是在保证文章质量的前提下，尝试通过划定合适的话语范围，运用合适的话语和互动方式，致力于更好地沟通交流。如此一来，依托高校丰富的人才、文化资源，高校官方媒体才能发挥其更大的价值，展现更强大的生命力。

参考文献

陈玥,张晓文,2012. 大学生共情能力与人际交往的相关研究[J]. 新疆大学学报(哲学·人文社会科学版)(6):41-43.

郭蓓,2019. 融合传播时代网络舆论引导与马克思主义新闻观之践行——基于共情理论的思考[J]. 现代传播(中国传媒大学学报)(8):56-59.

郭小安,2019. 公共舆论中的情绪、偏见及"聚合的奇迹"——从"后真相"概念说起[J]. 国际新闻界(1):115-132.

洪杰文,朱若谷,2016. 新闻归因策略与公众情感唤醒——当代热点舆论事件的情感主义路径[J]. 武汉大学学报(人文科学版)(4):120-129.

加扎尼加,伊夫里,曼根,等,2011. 认知神经科学:关于心智的生物学[M]. 北京:中国轻工业出版社.

柯宁,刘涛,2015. 新媒体背景下高校校园媒体融合发展探析[J]. 华南理工大学学报(社会科学版)(4):88-92+118.

里夫金,2015. 同理心文明[M]. 蒋宗强,译. 北京:中信出版社.

栾玉波,2011. 中国高校校园媒体现状与发展研究[D]. 浙江大学.

乔位米卡利,2017. 共情力:你压力大是因为没有共情能力[M]. 耿沫,译. 北京:北京联合出版公司.

全国报刊检索网,2021. 北京大学日刊期刊简介[EB/OL]. https://www.cnbksy.com/literature/literature/8616903fa1311afaf49.

唐润华,2019. 用共情传播促进民心相通[J]. 新闻与写作(7):1.

吴飞,2019. 共情传播的理论基础与实践路径探索[J]. 新闻与传播研究(5):59-76+127.

亚科波尼,2009. 天生爱学样:发现镜像神经元[M]. 洪兰,译. 台北:远流出版社.

于畅,2020. 沟通与共鸣:央视新式联播语态融合中的共情传播研究[J]. 传播与版权(2):1-4.

袁光锋,2021. 迈向"实践"的理论路径:理解公共舆论中的情感表达[J]. 国际新闻界(6):55-72.

曾向红,陈科睿,2017. 国际反恐话语双重标准的形成基础与机制研究[J]. 社会科学(9):3-15.

张志安,晏齐宏,2019. 感知、互动、认同与表征——舆论形成研究的社会心理分析传统[J]. 湖南师范大学社会科学学报(1):137-146.

ALBERT, MEHRABIAN, NORMAN, et al., 1972. A measure of emotional empathy[J]. Journal of personality.

BARRETT-LENNARD G T,1962. Dimensions of the rapy response as causal factors in the rapeutic change[J]. Psychol monogr,76:1-33.

BATSON C D,BATSON J G,TODD R M,et al. ,1995. Empathy and the collective good:caring for one of the others in a social dilemma[J]. Journal of personality & social psychology,68(4):619-631.

DUAN C M,HILL C E,1996. The current state of empathy research[J]. Journal of counseling-psychology,43(3):261-274.

GLADSTEIN,GERALD A,1983. Understanding empathy:Integrating counseling,developmental,and social psychology perspectives[J]. Journal of counseling psychology,30(4):467-482.

WAHL-JORGENSEN K,2009. Elections and media,history of[M]. American cancer society.

从“赛博空间”到“元宇宙”:互联网隐喻分析的学术脉络与进展

◈ 陈秋心[*]

摘要:2021 年“元宇宙”的突然风靡,提示了互联网的发展或将进入新阶段,但从隐喻的角度来看这并不是什么新事物——“元宇宙”是一个典型的隐喻式概念,是自 20 世纪 90 年代互联网普及以来不断更迭的众多互联网隐喻之一。虽然近年来隐喻对思维和认知的作用不断受到重视与强调,但互联网隐喻分析却未能形成体系,这可能造成后续研究者错过历史连续性所带来的启发。因此本文认为,处于学科交叉地带的传播学应当担起重任,沿着不同时代互联网隐喻的更迭线索持续开展相应研究,及时记录、保存、分析、辨别每个时代风行的互联网隐喻和它们激起的社会反应。本文展示了隐喻分析的批判性特征,并认为互联网隐喻分析的学术脉络的构建,可以社会科学(尤其是 STS 领域)自 20 世纪 90 年代以来日益盛行的“想象”研究为中介——本文以“元宇宙”为例展示了这个解释框架的搭建。

关键字:隐喻分析;互联网隐喻;技术想象;元宇宙

一、研究背景

2021 年,“元宇宙”概念的突然火爆,引发新闻传播学界一众研究者跟随

---

* 陈秋心,苏州大学传媒学院师资博士后。

探讨。但在探讨其起源、发展、应用前景等议题之外,一个非常明显却又被忽视的视角是:“元宇宙”是一个隐喻。

回溯互联网的发展历程,每个阶段都充斥着大量隐喻(如表1),甚至,抛开隐喻,人类根本无法描述互联网的本质到底是什么——毕竟连“网”都是一个隐喻。这并不奇怪,因为隐喻本来就是人类思维的重要手段——它甚至不仅限于语言学,而是直接参与人对陌生事物的认知过程,决定着人的思维发展模式,从而影响观念、行为、文化、制度设计等社会基本面,最终决定人类的生存方式。对此,莱考夫和约翰逊(2015)已经给出了非常有力的判断。

表1 关于互联网的整体性隐喻(部分)

时间	隐喻	含义	提出者	出处
1984年	“赛博空间”(cyberspace)	一个电脑生成的空间,可以与人脑的神经网络相连接,内部异常复杂,作为一种虚拟存在与现实的日常生活空间相对应,后被反文化主义者作为反抗现有秩序的虚拟独立空间载体,带有乌托邦色彩	威廉·吉布森(William Gibson)	《神经漫游者》
20世纪80年代	“电子边疆”(electronic frontier)	发源于美国西部大开发的意象,主要强调互联网的可拓展性和相对没有太多规则限制的状态,人们可以在其中“开垦土地”、组织起来,建立自己的规则——尤其是免于政府干预	不可考	不可考
1989年	“万维网”(World Wide Web)	将全世界亿万计算端点互相连接的状态比喻为一个无边界、无偏向的“网”,它使人脑海中浮现一些经由共同的结构保持在一起的交叉点,并浮现清晰有序的感觉	World Wide Web的发明者是蒂姆·伯纳斯·李,但使之成为中文隐喻的“万维网”译者不可考	不可考
1990年	“虚拟社区”(virtual community)	主要强调虚拟空间中人与人可以建立社交关系,进行与物理社区中类似的活动——最重要的是交流	霍华德·莱茵戈德(Howard Rheingold)	(Rheingold, 1993)

续表

时间	隐喻	含义	提出者	出处
20世纪80年代末、90年代初	“地球村”(global village)	以互联网为代表的先进信息技术缩小了地球上的时空距离,国际交往日益频繁便利,因而整个地球就如同茫茫宇宙中的一个小村落——这个隐喻与“虚拟社区”是一脉相承的,因为“地球村”就是“虚拟社区”无限扩大、相互连接之后的形态	虽然“地球村”作为互联网的源域流行于20世纪80年代末,但最早可溯源到麦克卢汉在20世纪60年代的学说——他也因此被称为“数字时代的预言家”	《理解媒介:论人的延伸》(麦克卢汉,2019)
1991年	“信息高速公路”(information superhighway,或 inforban)	将互联网的升级形态比喻为高速公路,着重强调信息传输速度和容量的提升	阿尔·戈尔(Al Gore)	“信息高速公路”的提法首次被公开是在1993年12月下旬戈尔发表的公开演说中,但作为一个施政理念的流行则更早
1992年	“冲浪”(surf)	与其他多数关于互联网的隐喻不同的是,“冲浪”在用一个动词创造隐喻,在这里互联网被喻为“海洋”或“浪潮”——这是一个常见的隐喻,但在不同场合凸显的寓意不同,例如“冲浪”更多体现上网的新奇、刺激和快感,但并未体现浪潮的不可控与破坏性	简·阿莫尔·波利(Jean Armour Poly)	“冲浪”一词出自波利1992年6月出版的《网上冲浪》一书,但“浪潮”隐喻的发源应该追溯到托夫勒1983年出版的《第三次浪潮》
1995年	市场(market)	认为互联网应该是世界的中心商场,人们在这里购物、交易、销售、讨价还价、结交新朋友、讨论问题,交易是互联网的核心。有了这个市场就不再需要中间人,于是可以培养“无摩擦的资本主义”,产品的生产者可以比以往任何时候都更有效地看到消费者究竟需要什么,也可以使消费者更有效地购买产品	比尔·盖茨(Bill Gates)	《未来之路》(盖茨,1996)

续表

时间	隐喻	含义	提出者	出处
1995 年	“浪潮”(the internet tidal wave)	1995 年盖茨感到广泛的联网可能会给微软带来生存挑战,于是写了一则名为“互联网浪潮”的著名备忘录来要求微软为巨变做好准备,这则本是内部传阅的备忘录不慎流出,产生巨大社会影响。其中提及互联网产品巨变将是一股“浪潮”——重在突出破坏性后果(淘汰没有做好准备的企业)	比尔·盖茨(Bill Gates)	备忘录(盖茨,1995)
2006 年	“云”(cloud)	“云”指的是一种按需付费的计算资源——满足需要的数据和服务都在互联网上,可供随时随地调取。虽然“云”的概念自互联网诞生起就已经存在,但其在中国的大规模流行是在 2006 年前后	不可考	不可考
2010 年	“平台”(platform)	最初“平台”一词的出现,是为了凸显互联网是一种可编程的基础设施,尤其指那些提供了 API 接口的服务方——在此基础上,有编程能力的人可以搭建其他软件。但随着这个词的流行,“可编程性”逐渐淡化,“平台”反而恢复了更古老的含义:一种用来说话或行动的建筑,就像火车站台或政治舞台一样,变成了对集成多种功能的大型互联网服务方的泛指	不可考	不可考
2017 年	“暗网”(Deep Web)	指不受法律监督的互联网,是非法交易的集中地,匿名交易者在这上面交易毒品、假身份证、火药还有黑客软件等被法律禁止的东西	不可考	2017 年因中国女留学生章莹颖在美失踪事件为人所知
2019 年	“区块链”(blockchain)	本质上是一个去中心的数据库,具有分布式数据存储、点对点传输、共识机制、加密算法等计算机技术的新型应用模式,每个节点都拥有系统的全部数据。区块链最早作为比特币的底层技术而被公众认知	中本聪(Satoshi Nakamoto)	《比特币:一种点对点式的电子现金系统》(*Bitcoin:A Peer - to - Peer Electronic Cash System*)(Nakamoto,2008)

续表

时间	隐喻	含义	提出者	出处
2021 年	“元宇宙”(Metaverse)	是整合多种新技术而产生的新型虚实相融的互联网应用和社会形态,它基于扩展现实技术提供沉浸式体验,基于数字孪生技术生成现实世界的镜像,基于区块链技术搭建经济体系,将虚拟世界与现实世界在经济系统、社交系统、身份系统上密切融合,并且允许每个用户进行内容生产和世界编辑(清华大学新媒体研究中心,2021)	尼尔·史蒂芬森(Neal Stephenson)	《雪崩》(*Snow Crash*)(史蒂芬森,2009)

鉴于此,隐喻作为一种针对新技术的理论工具,隐喻分析作为一种技术研究进路,都具备了较强的合理性。如果以隐喻为线索切入互联网研究,我们将会发现极其丰富的土壤——互联网是一个上佳的隐喻分析对象,自 20 世纪 60 年代起,当它从军事领域走入市场之后,作为前沿信息技术的象征,持续吸纳着全球社会最蓬勃的想象,滋生了丰富的语料并成为隐喻最活跃的集散地之一。尤其是从 20 世纪 90 年代至今,30 年间关于互联网的隐喻不断更迭,各自蕴含了自己的价值,比如“边疆”“图书馆”“大卖场”“城镇广场”“全球大脑”等。这些隐喻标记和反思着一个不断变化的世界,展现了新技术对人们体验世界、与他人沟通产生的影响。与此同时,关于互联网的隐喻仍在继续发展着,直到本文写作时风行的“元宇宙”,都显示出人们仍在努力适应并试图充分利用互联网技术的新变化。因而,本文认为隐喻分析完全可以成为互联网研究中的一个独立分支。不过出乎意料的是,通过对以往研究的梳理,本文发现国内新闻传播学界的互联网隐喻分析可谓凤毛麟角,而国际新闻传播学界的相关研究虽并不鲜见,但也未能形成独立的体系。因此,本文试图将互联网隐喻分析接入相应的学术脉络,呈现其自身独有的特征和前后联系,并提出这个领域未来发展的可能性。

二、理解“隐喻”

(一)隐喻的作用结构

隐喻活动的存在,证明了人类大脑感知相似关系的能力。从本质上说,从不同的事物中发现相似之处,是人类创造性思维的基本特征。Charteris - Black(2004)认为,隐喻是一个通道,通过它,我们对世界感性的思考方式塑造了我们使用的语言,而语言的使用接着又通过“观念—行动”反过来塑造了世界。在这个相互作用的过程中,人类的语言系统在不断进化,新隐喻基于旧的隐喻不断诞生,可以说整个意义世界就是由隐喻叠加构成的,所以说隐喻是一种思维方式。

(二)映射活动

具体而言,在隐喻活动中,意义转移的一个关键是从源语域(source domain)到目标语域(target domain)的“映射”(mapping)(Lackoff,1993)。映射的目的是表示两个域之间的结构一致性。以“儿童是花朵”为例,映射结构如图 1 所示。

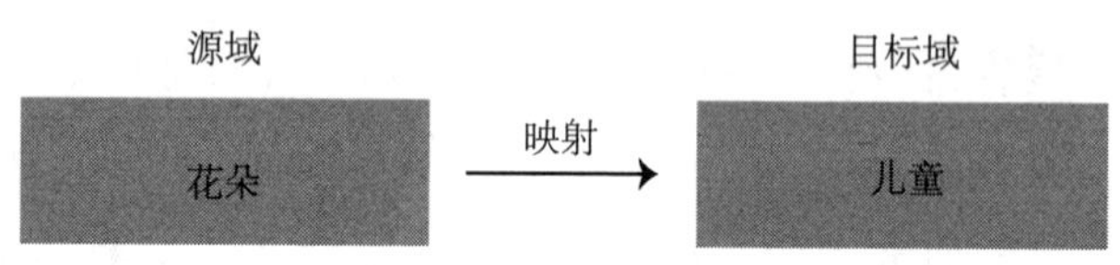

图 1 隐喻的映射过程

上述映射活动的发生,通常因为人们更了解“花朵”,并需要通过花朵来理解不那么熟悉的“儿童”。源域和目标域的结构一致性体现在儿童和花朵都具有美好生机、都十分娇嫩、需要呵护等特征上。因此映射涉及的是一组特征而不是单个特征。但需要注意的是,假如有接收者从未见过“花朵”,或只知道“花朵”诸多特征中的一两种,他对“儿童”的理解也就受限了。另外,很显然儿童并不只有娇嫩、美好、脆弱等特征——作为源域的“花朵”在凸显这些特征时就隐藏了目标域的其他特征,如调皮、喧闹等。因此我们可以得出两个重要结论:其一,对源域的认知情况,会限制对目标域的理解程度;其二,一个目标域可能有诸多源域,一个源域无法穷尽反映目标域的全部特征——当它凸显目标域的某些特征时,就会隐藏另外一些特征。所以人们在使用隐喻时所做的选择便会引发不同的结果。

隐喻有定义现实的力量(莱考夫、约翰逊,2015),就是通过这种刻意凸显或者刻意遮蔽的映射实现的——尤其是当我们试图理解那些复杂的新事物的时候。比如官方文件(不管是哪个国家的)中,经常会将互联网数据比喻成金矿、石油等自然资源,这其实暗示一些人可以用数据来获取经济收益。而如果我们将数据比喻成"洪流",虽然可以捕捉数据量大、势头凶猛的特征,却也暗示数据的运动是有方向的("流向"),并且在从一个地方到另一个地方的过程中可能会分岔、流失或者被人取走(这些都是水的特征)。再如 Mattern(2016)分析过"云计算"这个隐喻是怎么对我们的认知产生潜移默化影响的:"当下我们会与类似的'云渲染'企业打交道,虽然我们并不是真的望着天空去找'云',而是要面向'数据的迷雾''算法的氛围''数字智能的迷幻地理'去想象'云'——这就是我们的'云'了……这个概念吸收了奇异的'地缘政治设计'、主权和治理形态,也吸收了'能量的洪流''地球的珍稀矿藏'这样的意象,还吸收了电缆、数据中心、供应链,或者大数据业务追踪——至于我们到底懂不懂这些五花八门的技术根本就不重要。"

不过一个显见的事实是,如果不使用隐喻,互联网对于使用者而言就难以理解——它并不是一个具象可感的物体,而是由硬件、软件、服务、协议、各种大型基础设施甚至无数用户端点统合起来的存在。因此现在用于网络通信的语言中充斥着大量隐喻——有的强调结构,有的强调功能(或不良后果),有的强调视觉。而从一开始,互联网的各种组件也都以隐喻形式命名,例如"鼠标""桌面""视窗""回收站""硬盘""宽带""网关""网页"……开发者、商业精英、政府官员和普通用户都可能是这些隐喻性名称的贡献者——虽然大多数情况下,隐喻的创作权还是集中在精英手中。越是被习惯性地使用,隐喻对认知的影响力也就越大——但问题在于,在习惯性的使用中,源域是否能够适度、公正地映射目标域?这个问题多数使用者无暇考量。

对映射活动的反观可以暴露许多问题——源域未必能够恰当、公正地反映目标域,这是隐喻分析的批判性表现之一。例如 Gillespie(2017)剖析了"平台"(platform)这个隐喻的问题:第一,它暗示网上活动都是平等的、可见的、公开的、快速传播的,却淡化了互联网并非"平面"这一事实;第二,平台隐喻还掩盖了互联网是由许多时而交叠时而彼此攻击的异质性群体组成的;第三,平台暗示其所有者不必对公共痕迹(public footprint)负责——就像火车站台不对旅客负责;第四,平台隐藏了生产和维护其集纳的服务所要付出的劳动,比如其算法编纂者、内容审核者等,都处于不可见的状态。

(三)隐喻的价值判断

在表达价值时,人类社会一般有两种选择:直接表达,例如在法律法典、道德戒律或评论声明中直接宣布什么是好、什么是坏;间接表达——通常是通过隐喻来实现的。在日常生活中,用隐喻传递价值的现象可能更常见,因为直接的文字陈述不太可能考虑接收方的感受,很可能被接收方视为价值的强加。而使用隐喻则有诸多好处,尤其是那些已经成为惯例的隐喻,比如"儿童是花朵""希望是光"等,能够触及公认的价值体系,使得其承载的价值判断更容易被接受。这就是隐喻在谚语和其他固定表达形式中普遍存在的原因(Moon,1998)。

隐喻携带价值判断是非常常见的,因为在众多使用场景中,隐喻最常见的用途是说服。在诸如政治、宗教等领域里,话语的中心目的就是对人们的判断产生影响,而在不同的话语中,不同的隐喻正发挥着它们特有的作用:一个高层次的隐喻(即莱考夫与约翰逊所说的"概念隐喻"),能够滋生大量子隐喻来构成观念体系。比如"人生是一场旅途"这个概念隐喻可以产生"站在人生的十字路路口""误入歧途""加速追赶"等子隐喻(莱考夫、约翰逊,2015);现在我们也常使用"算法是一个封闭容器"这样的概念隐喻,来形容普通人对算法的认知困难,那么就会发展出"算法黑箱""算法漏洞"(本来封闭的物体意外地破了)或者"外卖小哥被困在算法中"等一系列具体隐喻——这些隐喻都搭载着使用者的价值判断,反映出在特定语境中的语言选择背后隐藏的修辞意图——当我们将算法视为封闭容器,其实表达的是一种无法进入、无法轻易了解的忧虑。

考虑到隐喻所蕴含的价值判断,隐喻分析活动就变成了脱离"表达—接收"双方、进行第三者审视的过程——这个过程能够让观察者摆脱想当然的使用和接受,注意到隐喻使用背后的意图,这一点体现了隐喻分析的第二重批判性。本文认为这也是互联网隐喻分析的必要性所在——由于技术具有进入门槛,大多数人只能作为使用者被动接受,却鲜少有反思的机会,因而可能在不知不觉间失去主体性,而隐喻分析或将让人们与习以为常的表达拉开一段距离,进行反观技术与自身的思维活动。例如,作为互联网的源域,看似同类的"冲浪"和"浪潮"所携带的价值却不相同——前者揭示了一种面对新技术带来的无限可能跃跃欲试的兴奋,而后者则认为新技术具有席卷一切的势不可挡的力量——可能带来机遇也可能带来毁灭。

(四)隐喻的竞争与配合

由于在映射活动中,源域总是会突出某些特征,弱化或隐藏另外一些特征,因而就同一个目标域来说,不同的源域携带的意涵可能发生竞争,也可能相互配合。观察同一个时代流行的隐喻之间是并行不悖还是竞争,或是配合——能够洞察隐喻背后推动者之间的利益关系,这是隐喻分析的第三重批判性所在。

同一个源域在不同语境下也可能提供竞争性的意义。比如在20世纪90年代中期的美国文化中,一组关键的隐喻对抗是"电子边疆"(electronic frontier)和"信息高速公路"(information superhighway)——它们在"互联网是否应该接受官方管制"这个问题上展开了对抗。"边疆"呈现的是一片未经开垦、充满机会的土地,普通人可以在上面建立自己的家园并且免受行政官僚和陈规陋习的束缚;而"高速公路"则是技术官僚的语汇,暗示互联网在投资和路权等方面都是国家干预的适宜对象(Blavin & Cohen,2002)。《连线》杂志甚至曾经抨击"信息高速公路"隐喻的提出者——当时的美国副总统戈尔,认为这个意象赋予了国家太重要的角色,冒犯了杂志编辑和核心读者们的自由主义底线。Postrel(1998)认为这么一个工程隐喻只能代表技术官僚和专家们的立场。

与此类似,围绕着“官方管制”,“赛博空间”和“信息高速公路”也形成了对抗——前者带有拒斥权力干预的乌托邦意义,而后者却是在日常生活中发挥重要作用的基础设施。此外,“电子边疆”所传达的未知、无垠的意象,与同一时期的“地球村”(global village)又形成了鲜明的对立:说到底,“边疆”的开拓最终还是有尽头的——其结果就是整个地球被连为一体。这反映出20世纪八九十年代的人们已经意识到了互联网带来的联通性超越了以往任何一种信息通信技术,可以真正带来全球一体、“天涯若比邻”的效果,尽管当时网络基础设施并没有在世界每一个国家铺开、联通,但这种远景是完全可期的——人们已经在“地球村”这个隐喻中率先完成了想象。

想象的下一步便是行动。1994年3月,戈尔在国际电信联盟(ITU)大会上宣布建立“全球基础设施”(Global Information Infrastructure,GII)的倡议,以美国为首的西方七国提出建立全球信息基础结构,将世界连成一张大网,并在各国之间进行了相应的分工协调。而在GII计划之前,戈尔已在美国国内大力推动“NII”(National Information Infrastructure,NII)计划,“信息高速公路”正是NII的俗称。彼时,“梅特卡夫定律”(Metcalfe's Law)已经成为共识:一个网络的价值等于其范围内节点数的平方,且与联网用户数的平方成正比——那么互联网的最大效能产生之日就必定是“全球互联”之时。因而在20世纪90年代,欧洲、日本、韩国等发达国家和地区接连提出过不同版本的“全球互联”计划,并掀起了一股信息基础设施建设的高潮,彼时刚刚经历了改革开放洗礼的中国也紧随其后。在这个过程中,“地球村”和“信息高速公路”两个隐喻显然发生了相互配合,它们代表了20世纪90年代的互联网技术想象——全球互联,指导了各国的网络建设活动。

三、互联网隐喻发展历程

因为互联网这项技术本身是诞生于英语语境的,大量英文隐喻由此产生。Gozzi(1994)发现,计算机和互联网技术的日新月异让人类的语言几乎难以跟上进展,为了充分理解,人们只好采取常规的办法:用已经熟悉的术语去描述新事物，进行大量的隐喻活动。直至今天，我们所提到的“新技术”——5G、大数据、物联网、云计算、人工智能、区块链……其中只有“5G”不能算作隐喻，其他仍然是以隐喻的形式出现的。但不可忽视的是，隐喻的选取跟权力的博弈有很大关系——自互联网诞生之初，隐喻的提出者常常是技术精英、商业精英、政治精英或者他们的反叛者。他们竞相用隐喻去定义互联网技术应该在当下及未来被如何使用（Wyatt，2021）。从指代互联网的第一个隐喻“赛博空间”开始，到“信息高速公路”，再到“元宇宙”，都属于这个路径。

正如（McCloskey，1986）所说，未经审视的隐喻，是怠惰者用来替代思考的产物——我们应该检验隐喻，而不是试图驱赶它们。因此我们也应该了解隐喻的谱系，以便在任何有必要的时候拎出那些误导性的隐喻（Wyatt，2021）。语言具有形塑理解的能力。通过回溯曾经使用过的互联网隐喻，我们能够唤醒沉睡的时代语境，重新发现前人对于技术的期待与恐惧。在关于互联网的整体性隐喻中，我们更可以发现一条清晰的认知演变路径。例如，在互联网刚刚走向民用的 20 世纪 90 年代——美国人将之比作“市政厅”或者“村庄广场”时，是将它理解为一个可供民主交流的媒介。但随着人们发现极权也可以利用数字媒介来打压民主，这个隐喻里的乐观主义和理想化的纯洁感就消失了。后来随着互联网的私有化，没有等级差和隔阂的“万维网”渐渐无人提及，“平台”一词成为主导，甚至出现了更“凶险”的“暗网”，用来形容互联网是如何被用来组织犯罪或者躲避官方监管的（Wyatt，2021）。具体来看，互联网究竟促进了世界的联通还是割裂？世纪交接之时，随着全球化浪潮的席卷，乐观主义者们认为“世界是平的”，网络技术正在加剧界限消失的过程，因此“地球村”隐喻大行其道。但 21 世纪只过了十年，人们就发现民族国家和地缘政治仍然是历史发展的主线，“逆全球化”出现，民族主义卷土重来，因此“地球村”逐渐淡出舞台，“网络巴尔干化”和“数字主权”成了被更频繁使用的隐喻。Stefik（1996）将早期有关互联网的隐喻归为四大类：图书馆（知识容器）、邮件（沟通手段）、市场（交易者），以及数字世界（冒险者）——这四大主题共同构成了互联网相关隐喻的基本架构。而 15 年后，陆续浮现的隐喻早已超出这几个基本类型。

此外,隐喻的发生、流传有它独特的时机与地方性——一个隐喻可能在某个国家风靡而不被另外一些国家接受;或者在某地已被放弃却在另一些地方仍旧流行,都能够体现社会科学研究所关注的差异性,成为有趣的比较研究对象。

胡泳是国内较早注意到互联网隐喻的学者,他曾针对全球互联网的隐喻做过系统梳理。本文在他的研究(胡泳,2015)基础上扩展了这个隐喻体系(如表 1 所示),虽不能做到全部涵盖,但已尽可能全面地收纳了每个时代产生过重大影响的整体性隐喻。而这个隐喻体系,可能为后来的隐喻分析提供丰富的线索。

四、互联网隐喻分析的学术脉络

从学术脉络上来看,隐喻分析据其自身语言属性,可被归入修辞学、语用学、语义学、符号学、认知心理学传统,但作为一种(批判性)研究方法,也被广泛运用于文化研究、政治研究(比如政治反抗、政治修辞策略等)、法律研究等多个领域。研究者们发现,隐喻不仅具有"语言 - 思维"维度的唤起性,更具有政治性,比如互联网隐喻会暗示使用它们的人(政治家、政策制定者是其中一个典型群体)如何理解新媒体的经济属性和物质性。特别是在美国学界,出于对公权力和精英的天然防备,学者们尤其重视分析是哪些群体在哪些隐喻的选择里有话语权,他们如何竞逐以体现己方的意志。而隐喻的现实影响也分为很多种,有些影响需要在隐喻提出和应用阶段各方话语竞争之后才能体现出来,但在某些领域,比如司法领域,隐喻的选择有可能直接影响法律人士对事实的判断——由于法律同样也是由文本规定的,语词的力量即刻就会体现出来:"法院在监管新技术时未能采用适当的隐喻,就有可能造成糟糕的法律。尽管这些错误可以随着时间的推移得到纠正,但在随后的几年中可能会造成伤害。"(Blavin & Cohen,2002)

综上,过去针对互联网(或相关新技术)的隐喻研究,都是基于研究者的关切,散见于各个领域,并未能形成自己独特的体系。但如此一来我们可能会失去隐喻连贯性带来的启发——随着时间变迁,隐喻的更迭与对抗反映出了怎样的技术变革和技术想象变迁。例如上文提到,从“电子边疆”“地球村”到“平台”,人们显然经历了一个从“去中心化”到由于垄断而再度中心化的过程,然后人们又寄希望于“区块链”的分布式记账来与垄断性的“平台”对抗,之后又试图用“元宇宙”与旧的“互联网”割席,重新开启一轮新的技术想象。在这个意义上,互联网隐喻分析或许可以借助“想象”这一术语,与既有研究谱系进行连接。

近年来的 STS 研究中,对“想象”(imaginaries)这一概念的关注呈现激增趋势,很显然,是因为它是现代性麾下的知识体系所忽视的一个概念,提供了“结构—能动”之间的过渡,也桥接了主体、实践与社会事实。从 20 世纪 90 年代开始,STS 中的“想象研究”已经形成了几个集群——文化、社区与实践,国族、制度与政策,身体、主体与差异性,研究数量呈现明显上升趋势,其间发展出“未来想象”“全球想象”“技术想象”等一系列具体的概念工具,详见 McNeil 等(2016)所做的综述。

STS 语境下的“想象”是指社会集体持有的、在社会运作中嵌入的观念图景,其中又尤其强调技术、科学或制度承受或者触发的观念图景(McNeil et al. ,2016)。从文本层面来看,隐喻正可以被视为这些无法测量的想象与愿景的落点——其具体表达。而针对互联网隐喻——有了“想象”这个概念连接,我们可以构造更多的解释性框架,如图 2。

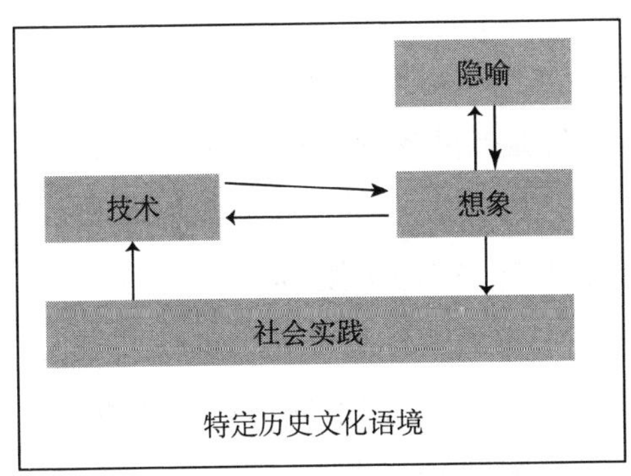

图 2 以“想象”为中介的“社会—技术”解释框架

在图 2 中,“想象”是技术与社会互动的中介,它为科学技术与社会实践之间的联系提供了一个解释机制:技术的出现或者发展,促发了某种想象——其通过隐喻表达了出来，但隐喻的流行又反过来形塑（例如限制）了想象的发展。特定的想象决定着人们如何认知一项新技术，而当这种想象进入行动主体的观念图景之后，会继而影响社会实践——不同人群，尤其是商业和政治人群的实践，又会推动或者限制技术的发展。而想象也会在实践中不断被调适，最终又会造成对隐喻的取舍。需要指出的是，上述动态过程都是在特定社会的历史文化语境中发生的。此外，我们可以看出隐喻在整个互动过程中的作用非常明确——它是“想象”的外显，舍此之外，“想象”便是难以捉摸的。而通过隐喻映射关系、价值携带和竞争配合三个层面的分析，研究者便能对其他环节有更为深刻的把握。

五、隐喻分析案例：“元宇宙”

我们以本文写作时最为风靡的“元宇宙”（Metaverse）为例——这样一个隐喻反映了什么样的想象？“meta”（“元”），意味着“超级”“超越”，是一种更高的、超越的状态；“universe”（“宇宙”），意味着“空间”“世界”，是全面的、广泛的存在（喻国明、耿晓梦，2021）。2021 年被称为“元宇宙”元年，那么，人们描述了一个这样的存在，是基于何种期待？

（一）“meta”——“超越”什么？

虽然学界、业界对元宇宙的定义各有不同，但首先可以肯定，元宇宙的超越性，是对物理现实、虚拟世界的双重超越——互联网的诞生，使得人类世界出现了“现实”“虚拟”二分，但元宇宙显然不是现实，也不等同于虚拟现实，据称其是“全身沉浸性”、彻底沉浸，是身体的回归、梦境的实现，也是人的完全自主。首先，元宇宙的运作基于元宇宙中人与人的互动和人与技术互动产生的不确定性；其次，元宇宙中的物理规则和交往规则都由人制定。在这样的状态中，人几乎能够解决世俗生活中所有的现象需要、经验需要或者感官需要（程光泉，2021）。

“元宇宙”的超越性还体现在与旧世界的告别——在元宇宙火爆的 2021 年，一个不容忽视的语境是人们对互联网发展现状的失望。自 20 世纪 90 年代互联网开始私有化以来，直至今天它已经完全被数家巨头公司所分割，完全背离了最初设计者去中心化的构想（Nielsen，2020；Oever，2021）。“从来没有一种垄断是值得赞美的。”（吴晓波，2017）从这方面来看，元宇宙的超越性，也包含了超越已被巨头瓜分殆尽、失去创新活力的“旧互联网”——这甚至并不新鲜，因为在 2018 年前后，人们对区块链也寄予过同样的想象和期待。这种想象，短期内引发的社会实践主要集中在商业领域：不管是区块链还是元宇宙，都立刻引发了近乎盲目的投资热潮；Facebook 更是耗费数百亿更名为“Meta”。而从长期来看，可预期的现实是政策会逐步跟进，国家作为强有力的社会主体会参与元宇宙的建设和治理，地缘政治角逐也可能发生，元宇宙最终未必能够如想象般没有边界，任使用者凭心意无缝切换他们的所在。在上述过程中，社会实践反过来将形塑技术，从而将迫使人们修改自己的想象。

（二）“宇宙”隐藏了什么？

那么，在映射关系上，以“宇宙”作为数字技术的隐喻，虽然凸显了超越性与包容性，但恰恰是这种“无所不能”“无所不包”引发了和“平台”隐喻类似的问题——它暗示所有人都有平等进入、使用和利用元宇宙获取益处的机会，但显然事实并非如此。根据数字鸿沟理论，即便有一天技术的普及使得“接入”对于任何人而言都不成问题，但个体差异和使用意愿也会带来巨大的利用效果差异。尤其是“宇宙”这样的表达，拒斥了“不愿意生活在元宇宙中”这种使用意愿，而事实上人们是可以进行选择的——或许只要拔掉电源就可以了。同时，“元宇宙”还暗示技术并不归某些人所有——正如我们不能宣传宇宙属于任何人，即便是此前的垄断巨头也都要通过合作来构建新的服务。但事实上，根据以往的技术发展经验，国家（权力）和公司（资本）作为主要的社会主体将不会坐视一个真空地带的形成——它们很快就会成为技术的主导，发挥巨大的形塑力量。当 Facebook 迅速更名为“Meta”时我们就已经能够看到这一点——本来“元宇宙”要超越的对象，正是被 Facebook 这样的巨头分割的互联网，但现在新世界还未降临，巨头就冲在了前面。

同理,在价值判断方面,“元宇宙”这样的称谓是去价值的——去利益关系、去权力关系,因为宇宙是自然,是独立于任何利益主体之外的客观存在。但在当前社会的语境下,将一项技术去价值化表达恰恰显现了价值。比如,目前元宇宙的推动者们所看重的正是其商业价值——自 2021 年初,大公司就在竞相进行元宇宙相关技术的投资和并购。刘远举(2021)认为,当元宇宙能够独立生产,并具有独立的人际关系时,内部就能产生独立的经济系统,并由此产生价值、身份和阶级,并且这些属性会向物理世界外溢。而元宇宙技术的所有构成都还是需要利润推动的——毕竟它仍然需要机房、算法、程序员。

在“竞争/配合”方面,“元宇宙”显然默认了此前一系列技术的存在合理性——“宇宙”隐喻所强调的是极度包容性,在人类认知中,宇宙是“无限”的等同,而“元宇宙”不仅包容了现实和虚拟世界,也体现在人们对元宇宙技术架构的想象,几乎包含了既往所有人类已知的先进技术,比如 VR/AR、人工智能、物联网、区块链……有人从专业角度解释这是与元宇宙有关的各种要素已经开始产生“群聚效应”(Critical Mass),类似于 1995 年互联网所经历的“群聚效应”(清华大学新媒体研究中心,2021)。但另一些人认为这在很大程度上没有逃出麦克卢汉(2019)“我们在后视镜中走向未来”的形容,以至于反对“元宇宙”过热现象的人——比如美国科技评论家 Benedict Evans——讽刺说,现在对元宇宙的想象,特别像 20 世纪 90 年代初人们站在白板前写下诸如互动电视、超文本、宽带、美国在线、多媒体、视频游戏等概念,然后在它们周围画一个方框,标记为“信息高速公路”(Evans,2021)。更重要的是,此前每一项技术都有其自身未能解决的问题,比如人工智能可能造成的失业问题、VR 技术对物质真实感与存在感的威胁等,但当它们成为元宇宙的组成部分时,人们对于这些技术的想象就发生了改变,问题便不再被提及了。

从上述分析可知,当下人类社会对于元宇宙这样一种尚未实现的技术的想象,在很大程度上未能脱离已知的事物——它不是彻底的革命,而是基于现实的延伸。所以很多人认为元宇宙有可能是新瓶装旧酒(胡泳,2021),有人称之为“第三代互联网”,甚至还有人认为元宇宙就是互联网。

(三)从赛博空间到元宇宙

但无论如何,关于技术的想象一旦发生,就会引导社会实践者们调集资源去付诸实践,从而构成一个社会、一个时代的独特历史。回到表 1 中的第一个隐喻,1984 年威廉·吉布森在《神经漫游者》中提出的赛博空间(2013)还是几乎完全存在于想象之中的世界,并且它是与现实分离的,要借助神经接入才能进入,人的身体成了赘余物,使得虚拟和现实发生了某种程度的对立。这种对于虚拟世界的构想成为一种母胎,不但催生了此后的一系列科幻作品(如《黑客帝国》),也大致描述出了之后网络技术的走向——重新审视今天的前沿技术,从"脑机接口"、虚拟现实再到人工智能的样态,很难说不是在沿着《神经漫游者》设定的方向发展。但到了"元宇宙"这里,人们的想象有了一次跃升——身体也要进入技术革命创造的世界之中,自此现实与虚拟融为"宇宙",所有限制就此消融。但不能忘记的是,在从"赛博空间"到"元宇宙"的过程中,互联网还经历了探索未知的憧憬("电子边疆")、去中心化的"全球信息一体化"梦想("万维网""地球村")、国家参与建设大型基础设施的现代图景("信息高速公路")、构建小范围社会关系网络的努力("虚拟社区")、数据随用随取的诉求("云")、与巨头集成服务并发的垄断与对峙("平台")、再次试图去中心化的尝试("区块链")等隐喻历时性的变迁,呼唤着学术界对互联网隐喻进行长期、持续的关注和研究,因为每当一个新隐喻降临时,只有同时代的记录最能保存变迁的语境,以及其中那些丰富复杂、具体而微,甚至矛盾冲撞的想象与反应,为后人理解此前和未来的世界留下证据,以便思考是谁在定义技术,谁在为技术设定方向,以及是谁出于什么目的选择了互联网的隐喻。

六、结论与讨论

如果我们不假思索地接受或使用一个隐喻而不去想这意味着什么,或者它和其他隐喻有什么不同,那么我们将陷入智力上的懒惰——当讨论对象为日新月异的互联网技术时尤其如此。由于每个时代的人们总是会选用隐喻来理解和应对技术的新变化,而每个隐喻都有其突出和隐藏的特征——当我们洞察到它们在映射关系和价值携带等方面的特殊性,纵向观察为何某一个隐喻被选择而另一个隐喻被放弃,就可以洞察隐喻推动者与使用者们的特殊意图;或者当我们思考为何某个隐喻在一个国家或地区被放弃却在另一个国家或地区仍旧风行,便能从中感受独特的社会历史语境(可能呈现民族性或地域性)对技术的认知和接受差异,以及技术和社会的相互作用究竟是如何发生的。由此来看,隐喻分析天然适于批判性的研究取向,并且在比较研究方面有相当的开拓潜力。

从1984年的"赛博空间"到2021年的"元宇宙",关于互联网的隐喻不断迭代,反映了以精英群体为代表的社会力量在进行的意义竞逐——各种社会群体总是试图通过提出隐喻来把握、应对和影响互联网技术的走向。虽然隐喻对于我们认知生存要素具有重要性已经日渐成为共识,但互联网隐喻研究截至目前却仍然散布在各个学科之中,未能形成自己的体系,这可能造成后来者错过历史连续性所带来的启发。因此本文认为,传播学恰好处于学科的交叉地带,应当担负起重任——传播学研究者应当持续关注互联网隐喻分析,及时记录、保存、分析、辨别每个时代风行的隐喻和它们激起的社会反应,为后来人留下完整的"技术—社会"变迁线索。而互联网隐喻学术脉络的构建,可以借由社会科学(尤其是STS领域)自20世纪90年代以来日益盛行的"想象"研究来桥接:"想象"是技术与社会互动的中介,它为科学技术与社会实践的互动提供了动机方面的解释机制,而隐喻则可被视为技术想象的反映与表达——在行动者与人造物之间建立了可供观察的连接。本文以"元宇宙"为例呈现了上述解释框架的运行方式。

在表1中,本文总结了部分20世纪80年代以来风靡的互联网隐喻,它们中有些已经被束之高阁,有些成了日常用语而不再被作为隐喻察觉,还有一些至今仍在影响互联网技术的发展走向。另外还有一些并未被收录,比如早期寄寓了政治、民主的常见隐喻——市政厅、广场等,以及社交媒体时代盛行的"流"(flow),还有在"后疫情时代"随着公众的信息隐私关切而被激活的旧概念"全景敞视监狱"等。这一系列隐喻中的任何一个都值得利用图2所给出的解释框架进行更深入、更具体的学术探讨。而表1中某两个隐喻的比较(例如属同一个源域却有不同意涵的“浪潮”与“冲浪”,或者意涵相互对立的“电子边疆”与“信息高速公路”、“平台”与“区块链”)则又能激发出很多富有创新性的研究思路——这些都有待后来人的开拓。胡泳(2015)认为,所有这些关于互联网的隐喻大致可以分为两类:乌托邦式的与反乌托邦式的。前者认为互联网是可以进化的,代表着进步和普世价值,可以拯救人类;而后者一直认为互联网并不是什么革命性的东西,它不仅没有给我们带来拯救和联合,还让人们更加疏离、分裂、被异化、被监视,甚至更容易反目成仇。当时针指向 2021 年,随着全球化浪潮的逆转,人们或许已经看到互联网“乌托邦式”理想的衰落,从而更多地倒向实用主义,但或许我们经历的也只是历史长河中的一个瞬间。正如汤姆·斯丹迪奇所说的,“历史总是‘转发’它自己”(斯丹迪奇,2015)——或许在“元宇宙”及其之后的世界中,仍然有不确定但值得期待的未来。

参考文献

程光泉,2021.“元宇宙意味着什么?”——学术沙龙观点综述(内附回放)[EB/OL].(2021-11-25)[2021-12-31]. https://mp. weixin. qq. com/s/ULF1toUyiFabh1Bq2zts3A/.

盖茨,1996. 未来之路[M]. 辜正坤,译. 北京:北京大学出版社.

胡泳,2015. 要时刻审视互联网的隐喻[N]. 社会科学报,2015-05-21(8).

胡泳,2021. 网络就是元宇宙,但也可能是新瓶装旧酒——重新思考数字化之八[EB/OL].(2021-10-29)[2021-12-31]. https://mp. weixin. qq. com/s/D2pvEbeYMctKussA1TC-IA/.

吉布森,2013. 神经漫游者[M]. 南京:江苏文艺出版社.

莱考夫,约翰逊,2015. 我们赖以生存的隐喻[M]. 杭州:浙江大学出版社.

刘远举,2021. 元宇宙里,谁是赢家?[EB/OL].(2021-10-06)[2021-12-31]. https://mp. weixin. qq. com/s/A0kS4HFqSX7vASb9vAht6Q.

麦克卢汉,2019. 理解媒介:论人的延伸[M]. 南京:译林出版社.

清华大学新媒体研究中心,2021. 2020—2021 元宇宙发展研究报告[EB/OL].(2021-09-23)[2021-12-31]. https://coffee. pmcaff. com/article/13740883_j/.

斯蒂芬森,郭泽,2009. 雪崩[M]. 成都:四川科学技术出版社.

斯丹迪奇,林华,2015. 从莎草纸到互联网:社交媒体 2000 年[M]. 北京:中信出版社.

吴晓波,2017. 激荡十年,水大鱼大:中国企业 2008—2018[M]. 北京:中信出版集团.

喻国明,耿晓梦,2022.何以“元宇宙”:媒介化社会的未来生态图景[J].新疆师范大学学报(哲学社会科学版)(03):1-8.

Blavin J H,Cohen I G,2002. Gore,Gibson,and Goldsmith:The evolution of Internet metaphors in law and commentary[J]. Harvard Journal of Law & Technology,16:265-285.

Charteris-Black J. Corpus approaches to critical metaphor analysis[M]. Berlin:Springer,2004.

Evans B,2021. Metaverse! Metaverse? Metaverse!! [EB/OL]. (2021-10-09)[2021-10-25]. https://www.ben-evans.com/benedictevans/2021/10/9/metaverse-metaverse-metaverse/.

Gillespie T,2017. The platform metaphor[EB/OL]. [2021-10-29]. https://www.hiig.de/en/the-platform-metaphor-revisited/amp/.

Gozzi R,1994. The cyberspace metaphor[J]. ETC:A Review of General Semantics,51(2):218-223.

Lackoff G,1993. The contemporary theory of metaphor[M]//Andrew Ortony (Ed.). Metaphor and thought (2nd ed.). Cambridge:Cambridge University Press:202-251.

Mattern S,2016. Cloud and field. Places Journal[EB/OL]. Retrieved May 25,2021,https://placesjournal.org/article/cloud-and-field/? cn-reloaded1/.

McCloskey D,1986. The Rhetoric of Economics[M]. Madison:University of Wisconsin Press.

McNeil M,Arribas-Ayllon M,Haran J,Mackenzie A,Tutton R,2016. 15 Conceptualizing imaginaries of science, technology, and society[M]//Felt U, Fouche R, Miller C A, et al. (Eds.). The handbook of science and technology studies (4th ed). Cambridge: MIT Press:435-463.

Moon R,1998. Fixed Expressions and Idioms in English[M]. Oxford:Clarendon Press.

Nakamoto S,2008. Bitcoin: A peer-to-peer electronic cash system[J]. Decentralized Business Review,Article 21260.

Nielsen M,2020. Reinventing Discovery:The New Era of Networked Science[M]. Princeton:Princeton Science Library.

Oever N,2021. "This is not how we imagined it":Technological affordances,economic drivers, and the Internet architecture imaginary[J]. New Media & Society,23(2):344-362.

Polly J A,1992. Surfing the internet[J]. Wilson Library Bulletin,66(10):38-42.

Postrel V,1998. Technocracy R. I. P. [EB/OL]. (1998-01-01)[2021-05-25]. https://www.wired.com/1998/01/postrel/.

Rheingold H,1994. The virtual community:Homesteading on the electronic frontier (Rev. ed.)

[M]. Cambridge: MIT Press.

Stefik M, 1996. Internet Dreams: Archetypes, Myths, and Metaphors [M]. Cambridge: MIT Press.

Wyatt S, 2021. Metaphors in critical internet and digital media studies[J]. New Media & Society, 23(2): 406-416.

英文摘要

Individual Narrative, Social Structure and Collective Identity on the Internet

Yang Guobin　Zhou Haiyan

Abstract: Individual narrative on the Internet has recently attracted widespread attention and given rise to a series of discussions through academics because of the notable social impact. Thereinto, how individual actions meet with social structures in such narratives is worth to focus on, as well as the interactive process that the external social order and collective identity interact with the internal thoughts and beliefs of individuals. Therefore, we interviewed Guobin Yang, professor of the Annenberg School of Communications at the University of Pennsylvania to discuss about aforesaid issues.

Keywords: Individual Narrative; Social Structures; Collective Identity

Migrant Children and Virtual Communities: A Study on Migrant Adolescents' Sense of Virtual Community and Their Access to Social Support

Zhuang Xi　Zhou Suyi

Abstract: In the context of new urbanization, the mobility experience of family migration has broken the original social support network of migrant adolescents. Social media have provided more possibilities for the social connection of this group of people in the virtual community, which in turn expands the channels for their access to social support. This study intends to investigate the virtual community integration and the social support the migrant adolescents can acquire on the Internet from the perspective of "newcomers", and discusses the factors influencing their access to the Online social support. The results show that such factors as age, motivation for social media use and virtual community activity have significant influence on migrant adolescents' sense of virtual community. The formation of migrant adolescents' sense of virtual community is inseparable from their experience of online social support, and their sense of virtual community is an important factor that determines whether they can further obtain online social support.

Keywords: Migrant Adolescents; Online Social Support; Sense of Virtual Community.

Mobility, Health Code and the Practical Logic of "Privacy Governance" under COVID－19 Pandemic

Li Yungeng Meng Xiaoxiao

Abstract: The COVID－19 pandemic has tremendously obstructed the free movement across countries. Many countries commonly adopted multifarious digital technologies on mobility restrictions, quarantines, and border controls to contain the rampage of the coronavirus. In this study, we compare and analyze the Bluetooth－based contact－tracking technology commonly used in Western countries and China's "health code" mobility management program under the "state of exception" created by the pandemic. We argue that with the global pandemic likely to become the new normal of human life, the "health codes" program in China characterizes a new mode of digital governance which turned the focus of privacy protection to privacy governance. The practical logic of "privacy governance" implies a tripartite collaboration among government, platforms, and individuals, in which individuals cede part of their privacy rights to the government to achieve effective governance under the "state of exception". The deep platformization of Chinese society, the ubiquitous grassroots governance organizations along with the massive monetary and labor investment in them, as well as the cession of individuals' privacy rights and the limited protection of data applications undergird the new mode of digital governance. In this vein, the employment of "health codes" as well as the whole practice of "privacy governance" provides an effective model for addressing the impending challenges imposed by both the pandemic and the deep digitalized society.

Keywords: mobility control; health codes; privacy governance; digital governance; COVID - 19 pandemic

Rebuild the Connection Between Media Technology and Society under the New Mobility Paradigm

Lin Ying　Xu Tianmin

Abstract: The outbreak of COVID - 19 in 2020 put society in an overall state of "space freeze". This sudden public crisis changed individuals' daily life style and their perception of space and time in multiple dimensions. With "the new mobilities paradigm", the "community group purchase" represents the basic demands of the flow of modern life. From the perspective of Actor - Network Theory, the influence of the technology object in the human body practice gradually appeared. This discovery breaks the cognitive structure of subject - object dichotomy and has formed a new discussion on the ontology of relations. Platform technology, as an important intermediary, recreates virtual communities and social communication norms. Technology objects has gradually become the main cause of interpersonal connection, while "technological unconscious" makes human beings internalize in the network of data and intelligence. The "community group purchase", as a network in a certain space, also explained operation mode and the dynamic relationship between the flow and motionless: this market - oriented form with geographic location data as the radiation category is exactly the same as the grid - based community governance model during the epidemic prevention and control period, shaping a new normalized survival module and local relationship.

Keywords: Mobility Paradigm; Media Technology; Community Group Purchase; COVID - 19

Transcending Otherness: Content Production and Intercultural Communication of Foreign Influencers' Short Videos on Epidemic Issues

Wang Yuan

Abstract: Based on intention sampling, this paper analyzed 121 epidemic themed short videos from 5 popular foreign influencers accounts on domestic mainstream short video social media platforms. The aim is to analyze the content production mode of short videos and the mechanism of foreign influencers' cultural identity on the effect of intercultural communication. The results show that foreign influencers have multiple cultural identities, such as strangers, sojourners as well as bridging community. Their short videos on epidemic focus on three major topics: How do people fight COVID - 19, common people's lives under the pandemic, and cross - border mutual assistance among civil society. They tend to tell stories in non - fiction style from individual narrative perspective and use empathic narrative technique. In this way, their content production has positive effect of transcending otherness and helps promoting mutual understanding. Inspired by foreign influencers experience, this paper proposes a PEACE strategy model for intercultural communication of short videos in the era of social media, and tries to provide strategic suggestions and localized theoretical support for domestic media to enhance their intercultural communication competence.

Keywords: foreign influencers; short video; content production; intercultural communication; othering

Quantified"Like":The Alienation and Liquidity of Intimacy in Dating Apps

Gao Yi

Abstract: In the computer - mediated - communication intimate social scene, contemporary youth oscillate back and forth between the desire for intimacy and social burnout. Previous studies have pointed out the liquid nature of network intimacy from a macro perspective. While this study aims to take the"like"design of the dating app M as a microcosm, and uses App walk - through method and in - depth interviews to further analyze how"like", under the quantitative design of the platform, shapes users' perceived alienation and liquidity of online intimacy. The study finds that quantitative metrics have penetrated into the private affection social sphere, and the M platform has measured perceptual likes through cumulative, visible, and gradable functional design, which embodies the platform's logic of capitalization. As a result, users' perception of intimacy is alienated in the quantification game: women interpret the number of"like"as a measure of self - attraction and indulge in digital self - competition, while men are obsessed with efficient quick - match games. Ultimately, online intimacy becomes more liquid and fragile in alienated perceptions.

Keywords: Intimacy; quantified selves; capitalization; alienation; liquidity

Identity Construction Frame in New Mainstream Media News: Ideal Type and Discourse Mechanism

Chang Yuanyuan　Zeng Qingxiang

Abstract: This paper analyzes new mainstream media news by framing analysis and discourse analysis from the multidisciplinary perspective. It shows that there is an obvious identity construction frame which highlights that ordinary people have extraordinary virtue, people with high status often have ordinary life or negative morality, the way to increase identity value is to improve virtue. The frame, rooted in archetypes and underdogs moral superiority effect, is constructed through the mechanism of expansion, extension, diagnosis and agitation. It can bring about a state of psychological balance or different pressure for different groups. The operation of the frame mainly depends on the discourse mechanism including "model and difference," "label and preference," and "recognition and negation."

Keywords: New Mainstream Media; Identity Construction; Framework Mechanism; Discourse Mechanism; Ideal Personality

Research on Knowledge Production Gap in the Short Video

Zhang Jie　Zhao Yufei

Abstract: Short videos have attracted a large number of users to make and publish videos due to their fragmentation and simple operation. Personalized customized pages are what makes Tiktok short videos different from other social media platforms, but at the same time, personalized recommendations mean that some knowledge production cannot be seen by users, so Tiktok has knowledge production gaps between users. This article transitions the traditional knowledge gap hypothesis from the knowledge acquisition gap to the knowledge production gap, and uses the Tiktok short video platform as the starting point to prove the existence of the knowledge production gap in Tiktok through quantitative analysis, describe the current situation of Tiktok users' knowledge production, and explore knowledge The influencing factors of the feedback effect of the production gap and the explanation of the causes of the knowledge production gap from the perspective of scientific and technological development. The study found that factors such as the user's gender, age, regional affiliation, and certification status all lead to inequality in knowledge production. The development of science and technology, the filtering mechanism of Tiktok algorithm and the promotion of business model are the reasons for the existence of the knowledge production gap.

Keywords: Tiktok; content production; feedback effect; algorithm recommendation

Homophilous collaboration: Rumor imitation, epidemic co - occurrence, and risk detection

Liao Mengxia

Abstract: This research examined the relationship between imitation network of Internet rumors and the construction of social risks. Based on the homophily theory, we employed the social network analysis to conduct a binary network relationship study on 165 geographic risks identified in rumors during the outbreak of COVID - 19 in 2020. Results of this study showed that the similarity of fear - based emotions, the interaction of fear and action similarity, and the interaction of accusation and action similarity were all positively correlated with epidemic co - occurrence. In addition, the similarity of desire and accusation emotions were negatively correlated with epidemic co - occurrence, which exacerbated the spread of rumors in geographical space. Finally, this research also conducted a risk detection analysis on 165 geographic areas, and found that rumors constructed four types of geographic risks in the information epidemic.

Keywords: homophily; rumor imitation; risk assessment; social network analysis

Empathy Communication Strategy of Official WeChat Account in University

Wen Yu　Jiang Lulu

Abstract: How do official WeChat account in university deal with the fierce attention competition? Basing on the empathy theory, this paper analyzes the three different strategies of WeChat official account in university, including "Nanjing University", "Nanjing University Youth" and "Nanjing University News Communication", from the three dimensions of Emotional Contagion, Perspective Taking and Empathic Concern. It is found that polishing topics and titles can deepen users' emotional infection and improve their reading interest; Visual and attitude expression can promote users' point of view selection and produce attitude resonance; The interaction close to the audience can arouse users' empathy and promote sharing behavior. This paper holds that in the digital communication environment, the former passive "readers" have become today's active "fans", and the top – down unilateral propaganda has failed. Efficient official WeChat accounts in university should actively practice the path of empathy communication and realize the corresponding transformation from concept to operation.

Keywords: university media; empathy communication; fans

From Cyberspace to Metaverse: The Academic Path of Internet Metaphor Analysis and Its Progress

Chen Qiuxin

Abstract: The sudden popularity of the "metaverse" in 2021 suggests that the Internet may be entering a new phase of development, but from a metaphorical point of view, this is not something new. "Metaverse" is a classic metaphorical concept, one of many that have evolved since the Internet became popular in the 1990s. Although the role of metaphors in thinking and cognition has been emphasized in recent years, the analysis of Internet metaphors has failed to form a system, which may cause subsequent researchers to miss out on the inspiration brought by historical continuity. Therefore, this paper argues that communication studies, which is at the crossroads of disciplines, should take up the important task of carrying out continuous research along the line of Internet metaphors. Communication researchers should record, preserve, analyze, and identify the popular Internet metaphors and the social reactions they provoke in each era. This paper demonstrates the critical character of metaphorical analysis and argues that the construction of the academic path of Internet metaphorical analysis can be mediated by the"imaginary studies" that have become increasingly prevalent in the social sciences(especially in the STS field) since the 1990s – this paper uses the "metaverse" as an example to demonstrate the construction of this explanatory framework.

Keywords: Metaphor Analysis; Internet metaphors; technical imaginary; metaverse